아이들의
계급투쟁

아이들의 계급투쟁

BRADY MIKAKO

브래디 미카코 지음 //////// 노수경 옮김

Keep on Smiling

사□계절

"탁아소, 정치에 완패하다."

저자는 영국의 탁아소가 '저변 시대'에서 '긴축 시대'로 바뀌면서 겪게 된 드라마틱한 변화를 이 한마디로 정리하고 있다. 저자와 같은 아나키스트들이 빈민 지역에 있는 탁아소를 통해 이루려던 꿈은 패배했다. 탁아소는 문을 닫고, 그 자리에 긴축 시대에 더 필요한 것처럼 보이는 '푸드 뱅크'가 들어섰으니 말이다.

저변 시대란 노동당이 영국을 통치하며 사회의 '저변'에 사는 가난한 이들에게 어느 정도 복지와 안전망을 제공하던 때를 말한다. 사회의 저변에 국가가 관심을 두고 있었다. 다양한 복지제도가 있었다. 특히 육아와 양육은 개인이 아니라 국가가 책임지는 것이 당연시되던 때다.

그러나 이 시기에 작동한 것은 국가만이 아니라 사회이기도 했다. 국가가 제공하는 것을 복지라고 한다면, 그 복지를 활용하여 연대와 상호 부조를 통해 열정적으로 사람이 움직이며 자활과 자립을 생산하는 것이 바로 사회다. 국가의 입장에서는 이들이 혜택을 받는 수혜자들이지만, 사회라는 관점에서는 더불어 같이 움직이는 주체가 된다. 스스로의 힘으로 움직이며 사회에 참여하는 존엄한 존재 말이다.

저자가 일/활동하던 탁아소가 그랬다. 이 탁아소는 전형적인 하층민들의 지역에 있다. 탁아소를 설립한 이는 '애니'라는 소신 있고 열정적이며 철학이 분명한 이였다. 그를 중심으로 아나키스트, 평화주의자 등이 모여 아이들을 돌보고 교육한다. 또 직접 고용되지 않았더라도 중산층에서 스스로 걸어 나오거나 부적응하여 반강제로 쫓겨난 히피 같은 사람들이 이 탁아소를 중심으로 모여 서로 협력한다.

물론 이 시대라고 해서 탁아소가 잘 굴러가기만 한 것은 아니다. 늘 싸움이 끊이지 않았다. 당연한 일이다. 저변의 아이들은 거칠고, 부모들도 거칠다. 그러나 저자는 저변 시대의 탁아소에는 활기찬 역동성이 있었다고 말한다. 다양한 사람들이 만나서 갈등하고 부딪치며 성장을 도모했고, 여러 가지 색을 그저 갖추어두는 것만으로도 좋은 교육의 씨앗이 되었다. 시키는 대로 잘 따르는 천사를 대량 생산하는 것이 아니라, 자기 소신을 가진 아이들을 키우기 위해 노력했으며 그런 노력을 하려는 이들이 모여들었다. 탁아소는 '사회 변혁의 장'이었다.

그러나 보수당의 긴축 재정으로 복지제도가 대폭 축소된 긴축 시대, 탁아소 풍경은 완전히 달라졌다. 저변(언더 클래스)의 사람들, 즉 '노동하지 않는 노동 계층'을 바라보는 사회의 시선이 더할 나위 없이 차가워졌다. 노골적인 경멸을 숨기지 않는다. 이들은 '차브'라는 경멸적 이름으로 불리며 사회를 위협하는 범죄 집단 취급을 받는다. 마약에 찌들어 있고, 알코올 중독이며, 청소년 시기부터 임신과 출산을 반복하며 자기 삶에 아무런 책임을 지지 않는 집단으로 여겨진다.

소셜 아파르트헤이트Social Apartheid다. 인종차별적인 발언을 하면 정치적으로 올바르지 않다며 눈을 부릅뜨고 말할 사람들이 하층민에 대해서는 노골적인 경멸을 드러낸다. 그들과 어울리고 싶어 하지 않는다. 긴축 시대의 불가촉천민이다. 이 시대에는 계급이 인종이 되었고, 계급에 따라 분리 정책이 실행되고 정당화된다. 내 아이를 보호한다는 명목으로 말이다. 하층에 대한 혐오와 경멸은 정치적으로 완벽히 '옳은 것'처럼 실천된다.

자기 아이를 이 위험한 존재들로부터 떼어놓고 싶은 것은 인종차별을 당하는 이주 노동자들 역시 마찬가지다. 더 위험하고 전망 없는 곳에서 이주해온 이 이민자들은 비록 지금 자신의 처지가 초라할지라도 영국에서 더 나은 삶을 꿈꾼다. 그 꿈을 이룰 수 있을 것이라 생각한다. 그리고 그 꿈을 자녀들에게 투사한다. 그런데 이 구제 불능의 하층민들이 언제 자기 자녀를 공격하고 망칠지 모른다는 생각에 그들을 혐오하고 피한다. 슬프게도 영국 하층 백인들은 이주 노동자를 차별하고, 이주 노동자는 이들 백인 하층을 혐오한다. 여기에는 저변 시대의 탁아소가 보이던 다양성을 통한 역동성은 없다. 분열만 있고 그저 파괴적이기만 하다.

그렇다면 과연 탁아소는 졌는가? 저자는 아니라고 말한다. 탁아소가 문을 닫던 날 이 탁아소가 삶을 바꾸었던 이들이 모인다. 저자는 웃을 수만 있다면 아직 진 것은 아니라고 말한다. 이 말이 정신승리인 것만은 아니다. 저변 시대에는 로자리를 변화시켰고, 긴축 시대의 탁아소는 문을 닫기 전 비키를 변화시켰다. 이 탁아소에서 성장해 훗날 자원봉사자이자 보육사로 돌아온 로자리처럼, 전형적인 영국 하층 계급 청소년이었던 비키는 탁아소에서 그림책 낭독 자원봉사를 하며 미래를 꿈꾸게 되었다. 탁아소가 이 둘에게 공간이 되어준 것이다.

한 사람을 존중하여 그 사람이 자신의 존엄을 깨닫고 삶의 다른 가능성에 눈을 떴다. 각기 저변 시대와 긴축 시대 변화의 가능성을 상징하는 두 사람이 탁아소가 문을 닫는 날 마주한다. 탁아소는 문을 닫지만 웃으며 만난 두 사람은 이후 다른 곳에서 자기가 받은 존중을 돌려주며 또 다른 누군가가 자신의 존엄을 깨닫도록 도울 것이다.

따라서 우리가 이 책에서 배워야 하는 것은 탁아소가 정치에 졌다는 사실이 아니라, 사람에게 존엄을 돌려주는 행위인 존중의 힘이다. 그리고 존중을 돌려받은 사람이 보이는 존엄의 힘이다. 존엄에 눈뜬 사람을 이길 방법은 없다. 사회에 대한 숱한 이야기는 '비평'으로 그치는 것이 아니라, 존엄의 힘을 모으기 위해 존중하는 법을 서로 배우는 장이어야 한다. 이 책은 영국에서 탁아소를 배경으로 아나키스트들이 펼치는 그런 고군분투에 대한 이야기다.

_ 엄기호(문화 연구자, 『고통은 나눌 수 있는가』 저자)

나는 보육사다.

그런데 만약 어떤 보육사가 실수로, 아니 설정을 이렇게 하는 편이 낫겠다. 어떤 어린이집 경영자가 누가 봐도 게으르고 일을 잘 못해서, 혹은 사실 아동 학대범이거나 피를 흘리는 어린아이의 모습에 성적 흥분을 느끼는 사람이라서, 또는 그런 아이들의 모습을 몰래 촬영해 돈을 벌고자 하는 나쁜 인간이라서 일부러 아이들이 다치기 쉬운 환경을 만들어놓았고 그 때문에 아이들이 피투성이가 되어 어린이집 마당에 쓰러졌다고 하자.

이 모습을 본 보육사가 가장 먼저 할 일은 무엇일까. 길길이 날뛰며 사무실로 뛰어 들어가 "이렇게 된 것은 비인도적인 당신 때문이야", "당신 따위에게는 어린이집을 경영할 자격이 없어", "그만해! 죽어버려!"라며 경영자에게 달려들까.

아니, 그러지 않을 것이다.

보육사는 일단 피투성이가 되어 쓰러져 있는 아이들의 응급 처치를 할 것이다. 필요하다면 구급차를 부를 테고, 아직 위험한 물건이 남아 있을지도 모를 마당에서 아이들을 모두 대피시킬 것이며, 피를 보고 우는 아이들을 가슴에 품어 진정시킬 것이다. 그런 다음에 경영자를 비난할 것이다.

나는 보육사다.

그런데 지금부터는 '만약에'라는 이야기가 아니다. 나는 본업과 별도로 글 쓰는 일도 한다. 어쩌다 보니 정치 시평까지 쓰게 되었지만 나의 본업은 아주 미시적인micro 일이다. 그 때문인지 이른바 거시적인macro 시선으로 멋지게 부감하는 능력이 없다. 게다가 그런 시선이 어색하고 불편하다. 하느님이 구름 위에서 내려다보며 쓴 것 같은 기사라도 읽으면 '엥? 정말 그럴까?' 하는 생각이 들고 하나하나 위화감이 들어서 평온하게 신문조차 읽을 수가 없어 괴롭다.

그렇긴 하지만 예외는 있다. 몇 년 전이다. 주간지『뉴 스테이츠먼』에 '페미니즘은 중산층middle class 백인 여성에게 공중납치당했다'라는 선정적인 문구가 표제로 달린 글[1]이 실렸다. 한 백

---

[1] Myriam Francois-Cerrah, "Feminism has been hijacked by white middle-class women", *New Statesman*, 2015. 2. 13(https://www.newstatesman.com/politics/2015/02/feminism-has-been-hijacked-white-middle-class-women).

인 무슬림 여성이 옥스퍼드 유니언(옥스퍼드대학 학생자치기구-옮긴이)에서 했던 연설의 전문이었는데 통근버스 안에서 읽기에는 적당하지 않은 '더럽게 어려운' 글이었다. 그렇게 생각하면서도 결국은 다 읽었지만.

거기에는 "인권과 계급 문제를 떼어놓은 채 젠더 문제만 가지고는 페미니스트의 문제를 이야기할 수 없다"라고 쓰여 있었다. "들리지 않는 목소리란 없다. 그저 일부러 귀를 막고 있거나 듣고 싶지 않은 것이다. 페미니스트들은 대안적인 목소리가 자기들의 '운동' 안으로 들어오는 것에 저항하고 있다."

여기서 대안적인 목소리란 '진보적'이며 의식 수준이 높은 '서양풍 어깨뽕'이 가득 들어간 페미니즘과 달리 일반적으로 '진보적'이라 분류되지 않는 여성들의 목소리를 뜻한다.

"페미니즘이 백인 여성에게 공중납치되었다는 말이 나오는 것은 모든 분야에서 백인 문화의 서사가 지배하고 있다는 배경 때문이다. 대안적인 목소리는 서양이 우수하다는 불변의 진실을 긍정하기 위한 도구로 이용되는, 철 지난 느낌의 의견일 뿐이다. (중략) 무슬림 페미니스트인 나는 내가 믿는 종교 안에 남녀평등을 위한 투쟁이 있음을 안다. 하지만 젠더 불평등 문제의 원인이 종교에만 있다고 주장한다면 문제는 해결되지 않는다. 빈곤과 가부장제의 문제가 함께 존재하기 때문이다."

"내가 공감하는 페미니즘은 제국주의와 착취, 전쟁, 가부장제에 저항하는 여성들의 페미니즘이다. 강간 문화와 싸우는 인도 여성과 이스라엘의 점령에 저항하는 팔레스타인 여성과 서양 페미니스트가 입는 옷을 만드는 봉제공장에서 안전한 직업 환경을 쟁취하기 위해 싸우는 벵골 여성의 페미니즘이다."

'오오, 이런 페미니즘이라면 나도 이해하겠어.'

영국 국내만 해도 그렇다. 빈민 여성의 투쟁은 고학력 지식인 여성 페미니즘에 대한 대안적인 목소리다. 하지만 이들의 목소리는 여전히 뒤떨어진 것으로 취급되어 무시당하거나, 가까이하고 싶지 않은 것으로 그저 양미간을 찌푸리게 할 뿐이다(이는 얼굴에 멍이 든 젊은 노동자 계급 여성을 본 지식인 여성의 전형적인 반응이기도 하다).

이어지는 글에는 "나이지리아 여학생 200명이 보코하람에 납치되었을 때도 그랬다. 사람들은 소녀들을 찾는 일에 중점을 두지 않았다. 이 이야기는 계속되는 테러에 대항해 전 세계적으로 벌이는 전쟁을 정당화하는 데 사용되었다"라고 쓰여 있었다. '이런 이야기'는 대對테러전을 정당화할 뿐 아니라 이런 흙탕물을 만든 정치를 비판하는 재료로 사용되지만 어째서인지 희생된 여자들은 뒷전으로 밀려나 있다. 이라크와 시리아에서도 마찬가지였다. 전쟁 상황에서 혹은 빈곤 계급 안에서 여성이라는 성이 희생되기 마련임을 모르는 사람은 없다. 전쟁과 빈곤을 만들어낸 정당과 정치가, 수상, 대통령, 유엔, 음모가, 대기업 등이 나쁘기 때문이다. 그래서 사람들은 검지손가락을 들어 그들의 잘못을 지적하고 욕하고 비판한다.

하지만 피투성이가 되어 쓰러져 있는 여성들은 그냥 내버려 둬도 된다는 걸까? 아무래도 보육사라는 직업을 가진 사람에게 정치적인 고민은 어울리지 않는 듯하다.

차례

1부 긴축 탁아소 시절(2015. 3 - 2016. 10)

1부

긴축 탁아소 시절
2015. 3 - 2016. 10

우리 센터는 평균 수입, 실업률, 질병률이 전국에서 최악의 1퍼센트에 해당하는 지역에 있습니다. 우리는 지역 가정의 긴급한 요구에 부응하여 그들과 함께 상황을 개선해왔습니다. 우리 센터는 완벽하게 자원봉사자로만 운영되는 자선단체이며, 작년 한 해 동안 2500명의 실업자와 노숙자를 지원했습니다. 우리는 긴급한 상황에 처한 가정, 실직 가정, 저소득 가정의 아이들을 무료로 맡길 수 있는 부설 탁아소를 운영합니다. 이 아이들의 부모가 그런 것처럼 아이들 또한 심각하고 다양한 도움을 필요로 합니다. 이런 아이들과 함께 당신도 일해보지 않겠습니까.

7년 전, 나는 이 글을 읽고 저변 탁아소에서 일하기로 했다. 물론 '저변', 즉 밑바닥이라는 말이 정말로 탁아소 이름에 들어가 있는 것은 아니다. 내가 멋대로 '저변 탁아소'라고 부르는 것이다. 이 센터가 스스로 '영국 최악의 1퍼센트에 해당하는 지역에 있는 시설'이라 선언했으니, 그렇다면 거기에서 일하면서 보육사가 된 나도 '저변 보육사'다.

앞에서 인용한 글은 '브라이턴 보육 시설 자원봉사자 모집 요강 일람'에서 발췌한 것으로, 얼마 전 집을 청소하다 발견했다. 여기에는 다양한 보육 시설의 자원봉사자 모집 공고가 실려 있다. 그런데 나는 어쩌다가 저런 공고를 낸 저변 탁아소에 전화를 해버린 것인지. 이건 7년이 지난 지금까지도 수수께끼다. 아무리 생각해도 가장 힘들 것 같은 느낌 아닌가? 아무튼 왜 그랬는지는 모르겠지만 나는 이 탁아소에서 2년 반 동안 자원봉사를 했고, 그러는 사이 보육사 자격을 취득했다. 그리고 더 이상 무상 봉사가 아니라 급료를 받는, (더 이상 저변도 아닌) 민간 어린이집에 취직했다. 이건 물통에 인스턴트커피를 넣어 다니던 사람이 스타벅스에 들어가 커피를 마실 수 있게 된 거나 다름없는 출세였다.

그런데 그 민간 어린이집이 이번 봄에 없어졌다. 어린이집이 없어진 이유는 작년에 한 동료가 체포되는 사건이 발생했기 때문이다. 동료가 체포된 이유는 유아 학대가 의심된다는 것이었는데, 이후로 유언비어가 돌았고 어린이집에서 아이들이 급격히 빠져 나가던 끝에 결국에는 문을 닫게 되었다.

그런데 애당초 동료가 체포된 원인 또한 유언비어 때문이었다. '차브chav'라는 말이 있다. 차브란 공영 주택지에서 살며 몰려다니기 좋아하는 질 나쁜 젊은이들을 가리키는 말이다. 후드가 달린 외투와 트레이닝복을 즐겨 입는다고 알려져 있는 이 계층은 약물, 칼부림, 강도, 10대 임신 등과 같은 영국 사회의 황폐함을 상징하는 말들과 자주 연결되곤 한다. 2011년에 일어난 런던 폭동도 일부에서는 '차브 폭동'이라 불렸다.

체포된 동료는 예전에 '차브'였던 젊은 여성이다. 화장이나 머리 모양에서 차브 냄새가 풍기기는 했지만, 그게 다가 아니다. 그러한 차림새보다 출신을 더 잘 보여주는 것은 바로 영어 발음이었다. 어떤 지역에서 태어나 자라든 사립학교에서 교육받은 중산층이나 상류층upper class에 속한 사람들은 BBC 아나운서처럼 명료한 발음을 한다. 하지만 노동자 계급의 발음에는 지역색이 강한 악센트가 있고, 아래로 내려갈수록 각 단어의 마지막 음을 대충 발음한다. 게다가 말하는 속도까지 빠르기 때문에 익숙해지기 전에는 그들이 무슨 말을 하는지 도무지 알아들을 수가 없다. 예를 들자면 내가 런던에서 일본계 기업에 다니던 즈음, 영국에서 15년이나 근무한 주재원이 이런 말을 했다.

"은행 본사에서 간부와 회의를 할 때는 영어 때문에 고생한 적이 없는데, 동네 지점 창구에 앉아 있는 은행원들은 도대체 뭐라고 하는지 아직도 모르겠다니까."

이렇게 말할 수 있을 정도로 영국인들에게는 입을 열기만 하면 출신 계급이 드러난다는 슬픈 사정이 있다.

나의 동료 또한 그런 하층 계급의 영어를 쓰는 사람이었다. 중산층 가정의 아이가 많은 어린이집이었으므로 그녀는 가능한 한 천천히 말하고, 어려운 단어를 사용하려고 노력했다. 하지만 의사나 변호사인 고학력 어머니들에게 그 동료는 천천히, 완벽하게 무시당할 뿐이었다. 저녁이 되어 아이를 데리러 온 어머니에게 "○○가 오늘은 점심을 다 먹었어요"라고 말을 걸어도 그들은 그저 미소를 지으며 힐끗 쳐다볼 뿐 아무 말도 하지 않았다. 대신에 좋은 성장환경의 영어를 구사하는 보육사에게 말을 걸었다.

하지만 이런 어머니들도 내게는 친절했다. 내가 이 어린이집에서 유일한 외국인 보육사였기 때문이다. 그곳은 브라이턴에서도 특히 동성애자가 많이 사는, '리버럴'하고 '힙'하며 '진보적'이라 일컬어지는 지역의 어린이집이었다. 이런 곳에서 아이를 맡기는 '수준 높은' 어머니들이 외국인 차별같이 정치적 올바름Political Correctness(PC)을 거스르는 일을 할 리가······. 그렇다면 어찌하여 자기들보다 불우한 환경에서 자라난 사람은 대놓고 차별하는 것일까. 외국인 차별은 PC에 반하지만 차브 차별은 자국민 차별이므로 레이시즘racism(인종차별)은 아니라고 믿기 때문이다. '소셜 레이시즘social racism'의 근간에는 이런 생각이 도사리고 있다.

그런데 이 보육사라는 직업에는 무서운 부분이 있다. 바로 교실 구석구석까지 비추고 목소리까지 녹음되는 CCTV가 모든 교실에 완비되지 않는 한 억울하게 누명을 써도 자신의 결백을 증명할 증거가 없다는 점이다. 유아란 원래 넘어지고 떨어지고 부딪히면서 공간에 대한 인식을 익혀가는 존재다. 하지만 다른 사람에게 아이를 맡기는 부모는 아무래도 제 아이 몸에 난 상처나 멍에 예민해지기 마련이다. 때문에 보육사들은 등원 시간에 아이들을 빠짐없이 더욱 꼼꼼하게 관찰하고, 혹시라도 상처나 멍이 발견되면 보호자에게 그 이유를 물어 소정의 양식에 기입한다. 원에서 다친 경우에도 몸의 어느 부분에 약 몇 센티미터 혹은 몇 밀리미터 크기의 어떤 색을 띤 상처가 생겼는지 그림과 함께 기입하고, 상처가 생긴 이유를 상세하게 기술하여 하원 시간에 온 보호자에게 보여주며 설명한다.

하지만 바쁜 등원 시간에 모든 아이를 완벽하게 확인하기란 지극히 어려운 일이다. 게다가 전원을 발가벗겨 놓고 관찰할 수도 없는 일이니 옷에 가려져 있으면 보이지도 않는다. 보육 중에 생기는 상처 또한 마찬가지다. 유아 20명이 노는 교실에는 오줌을 싸는 아이도 있고, 토하는 아이도 있다. 그런 일들을 처리하고 있을 때 뒤에서 아이가 넘어져 테이블 모서리에 머리를 찧는 대도 솔직히 내게는 보이지 않는다. 또 2~3세의 아이들은 무슨 일이 일어났는지 말로 분명하게 설명할 수 없기 때문에 "엉덩이랑 머리가 탁자 밑에서 점프! 바닥이 배를 잡아당겨서 창문으로 떨어졌어. 그런데 ○○가 와서 때린 거야"처럼 수수께끼 같은 말을 하는 일이 적지 않다. 그런데 여기서 언급된 ○○는 애당초 그날 등원하지 않았을 수도 있다.

유아가 이런 일을 보호자에게 말하면 보호자의 머릿속에는 탁자 밑에서 뛰어오른 엉덩이와 바닥으로 잡아당겨진 배보다는 ○○의 이름이 선명하게 남는다. 그 비슷한 상황이 내 동료에게도 일어난 것이다. 원아들이 "이 상처 어떻게 된 거야?", "뭐하다가 멍이 들었어?"라는 질문을 받을 때마다 하는 수수께끼 같은 이야기 안에 그 동료의 이름도 들어가게 되었다. 누군가의 이름을 빈번하게 입에 올린다면 그건 그 인물의 인상이 강하기 때문이다. 이는 '두려워서'나 '싫어서' 같은 부정적인 감정 때문이기도 하지만 반대로 '친숙해서'나 '눈에 띄어서'일 수도 있다. 예의 그 동료는 워낙 일을 척척 잘해내는 사람이었다. 누가 넘어지거나 울고 있으면 제일 먼저 달려가 다친 곳에 응급처치를 하고, 정해진 양식에 기록하는 사람이었기에 다친 아이들이 그 이름을 연발한 것은 당연했다.

하지만 보호자들에게 그녀의 이름은 사회의 적 '차브'를 상징했다. 아이들의 수수께끼 같은 이야기는 "또 그 여자가!"(그런 반응을 보이면 아이들은 엄마가 좋아하는 줄 알고 항상 같은 이름을 입에 올린다)라며 그로테스크할 정도로 일방적으로 해석되고 만다. '리버럴'하며 '인텔리전트'한 어머니들은 매일같이 항의를 하더니 결국에는 사무실에까지 쳐들어왔다. 사무실 옆에 화장실이 있는 구조라 사무실에서 하는 이야기가 새어 나오기도 하는데, 어머니들의 이야기 가운데는 실제로 일어난 일의 10배 정도 과장

된 것도 있었으며, '차브 보육사 배척 운동'의 양상마저 띠었다. '배외', 아니 '배차브'였던 것이다.

내가 근무하던 곳은 CCTV가 완비되지 않았다. 그래서 그 동료의 유아 학대를 드러내는 물적 증거는 없었지만, 또한 그것을 부정할 만한 증거도 없었다. "아이들이 다쳤다는 서류의 7할을 그 사람이 썼어요. 우연이라고 하기엔 너무 이상하지 않아요?"라고 경영자 측은 억측을 했다. 하지만 "그렇게 된 건 그 사람이 가장 영리한 직원이고 귀찮은 일을 도맡아서 잘 해냈기 때문이에요"라고 동료들은 모두 그녀를 감쌌다. 그게 진실이었기 때문이다. 그래서 그 동료는 특별한 처분을 받지 않고 전처럼 일할 수 있었지만, 어머니들은 변함없이 그녀를 어린이집에 있어서는 안 될 존재라 여기고 무시했다.

그러던 어느 날 아침, 그 동료가 울면서 사물함 안의 소지품을 정리하고 있었다. 자택 대기 발령을 받았다고 했다. 이유를 물었지만 보육사에게는 유아 보호와 관련하여 법이 정한 비밀 엄수의 의무가 있기 때문에 이야기를 할 수도 없는 노릇이었다. 다음 날 경찰이 어린이집으로 찾아왔다. 그녀가 체포되었단다.

작은 동네에서 일어난 일이라 체포 소식은 지역 신문에도 게재되었다. 신문에 실린 혐의 내용은 "아니 그게 아니야, 그건 정말로 부풀려진 헛소문이라니까" 싶은 것들이었지만, 그녀가 실제로 체포되자 동료 가운데서도 "어쩌면 그 사람한테 우리가 모르는 또 하나의 얼굴이 있었던 것 아닐까"라는 사람이 나올 정도였다.

하지만 그 뒤 재판에서 무죄 판결을 받았으니, 결국 그녀가 쓴 누명은 보호자들이 부풀린 유언비어였을 뿐이다. 이렇게 생각하면 정말 공권력이란 믿을 게 못 된다 싶다. 아무튼 이 사건 때문에 내 머릿속에 떠오른 것은 노상강도나 살상 사건이 일어나면 일단 근처에 있던 흑인들을 모두 잡아가던 시절의 영국이었다. 어린이집에서 수상한 상처를 입은 아이가 나오면 일단 차브를 체포하라는 것과 인종차별이 어디가 다른지 모르겠다.

보육 현장에서의 '소셜 레이시즘'은 어른들만을 대상으로 하지 않는다. 영국은 지난 노동당 정권 이래로 3세 아동부터 주 15시간까지 보육 비용이 무료다. 평균 수입이 가장 낮고 실업률과 질병률이 높은 지역에 한해 2세 아동부터 이 제도를 일부 시험적으로 도입한 후 2013년부터는 전국적으로 확대했다. 그런데 중산층 가정의 아이들과 가난한 집 아이들을 같은 시설에서 보육하는 것이 두려웠던 어린이집 측이 하층 계급 유아들이 들어오는 것을 거부하는 일들이 발생했다.

『가디언』에 따르면 잉글랜드의 보육 시설 2만 5547개소 가운데 보육비 보조 인정을 받은 2세 아동을 수용한 시설은 겨우 1만 3685개소뿐이었다. 런던 시내에서는 보육비 보조 인정을 받은 2세 아동의 45퍼센트가 입소할 곳을 찾지 못한 상태라고 한다. 한 연구 기관의 보고에 따르면 "보육 서비스 제공자 가운데 일부는 '보호자들 중에 불우한 가정의 아이들이 자기 아이가 다니는 보육 시설에 들어오는 것에 난색을 표하는 이들이 많다'고 느끼며 보육비 보조 인정 지역에 사는 유아는 자기들 보육 시설에 적응하지 못할 것이라 여긴다"고 한다.

어린이집에 보내는 비용은 시설에 따라 천차만별이지만, 만약 2세 아동을 하루 종일 맡긴다면 내가 일하던 어린이집에서는 1개월에 약 800파운드(약 120만 원)가량 들었다. 이는 브라이턴에서는 평균 정도의 금액으로 이 비용(2명을 보내는 가정도 제법 있다)을 지불하면서 맞벌이를 하는 가정은 수입이 상당한 계층에 속한다고 할 수 있다. 상황이 이렇다 보니 영국의 어린이집이 '중산층 전용 시설'이라 불리는 것이다. 이러한 시설에 하층 계급 유아가 침입했을 때, 보호자들의 반응이 어떨지 상상하기란 그리 어려운 일이 아니다. 아이들이 같이 놀다 보면 장난감을 서로 차지하려고 싸우거나 서로의 몸에 상처를 내거나 할 것이다. 매일매일 불만과 항의의 폭풍이 몰아칠 것이며 중산층 보호자와 빈곤층 보호자 사이에 계급전쟁이 발발할지도 모른다. 까딱 잘못하면 중산층 아동이 다 빠져나가 어린이집이 문을 닫을 가능성마저 있다.

이렇게 유아 교육 현장에서는 계급 분리가 진행되고 있다. '아파르트헤이트(남아프리카공화국의 인종 격리 정책-옮긴이)'는 사라지지 않았다. '유나이티드'여야 할 '킹덤'에서 인종이 아니라 계급을 기준으로 이와 같은 분리가 일어나고 있다.

그렇다면 이러한 '소셜 아파르트헤이트'가 정착한 사회에서는 생활보호대상자(한국에서는 1999년 제정된 국민기초생활 보장법에 따라 기초생활보장 수급자라는 명칭을 쓴다-옮긴이)인 싱글맘이나 집세를 낼 수 없어 노숙자가 된 사람, 알코올 중독자, 약물 의존증에서 회복 중인 사람의 아이를 받아주는 시설이 전무할까. 그렇게 되어버린다면……. 아니, 그런 부분을 이 나라가 완전히 저버린 것은 아니다. 바로 이 글 앞에 쓴 것처럼 자선단체가 저변층의 아이들을 무료로 돌보고 있다. 아주 열심히 돌보고 있다. 돌보는 것이 당연했다. 적어도 5년 전까지는.

오랜만에 들른 저변 탁아소에는 모든 것이 변해가는구나 싶은 거센 변화의 바람이 불고 있었다. 현 보수당 정권이 추진하는 긴축 재정 정책의 영향이다. 보수당이 재정 적자를 줄이기 위해 큰 폭으로 삭감한 예산은 바로 하층 계급 사람들을 지원하는 제도와 시설에 대한 투자였다. 그리하여 공적 원조가 끊긴 이 센터는 지역 주민을 위해 제공하던 수많은 프로그램을 더 이상 운영할 수 없게 되었다. 1파운드짜리 점심도 일주일의 반밖에 제공되지 않았고, 부설 탁아소도 주 3일, 심지어 오전 중에만 운영해야 하는 상황이 되었다.

선반 위 상자에 든 장난감과 책꽂이에 꽂힌 책을 보고 있노라니 참담한 기분이 들었다. 4년 전과 완벽하게 똑같은 것들이었기 때문이다. 이것도 저것도 전부 색이 바래고, 접히고, 더럽혀지고, 변형되어 있었다. 집에 장난감이 별로 없는 아이들이 여기에 오면 새 장난감에 두 눈을 반짝이며 놀지 않았던가. 당시에는 석 달에 한 번씩 장난감과 책을 새로 샀으며, 기부 받은 물품이 창고에 다 들어가지 않을 정도로 많았다. 그런 시절이었다. 낮은 곳에 서 있으면 정치가 얼마나 사회를 바꿔놓는지가 잘 보인다.

"이제 저변 탁아소라기보다는 긴축 탁아소 같네."

내가 말하자 탁아소의 부책임자가 된 친구가 웃었다.

"이제는 바람 앞의 등잔불이야."

"아이고, 미니카도 이것밖에 없네. 이 책은 너무 찢어져서 셀로판테이프로 커버를 만든 것 같아."

"옛날이랑은 다르지."

"일단 이거, 장난감부터 어떻게 해야겠다."

"하지만 돈이 없어."

"근처의 엄마들한테 기부해달라고 부탁해볼게. 부자 동네에 가서 주워오는 것도 좋고. 제법 좋은 것들을 그냥 길에 내버리더라고."

말은 이렇게 했지만 마음속 불안은 깊어만 갔다.

"정말 돌아올 거야?"

"응, 실업자잖아. 사람도 부족할 테고."

"응, 그건 그런데, 하지만."

"그런데 뭐?"

"아니, 뭐 망한 어린이집에서 망해가는 탁아소로 돌아올 필요는 없잖아."

나와 친구는 얼굴을 맞대고 깔깔깔 웃었다. 창밖으로는 '될
대로 돼라' 싶을 정도로 화창하게 갠 하늘이 파랗게 펼쳐져 있
었다.

나는 이렇게 저변 탁아소, 아니 긴축 탁아소로 돌아오게 되었
다. 대체 무슨 인연인지……. 이렇게 나의 제2라운드는 시작되
었다.

이번 영국 총선거(2015년 5월 7일)에서 다시 권력을 잡은 보수당이 2010년 집권 때부터 주요한 정책 기둥 가운데 하나로 삼은 것이 바로 복지제도의 재검토였다. 그러니까 토니 블레어와 고든 브라운의 노동당 정권 시절에는 후하게(의외로 쉽게) 지급되던 생활보호수당이나 실업보험금을 적극적으로 삭감하겠다는 것이었다. 이는 생활보호를 받는 사람들이 최저임금에 가까운 급여로 노동하는 사람들보다 수입이 높다는 문제, 많은 자녀를 둔 싱글맘이 생활보호수당으로 받은 육아 보조금으로 해외여행을 가거나 고가의 성형수술을 한다는 타블로이드지의 선정적인 보도 등으로 인해 생활보호대상자를 비난하는 분위기가 만연했기 때문이다. 긴축은 결코 포퓰리즘 정책이 아니다. 하지만 보수당 정권은 지지율을 유지하기 위해 생활보호대상자를 압박하는 정책을 멋들어지게 추진해 보였다.

이러한 정책이 저변 탁아소에 모인 사람들에게 가한 타격은 엄청났다. 내가 탁아소에서 자원봉사를 하던 시절에는 이용자를 크게 세 종류로 나눌 수 있었다. 첫째는 아나키스트, '싸우는 극좌'라 불리는 사람들이다. 그들 가운데는 좋은 집안에서 잘 자라 공부를 많이 한 사람도 적지 않았고, 자기 의지로 중산층에서 하층 계급으로 내려온 '히피계 인텔리겐차'가 많았다. 그들은 노동하지 않았다. 그렇다고 매일 집에서 게으름을 피우는 것은 아니었다. 아나키스트 단체나 정치 그룹에 소속되어 열심히 자원봉사를 하는 이들이 많았다. 둘째는 이른바 '공영 주택지의 차브'들이다. 그들 가운데는 가족 3대가 생활보호대상자로 살아가는 '구제 불능의 언더 클래스under class'도 있었다. 마지막 부류는 영국에 온 지 얼마 안 된 외국인들이다. 난민도 있었고, 영어가 안 되어 취직을 못 하는 사람도 있었다. 저변 탁아소의 모체인 지원센터가 운영하는 외국인을 위한 무료 영어 강좌에 다니는 외국인 엄마들이 대부분 여기에 속했다.

한산해진 지금의 긴축 탁아소에서는 첫째와 둘째 그룹이 사라졌다. 친구 말에 따르면 모두 생활보호가 끊기는 바람에 사회로 복귀할 수밖에 없었다는 것이다. 셋째 그룹에 속하는 외국인들은 지금도 간신히 오고 있다. 외국인을 위한 영어 강좌는 아직 정부에서 보조금이 나와 무료로 운영되기 때문이다. 그 밖에 컴퓨터 강좌나 예술, 외국어 등등 영국인이 다니던 프로그램은 모두 보조금이 끊겼다.

요즘 세상에 그렇게 오랫동안 일을 하지 않던 사람들이 어떻게 전부 취직을 했는지 믿기지 않아 어리둥절할 뿐이었다. 그런데 복귀한 지 며칠 지나지 않아 낯익은 영국인을 식당에서 발견했다. 겉모습이 놀라울 정도로 변해 있었다. 얼굴은 퍼렇게 떠 있고 어디가 아픈지 온몸이 퉁퉁 부어 있었다. 분명 나이가 마흔 정도였던 것 같은데, 지팡이를 짚고 비틀거리며 식당으로 들어오는 모습은 꼭 70대 할머니 같았다.

그녀는 예전에 이 탁아소에 다니던 모건이라는 소년의 어머니였다. 알코올 의존증에서 회복 중이던 싱글맘으로 지역의 사회복지사가 집에 드나들었다. 그녀가 자는 동안 모건이 집에서 소동을 일으키는 바람에 아들을 복지당국에 빼앗길 뻔한 적이 있었다. 당시 담당자가 그녀에게 매일 책임지고 모건을 탁아소에 맡기겠다는 약속을 받아내고, 그녀 자신도 지원센터 주방에서 자원봉사를 하거나 컴퓨터 쓰는 법을 배우면서 두 사람의 생활은 긍정적으로 개선되었다. 이렇게 사회복지사가 상황이 나아졌다고 판단한 시점에 모건은 초등학생이 되어 탁아소를 떠났다. 이것이 5년 전의 이야기다.

너무도 변해버린 그녀의 모습에 말문이 막혔다. 탁아소 부책임자가 된 친구가 말했다.

"아, 그러게. 넌 몰랐나 보구나."

"몸이 망가진 것 같은데?"

"술이야. 죽을 뻔한 적도 있어."

"모건은 어떻게 되었어?"

"그게……. '복지'에서 데려가 위탁 가정에 맡겼어."

항상 청바지와 티셔츠를 입던 보이시한 미인이 완전히 야맘바(산에 살며 사람을 꾀어 잡아먹는다는 일본 요괴로 무서운 노파의 얼굴에 산발한 머리가 특징이다-옮긴이) 같은 모습을 한 채 입을 우물우물 움직이며 무언가 혼잣말을 하고 있었다.

'역시 술을 못 끊었구나. 결국엔 아이까지 빼앗기고.'

허망한 기분이 들었다.

"술은 끊었어. 모건을 잃고 나서 술에 다시 손을 댄 거지. 이제는 멈출 수가 없어진 거야. 지금은 보호소에서 지내고 있어."

친구가 말했다.

"뭐? 그럼 술 때문에 모건을 빼앗긴 게 아니란 말이야?"

내 기억 속의 그녀는 술 문제만 아니면 다른 누구보다 교육에 열심인 어머니였기 때문이다.

"모건이 탁아소에서도 폭력을 휘두른 적이 있잖아."

"하지만 초등학교에 들어갈 즈음엔 괜찮아졌잖아?"

"그게 말이야, 모건이 학교에서 심하게 폭력을 휘둘렀대. 의자를 집어던지고 다른 아이 머리를 물어뜯고……."

"……."

"모건은 고급 주택가에 있는 학교에 다녔잖아. 거기 사람들은 그런 일에 익숙하지 않아서 난리가 난 거야. 그래서 또 사회복지사가 개입하게 되었지."

"하지만 단지 폭력적이라는 이유로 아이를 데려갈 수도 있는 거야?"

"모건 엄마가 말이야, 아이를 좋은 학교에 보내려고 좀 무리를 한 모양이더라고. 생활보호수당이 줄어들었으니 안 그래도 서툰 일을 몇 개나 돌려가며 한 거지. 그런데 아이는 학교에서 난동을 부리지, 경제적으로도 정신적으로도 지쳤나 봐. 결국 자기 입으로 모건을 못 키우겠다고 했대."

"……."

모건의 어머니는 탁아소에 오는 어머니들 중에서 좀 특이한 편이었다. 다른 싱글맘처럼 애인을 만들지도, 역대 애인의 아이를 계속해서 낳지도 않았다. 모건 하나를 키우는 데 집중했다. 탁아소 바로 근처에 공립 초등학교가 있기 때문에 이 탁아소를 졸업한 아이들은 대부분 그 학교에 입학하지만, 모건의 어머니는 아들을 거기에 보내지 않았다. 본래 중산층 가정의 귀한 딸이었다는 그녀는 부모에게 손주의 교육 자금을 융통했다. 그리고 고급 주택가에 아파트를 빌려 중산층 아동이 많이 다니는 높은 '순위'의 공립학교에 모건을 보냈다. 그녀가 하는 모든 일은 아들을 위한 것이었다. 그랬던 사람이 스스로 모건을 포기했다니 믿을 수가 없었다.

최근 영국 교육계에서는 '소셜 아파르트헤이트'라는 말을 사용하게 되었다. 2013년 국립아동사무국의 조사 보고서 「실패하기 위해 태어나다Born to Fail?」가 발표된 후, 언론에서 대대적으로 쓰게 된 말이다. 이 보고서는 영국에서 빈곤층으로 떨어진 아이들이 1969년에 비해 160만 명이나 더 많아졌음을 밝혔으며, "영국 사회는 계층 간의 단절이 심해져 아이들이 '소셜 아파르트헤이트'를 겪으며 자라나는 세계로 돌입했다"는 결론을 냈다. 보고서는 다음과 같은 내용으로 경종을 울렸다.

□ 유복한 가정의 아이들과 불우한 환경에서 자란 아이들을 비교해보면 4세 시점(영국의 취학 연령)의 성장과 발달에 큰 차이가 나타난다.
□ 빈곤 지역 거주 아동은 가정에서 불의의 사고로 인해 다칠 확률이 매우 높다.
□ 빈곤 지역 거주 아동이 신선한 공기를 들이마시고 자연과 접하며 노는 기회는 다른 지역 아동의 9분의 1 정도이다.
□ 빈곤 지역 비만 아동의 비율은 소년의 경우 유복한 지역의 3배, 소녀의 경우는 2배에 달한다.

이 조사 결과는 내가 5년 전 저변 탁아소 자원봉사를 그만두고 부유층이 많이 사는 지역의 어린이집에 취직했을 때 피부로 느꼈던 것과 같다. 당연하게도 중산층 부모를 둔 아이는 하층 계급 아이보다 놀라울 정도로 풍부한 어휘를 구사했으며, 숫자도 셀 줄 알았다. 무엇보다 나를 놀라게 한 것은 그런 겉으로 보이는 학습 능력이 아니라 아이들의 손끝이 야무지다는 점이었다. 유아기의 뇌 발달은 손가락의 움직임과 관련이 있다고 한다. 나는 아이들과 자주 종이접기를 한다. 어린이집의 3세 아동은 저변 탁아소의 3세 아동이 절대로 접을 수 없는 형태로 솜씨 좋게 종이를 접을 수 있다.

또 저변 탁아소의 부모들 중에는 가정 폭력, 술이나 약물 의존증 등의 문제를 가진 사람이 많기 때문에 가정 내 폭력 사건에 휘말려 물리적인 상처를 입는 아이도 있다. 하지만 이런 상처보다 더 뚜렷하게 보이는 경향이 있다. 바로 심리적인 영향 때문에 정서지능(EQ)의 발달이 크게 지연된 아동이 많다는 것이다. 폭력을 휘두르는 아이나 타인을 극단적으로 두려워하는 아이 등 타자와 커뮤니케이션이 불가능한 아이들에게 둘러싸여 일하다 보니, 나중에 중산층 전용 어린이집에서 일할 때는 '일이 너무 쉬운데!'라고 느낄 정도였다.

어린이집 아이들은 신체 발달이 빨랐으며 극단적으로 마르거나 극단적으로 뚱뚱한 아이가 없었다. 또 병에 걸리더라도 금방 나았다. 부유한 집 아이와 가난한 집 아이 사이에 나타나는 발달 상의 차이가 어제오늘 일은 아니다. 하지만 이 조사 보고서의 지적에 따르면 그 현상이 더욱 심각하게 진행되어 "생활의 양극화로 유복한 가정의 아이들과 가난한 가정의 아이들이 분리되고, 서로 만나는 접점이 사라진 평행우주에서 살아가는 형편이 되었다"는 것이다.

예를 들어 퍼블릭 스쿨public school(영국의 명문 사립학교로 돈만 내면 종교, 직업, 거주지 등에 따른 제한 없이 누구나 다닐 수 있다는 의미에서 '퍼블릭' 스쿨이다-옮긴이)만 봐도 그렇다. 잘 알려져 있다시피 영국의 유복한 가정에서는 아이를 '퍼블릭 스쿨'이라 불리는 사립학교에 보낸다. 연간 학비가 평균 2~3만 파운드(3000~4000만 원) 정도나 되기 때문에 제법 부유한 가정이라도 자녀가 많으면 모두를 사립학교에 보내기란 큰일이 아닐 수 없다. 그래서 부모들은 평판이 좋은 공립학교에 아이를 보내려 한다. 공립 초등학교는 교문에서 집까지의 거리로 입학할 수 있는지 없는지가 결정된다(브라이턴 앤드 호브 시의 경우). 그래서 부모들은 "아깝다, 100미터만 더 가까웠어도 그 학교에 보내는데!" 같은 황당한 일을 겪지 않기 위해 최대한 스쿨 랭킹 상위 공립학교 가까이에 집을 구입하려 한다. 그러면 당연하게도 그 지역의 주택 가격이 상승하고 그곳은 더 이상 서민이 살 수 없는 지역이 된다.

그 결과 빈민은 집세가 싼(그러니까 지역 학교가 엉망이라 부모들이 멀리하는) 지역에 살게 되고, 점차 부자-빈자 간 거주 지역의 분리가 진행된다. 빈민가 아이들은 보육 시설에서부터 초등학교, 중학교를 전부 자기들과 같은 계급의 아이들에게 둘러싸여 공부하게 되며 자기보다 높은 계급에 속한 아이와는 친구가 될 기회는커녕 옷깃을 스칠 인연조차 맺지 못한다. 이는 위쪽 계급 아이들에게도 마찬가지인데, 그들에게 하층 계급이란 텔레비전이나 영화에서밖에 본 적이 없는, 현실 세계에는 존재하지 않는 사람들이다.

하지만 중산층 부모들의 전략은 때때로 실패하기도 하는데, 예를 들면 다음과 같다. 어린이집에 오는 한 여아의 부모는 세 곳의 우수한 공립 초등학교가 모여 있어 '황금의 트라이앵글'이라 불리는 지역에 집을 샀다. 하지만 그 집이 삼각형의 정중앙에 위치하는 바람에 세 학교 중 어느 곳도 지근거리에 들어오지 않아 안타깝게도 어느 한 곳에도 입학할 수가 없었다. 그래서 다른 학교로 배정이 되었는데 그게 하필이면 저변 탁아소가 있는 지역의 초등학교였다. 배정된 초등학교에 견학을 갔다가 아이가 다른 아이들을 보고 겁에 질리는 바람에 모녀가 둘 다 울며 집으로 돌아왔다고 한다.

"역시 가정환경이 너무 달라도 힘들 것 같아서……."

초등학교 견학 후 어린이집에 온 아이의 어머니가 말했다. 그녀는 재빨리 퍼블릭 스쿨 원서를 입수하여 딸아이의 입학수속을 마쳤다.

저변 탁아소에 아이를 맡기는 부모 가운데 중산층 가정에서 자기 의지로 아래로 내려온 사람들도 빈곤 지역 학교에 아이를 보내려 하지 않았다. 이 고학력 부모들은 황폐한 학교에 아이를 보내기보다는 차라리 홈스쿨링의 길을 택하여 집에서 직접 아이들을 가르쳤다.

모건의 어머니는 소원해진 부모에게 사정을 하여 고급 주택가에 집을 빌리고 그 지역 학교에 아이를 보냈다. 그 과정에서 생긴 여파가 상당했으리라. 그렇게 생각하는 이유는 그때가 마침 보수 정권이 생활보호를 끊거나 큰 폭으로 삭감한 시기와 맞물렸기 때문이다. 싱글맘의 필사적인 노력은 한계에 부딪혔으리라.

하지만 모건이 학교에서 폭력을 휘두른 이유에는 교실의 아이들만 알 수 있는 또 다른 측면도 있지 않았을까 싶다. "가정환경이 너무 달라도 힘들 것 같아서……"라던 중산층 어머니의 말이 떠올랐다.

저변 탁아소, 아니 긴축 탁아소는 자금난으로 인해 지금은 주 3일, 그것도 오전에만 운영하고 있다. 이 탁아소가 속한 지원센터의 이용자 수 자체가 격감했기 때문에 그렇게 되어도 큰 지장은 없다. 하지만 그렇다고 빈곤 가정이 줄어들었을까? 아니다, 오히려 늘어났다. 이 모순이 바로 긴축 정책의 본질이다.

오전 중에 탁아소 문을 닫고 식당에 커피를 타러 갔더니 모건의 어머니가 테이블에 앉아 있는 모습이 보였다.

"안녕."

내가 먼저 말을 걸었다. 그녀는 '도대체 너 누군데?'라는 듯한 표정을 짓더니 다음에는 화를 내는 건지 부끄러워하는 건지 알 길이 없는 살짝 당황한 얼굴이 되었다.

"오랜만이네요."

나도 좀 어색해져서 이렇게 말하자,

"돌아왔구나."

분명하지 않은 발음으로 그녀는 천천히 말했다.

"네, 직장이 망해버렸거든요."

그렇게 말하고 나니 이 말이 센터의 한산한 분위기와 너무나 딱 들어맞아서 나는 웃고 말았다.

"뭐라도 마실래요?"

"아니, 아까 홍차 마셨어."

그녀가 말했다. 나는 인스턴트커피 병을 열었다.

"K는 잘 지내?"

모건의 어머니는 우리 아들의 안부를 물었다.

"네, 잘 지내요."

아들과 모건은 저변 탁아소에서 함께 놀던 사이다. 아들은 저보다 한 살 많은 모건에게 자주 덤벼들어서 맞고 울곤 했다. "애를 잘도 그런 데 데려가네"라고 친구들이 말했다. 하지만 자원봉사가 있는 날이면 나는 항상 아들을 데리고 다녔다. 아들은 괴롭힘을 당하든 방해를 받든 한 살 많은 모건을 잘 따랐다. 모건도 그런 아들이 귀여웠는지 마지막에 둘은 가장 친한 친구가 되어 형제처럼 붙어 다녔다.

"지금 몇 살이더라?"

"여덟 살이에요."

"벌써 그렇게 됐네."

"세월이 빠르지요."

나는 주전자의 뜨거운 물을 머그컵에 따랐다.

긴축 탁아소 시절

"모건은 아홉 살이 됐어."

그녀가 음색을 조금도 바꾸지 않고 말하기에 나도 가능한 한 아무렇지 않게 말했다.

"그러게요. 한 살 차이니까요."

그녀의 굳은 얼굴이 확 풀리더니 노인처럼 입을 오물오물하며 웃음을 지어 보였다.

"둘이서 자주 식당 안을 뛰어다녔지."

"그러게요. 마치 어제 일 같은데."

"K는 학교 좋아해?"

"네, 즐겁게 다니고 있어요. 학교 분위기도 좋고."

내가 그렇게 대답하자, 그녀는 창밖으로 눈길을 돌리더니 멍하니 말했다.

"모건도 좋은 학교를 다녀."

초여름의 투명한 햇살이 그녀의 금빛 머리카락 위로 부드럽게 쏟아져 내렸다. 그녀는 온화한 목소리로 천천히 말했다.

"모건은 크고 멋진 집에 살면서 좋은 학교를 다니고 있어."

2014년 영국의 채널 4에서 방영된 〈베니핏 스트리트Benefits Street〉라는 프로그램이 화제가 되었다. 이 방송은 생활보호대상자가 많이 거주하는 버밍엄의 제임스 터너 스트리트에 사는 사람들의 삶을 그린 다큐멘터리였다. 영국에서는 이제 '브로큰 브리튼Broken Britain'이 그다지 새로울 것도 없는 문제라 방송 당시 나는 뭘 이제 와서 뒷북인가 싶었다. 일본인인 나조차도 벌써 몇 년 전부터 그렇게 변한 세상에 관해 썼으니까(그 결과 『아나키즘 인 더 UK』라는 책까지 나왔다). 'UK의 언더 클래스'는 2000년대 초부터 활발히 논의되던 주제였다.

'언더 클래스'란 일하지 않고 생활보호수당benefits을 받아 생활하는 사람들을 가리키는 말이다. 일을 하지 않으므로 노동자 계급이라고는 부를 수 없는, 기존 계급 '아래'에 위치하는 새롭게 등장한 계급이다. 1980년대 대처 정권은 '비非산업혁명'을 실시하여 영국의 수많은 블루칼라 노동자를 실업자로 만들었다. 또 1990년대에는 다른 정당이면서도 대처의 신자유주의를 이어받은 노동당의 토니 블레어가 이 '일자리를 잃은 노동자 계급 사람들'에게 생활보호수당을 두둑하게 지급하여 '위에서 아래까지 모두가 행복한 사회'를 연출했다. 덕분에 사회의 가장 밑바닥에 처한 '언더 클래스'에서는 도덕이 붕괴하고 여러 형태의 사회문제가 생겨났다. 그러자 보수당은 이 상황을 '브로큰 브리튼'이라 부르며 선거전을 벌였고, 결국 2010년 노동당으로부터 정권을 탈환하기에 이르렀다.

그렇기 때문에 영국 사람이라면 대개는 저변 계층 주변이 어딘가 모르게 엉망이라는 것을 대충은 알고들 있었다. 하지만 2014년 〈베니핏 스트리트〉 방송 후의 영국 사회는 벌집을 쑤셔 놓은 듯했다. 데이비드 캐머런 당시 수상부터 『더 선』까지 온 나라가 이 방송 이야기를 했다. 곰곰이 생각해보면 그 전까지 일부 코미디 프로그램이나 영화 외에 언더 클래스의 삶을 보여주는 영상은 거의 없었다.

그렇구나. 언더 클래스는 정말 영국의 벌집이었다. 아니, 판도라의 상자였다. 모두 그 존재는 알고 있지만 무슨 이상한 것이 나올지 몰라 뚜껑은 열지 못한 채 그저 멀리서 비판만 할 뿐이었다. 상자를 열고 안을 들여다보려 하지 않았다.

방송이 시작되었을 때, 수많은 언론이 이를 두고 '빈곤 포르노'라 불렀다. 하지만 눈물을 쥐어짜는 '개발도상국 빈곤 포르노'와 '언더 클래스 빈곤 포르노'는 그 질이 달랐다. 언론은 그 다큐멘터리가 과거의 헤로인 중독자, 무직의 아이 딸린 젊은 커플, 싱글맘 같은 '아주 그럴듯한' 등장인물이 생활보호수당으로 담배를 피우고 맥주를 마시고 범죄를 저지르며 생활하는 모습을 선정적으로 보여주어 국민의 분노를 부채질했다며 비난했다. 또 마치 스타라도 된 양 자신의 빈곤을 드러내는 무지한 하층 계급의 모습을 혐오했다.

그런데 그들이 생각보다 빈곤하지 않다는 점이 또 시청자들의 신경을 긁은 모양이었다. "다른 사람의 세금으로 생활하는 주제에 액정 TV를 갖고 있더라", "푸드 뱅크를 이용하는 주제에 맥주를 사더라", "일하지 않는 자는 먹지도 말라", "키울 여유가 없으면 아이를 낳지 말라" 등등. 정치적으로 올바르지 않기에 이제는 사람들 앞에서 해서는 안 될 발언이, 배웠다는 사람들의 입에서조차 나왔다. 이렇게까지 사람들을 감정적으로 자극한 방송이 요 근래 영국에 있었나 싶을 정도였다. 이 다큐멘터리는 채널 4의 프로그램 가운데 2012년 런던 패럴림픽 개회식 중계 다음으로 높은 시청률을 기록했다고 한다.

이 프로그램이 방송되던 즈음, 탁아소는 책임자였던 애니가 은퇴한 후 몇 명의 책임자가 함께 운영하고 있었다. 그중 하나가 부책임자가 된 내 이란인 친구였는데, 연말에 일손이 부족해지면 다른 어린이집에서 일하던 나를 불렀기 때문에 임시로 일을 거들러 간 적이 있다. 그때 탁아소에 있던 아이는 겨우 2명이었다. 항상 꼬맹이 녀석들로 미어터질 듯하던, 거칠고 난폭하며 시끌벅적하던 예전의 모습을 찾을 수가 없어서 나는 깜짝 놀라 물었다.

"다들 어디 간 거야?"

"생활보호수당이 많이 줄어서 여기 오는 버스비조차 없대."

"그냥 집에 있는 게 돈이 제일 안 들긴 하지. 그런데 그렇게 되면 위험하잖아."

"응. 장난감이랑 먹을 걸 차에 싣고 걱정되는 집을 정기적으로 방문하자는 이야기도 있어. 경비 문제가 아직 해결이 안 돼서 어떻게 될지는 모르겠지만."

학대나 양육 포기 같은 불행한 상황은 일반적으로 닫힌 공간에서 일어난다. 따라서 영유아가 있는 가정은 고립시켜서는 안 된다. 이것은 유아 교육의 기본이다. 먹고살기도 곤란한 사람들이 아이와 함께 폐쇄된 공간에서 나오지 않는 것은 몹시 위험한 상황이다.

〈베니핏 스트리트〉는 방송 초기에는 "영국의 치부. 그 거리 주민들을 몰살시켜라" 같은 혐오발언까지 나오게 했지만, 회를 거듭할수록 관련 논의도 점점 진화해갔다. 좌파 단체와 문화인들은 '빈곤한 사람을 사회의 적으로 만들고 있다'며 방송 중지를 요청했다. 변한 것은 우파, 보수 계열의 논조였다. 호화로운 저택을 배당받은 생활보호수급 가정이 얼마나 지역 주민에게 민폐를 끼치는지, 줄줄이 아이만 낳는 하층 계급 여자가 얼마나 발칙한지를 쓰던 우파 신문 『데일리 메일』조차 "〈베니핏 스트리트〉가 보여주려 하는 것은 빈곤한 사람들이 얼마나 도덕적으로 결핍되어 있는지가 아니다. 그들을 만들어낸 사회제도에 얼마나 도덕이 결핍되어 있는지다"라고 썼다.

일본에 살 때 나는 더 스미스(1980년대 중반 활동한 영국의 록밴드로 과격하고 음울한 청춘의 정서와 소외된 계층의 분노를 표현한 가사로 큰 인기를 얻었다-옮긴이)의 노래를 듣고는 그런가 보다 하는 정도의 얕은 지식으로 대처의 정책에 반대했다. 하지만 영국에 살아보니 대처가 저지른 죄가 진정 어떤 것이었는지 알 것 같다. 대처는 경제 전환기의 희생자를 '패자'라는 이름의 무직자로 만들고는 그들에게 단지 금전만을 허락하여 국가의 가축으로 만들어 길러온 것이다.

언더 클래스 사람들을 처음 접했을 때는 '24시간을 자기 마음대로 쓸 수 있는데도 왜 그들의 삶은 이토록 다양하지 않은 걸까?' 하고 이상하게 여겼다. 희망은 전혀 없고 오로지 먹이만 허락되는 상황에 처한 사람은 술이나 약물에 빠져들거나, 하루 종일 얼굴을 마주해야 하는 가족에게 폭력을 휘두르거나, 외국인 등 자기보다 약한 처지의 사람들에게 화풀이를 하는 획일적인 삶을 살게 되는 모양이구나 싶었다.

"그건 자존감이 없기 때문이에요."

애니 스승님은 이렇게 말했다. 스스로를 존중하지 못하는 인간에게 "더 이상 나라에서는 당신에게 먹이를 줄 수 없으니 각자 자기 힘으로 일어서라"고 한들 그들이 스스로 일어설 수 있겠는가. 참으로 말도 안 되는 이야기다. '제힘으로주의', 이는 각자 자기 삶의 지침으로 삼을 수는 있어도 다른 사람에게 강요할 수 있는 사고방식은 아니지 않은가. 그건 인간성 포기와 다를 바 없다. 제힘으로 어떻게든 해볼 만한 기개나 기술을 갖추지 못한 사람을 길바닥에 버려놓았으니 영국은 굶어 죽는 사람이 나오는 나라가 된 것이다.

언더 클래스를 만들어낸 것은 대처만이 아니다. 시종일관 PR에 급급해 인기몰이 정치를 하던 토니 블레어 또한 그랬다. 마치 마약상처럼 무직자들에게 생활보호수당을 계속 쥐여주어 그들을 무기력하게 만들고 입 다물게 했다.

지난 2005년 록 밴드 카이저 치프스는 〈폭동이 일어날 것이다 Predict A Riot〉라는 노래에서 "거의 발가벗다시피 한 소녀들이", "콘돔을 사려고 1파운드의 돈을 빌린다", "트레이닝복을 입은 남자들에게 습격당하고 있다"라고 했다. 당시 인기 칼럼니스트였던 줄리 버칠(영국의 과격파 페미니스트-옮긴이)조차 이 가사에 대해 "1977년의 펑크에서 영향을 받은 밴드라 들었는데 '충격! 언더 클래스!'로 시작되는 『데일리 메일』의 기사를 그대로 옮긴 듯한 가사를 쓰다니"라고 탄식할 정도로 브로큰 브리튼이라 불리는 이 계급은 얼굴 없는 집단 악으로 그려지기 일쑤였다.

〈베니핏 스트리트〉와 관련하여 내가 가장 놀랐던 것은 채널 4 주최로 열린 시사 프로그램에서 유복한 환경에서 자란 듯 보이는 한 젊은 여성의 다음과 같은 말이었다. "이런 생활을 하는 사람들이 실제로 있다는 것에 저는 놀랐습니다." 2014년에도 중산층 사람들에게 하층의 세계란 카이저 치프스의 가사만큼이나 현실감이 없었으리라. 언더 클래스 사람들은 '공영 주택지의 젊은 밥 딜런'이라 불리는 가수 제이크 버그나 〈베니핏 스트리트〉

같은 프로그램을 통해 개성 있는 개인으로서 얼굴과 목소리를 겨우 드러내기 시작했다.

이렇게 보면 UK의 언더 클래스 또한 '거기에 있지만 없는 사람 취급을 받던' 사람들이 아니었나 싶다. 세상의 암이자 UK의 치부라고 할 이 계급이 실은 자신과 마찬가지로 개성과 감정을 가진 사람이었음을 영국 사회는 인정하고 싶지 않았으리라. 포르노가 인간의 치부를 드러내는 것이라면 언더 클래스를 찍어 보여준 방송이 빈곤 포르노라 불리는 것은 어쩌면 숙명일지도 모르겠다.

하지만 이 빈곤 포르노는 "동정할 거면 돈을 달라"는 식의 포르노는 아니다. 그들은 이미 돈을 받았기 때문이다. 그들은 돈을 받는 대신에 그보다 소중한 것을 빼앗겼다.

이즈음 이란인 친구와 동료들은 탁아소의 재원과 자원을 의미 있게 사용하기 위해 이제는 오지 않게 된 가족들을 위한 가정 방문 서비스를 계획하고 있었다. 충분한 자금은 없었지만 차를 빌려주는 사람, 운전해주는 사람, 장난감을 빌려주는 유아 교육 시설, 식재료를 기부하는 가게들이 생겼다. 돈만으로는 어떻게 되지 않던 일이었다. 돈이 끊기자 다른 형태의 지원을 만들어내는 사람들이 나타났다. 이런 것을 시민운동이라 부를 수 있다면 시민운동의 풀뿌리는 영국 땅 도처에 깔려 있다.

영국 사람 눈에는 동양인의 얼굴은 다 비슷해 보인다고 한다. 얼굴이 비슷한 것처럼 극동 지역 나라들의 언어 또한 다 비슷비슷할 거라 여기는 사람들이 많다. '포르투갈 사람과 스페인 사람은 각자의 모국어로 이야기를 해도 은근히 말이 통한다' 같은 유럽어족의 상식을 극동 지역 나라에도 적용하려 하는 것이다. 얼마 전에도 그랬다. 긴축 탁아소에서 일하는 중이었다. 무직자와 저소득자를 위한 지원센터의 법률 자문 담당자가 본관에서 뛰어왔다.

"미카코, 중국어 알지?"

당연히 내가 중국어를 안다는 걸 전제로 물었다.

"아니오, 전 일본인인데요."

"그래도 들으면 대충 무슨 말인지는 알 수 있잖아?"

이런 말도 안 되는 소리를 했다. 일본어와 중국어는 막연하게라도 의사소통이 가능할 만큼 친화성이 높은 언어가 아니라고 설명하며 돌려보냈지만, 그녀는 10분 뒤에 단발머리 여아 둘과 함께 다시 내 앞에 나타났다.

"아이들 정원 아직 여유 있지?"

'어차피 한가하잖아'라고 말하는 듯했다. 저변 탁아소 시절에는 생각할 수도 없는 일이었다. 사납고 골치 아픈 아이들로 가득 차 소란스럽던 그 시절이 지금은 그리울 정도라니……. 그날도 탁아소에 온 아이는 겨우 셋뿐이었다.

"애들 아버지가 법률 자문을 받는 동안 아이들 좀 맡아줘."

"저기, 처음 오는 아이들은 부모님이 와서 서류를 작성해야 하는데. 그리고……."

말하는 내 뒤로 탁아소 부책임자 친구의 목소리가 들렸다.

"안녕, 마야와 엘리자. 괜찮아, 이 아이들 지난번에 왔었어."

친구가 마야와 엘리자라 불리는 두 아이를 손수 맞으러 나왔다. 칠흑같이 검은 단발머리에 청회색 구슬 같은 눈동자를 한 동양인과 서양인의 혼혈이었다. 호러 영화 배우처럼 예쁜 쌍둥이. 둘은 부책임자 친구의 손에 이끌려 탁아소 안으로 들어와서는 탁자에서 색칠놀이를 시작했다. 아이들은 친구가 말을 걸 때마다 조용히 고개를 끄덕이며 영화 〈겨울왕국〉(미국, 2013)의 엘사 그림에 색을 칠했다.

가끔 쌍둥이들 입에서 나오는 말은 중국어도 영어도 아니었다. 아이들 아버지는 중국인이지만 어머니는 폴란드인이었다고 한다. '이었다'라고 과거형으로 말하는 이유는 어머니가 몇 달 전 쌍둥이와 남편을 남겨둔 채 폴란드로 돌아가버렸기 때문이다.

"엄청 조용한 애들이네."

내 말에 친구는 흐흐흐 의미심장하게 웃는다. 1시간 뒤 나는 친구가 왜 그렇게 웃었는지 알게 되었다.

이 네 살짜리 쌍둥이 자매는 무서울 정도로 거칠었다. 갓난아기의 장난감을 빼앗아 앙앙 울리더니 아기를 발로 차질 않나, 옆으로 살짝 다가가 아이 얼굴을 할퀴어놓거나 물장난 치는 아이의 뒤통수를 붙잡아 물속에 처넣질 않나. 가만히 있는 아이들에게 잇달아 폭력을 휘두르는 것이었다. 이런 아이들은 정말 오랜만이었다. 당연하게도 중산층 전용 어린이집에는 이렇게까지 하는 아이들은 없었으니까.

"잘도 하네, 옛날 생각난다."

내가 말하자 친구도 웃었다. 하지만 예전 저변 탁아소와 다른 점이라면 이들이 영어를 못한다는 것이다. 이 쌍둥이뿐만이 아니다. 지금 긴축 탁아소에 오는 아이들 대부분은 영어를 이해하지 못한다.

영국에는 UKIP(영국독립당)라는 정당이 있다. 유럽의회에서는 영국의 제1당을 차지했던, 반反이민과 탈脫유럽을 주창하는 우파 정당이다. 그래서 올해 5월에 치른 총선거에서도 태풍의 눈이 될 것이라 예측했지만 최종적으로 얻은 의석은 하나뿐이었다. 그러나 전체 득표율은 12.6퍼센트로 3위를 차지했다. 만약 영국이 소선거구제가 아니라 비례대표제였다면 UKIP는 아마 보수당, 노동당의 뒤를 잇는 제3당이 되었을 것이다. 그리 탐탁지 않은 UKIP를 지지하는 사람이 많아지는 이유는 영국에 EU권 이민자들이 급증하고 있기 때문이다.

'EU 회원국 출신 이민자들이 영국 노동자 계급의 일자리를 뺏고 임금을 하락시키며, NHS(National Health Service, 국가건강서비스)와 복지제도를 남용하여 학교와 주택 부족을 초래하는 등 국가를 파탄에 빠뜨리고 있다. 이민자 숫자만 줄어도, 그들이 영국의 공적 서비스를 이용하지만 않아도 영국 국민은 행복해질 것이다'라는 지극히 단순한 주장을 반복하는 UKIP는 노동자 계급을 중심으로 지지층을 넓혀가고 있다.

요즈음 EU 회원국 이민자들과 결혼하여 법적으로 영국 체재 자격을 얻은 EU 바깥의 사람들이 UKIP와 그 지지자들이 퍼붓는 비난의 표적이 되고 있다. EU 안에서는 인적 이동이 자유롭기 때문에 EU 회원국 사람과 결혼을 하면 외부 사람이라도 영국에서 살 수 있는 자격을 얻는다. 보수적인『데일리 메일』같은 신문은 EU 국가에서 온 이민자(항상 동구권 출신이 비판의 도마에 오른다)가 영국에 와서 EU 바깥의 사람과 금전적인 이유로 위장 결혼을 한다는 기사를 써대고 있다. 20년 전에는 외국인과 위장결혼하는 영국인이 타블로이드지의 헤드라인을 장식했으나 이제 그 자리는 외국인끼리의 위장 결혼 이야기로 바뀌었다.

언론이 이러한 방식으로 외국인 혐오를 선동하면 외국인 커플을 보는 영국인의 시각이 변한다. 서민들 사이에 이런 분위기가 확산되면 위정자라는 놈들은 어느 나라나 마찬가지로 그에 편승하려 한다. 예를 들어, 보수당 정권이 생활보호수당을 삭감하기 시작한 이래로 수당 신청자를 창구에서 쫓아내는 이른바 '물가 작전(물가에서 기다리고 있다가 상륙하는 적을 해치우는 군사 작전-옮긴이)' 상황이 벌어지고 있는데, 외국인 가정에게는 그 대응이 특별히 더 엄격해져 어린아이를 데려가기만 하면 우선적으로 도와주던 노동당 시절과는 많이 달라졌다고들 한다.

그 때문에 긴축 탁아소의 모체인 무직자와 저소득자를 위한 지원센터에 최근 들어 법률 자문을 구하러 오는 외국인이 급증했다. 그들이 받을 수 있는 법적 지원을 알려주는 곳이 정말로 줄어들었다. 이런 상황을 두고 사회가 배외적으로 변했다고 말하는 것이리라. 저변 생활자를 지원하던 센터가 지금은 거의 이민자를 위한 센터의 양상을 띠고 있다.

하지만 사회 밑바닥에 외국인만 존재할 리는 없다. 영국인 빈곤층 또한 늘어간다. 내가 이렇게 말하는 데는 이유가 있다. 정해진 요일마다 우리 센터의 본관 식당에서는 근처 수퍼마켓에서 기부 받은 유통기한 당일의 식재료들을 나눠 주는데, 그 시간대가 되면 도대체 어디서 왔는지 영국인들이 떼를 지어 나타나 예전보다 훨씬 더 길게 줄을 서기 때문이다.

그런데 이 사람들은 왜 더 이상 센터에 오지 않는 걸까. 표면적인 이유는 간단하다. 센터가 더 이상 영국인을 위한 코스를 운영하지 않기 때문이다. 그리고 1파운드만 지불하면 매일 먹을 수 있던 푸짐한 점심이 지금은 일주일에 3일밖에 제공되지 않는다.

하지만 아무리 그렇다고 해도 오랫동안 센터를 이용하던 사람들의 그 공고하던 공동체 의식이 그런 단순한 이유로 소멸되다니, 그럴 리가 없었다. 센터를 이용하는 이민자가 급증했기 때문에 영국인이 줄어든 것은 아닐까. 나의 지나친 억측일까.

탁아소가 문을 닫을 시간이 되자 쌍둥이 아버지가 아이들을 데리러 왔다. 호리호리하게 키가 큰 중국인 남성은 아직 20대로 보였다.

멀리서도 아버지가 오는 것을 알아챈 쌍둥이는 흠칫 놀라더니 서로의 얼굴을 마주보았다. 그러다가 곧 직립부동 자세가 되어 아버지가 가까이 오기를 기다렸다. 아버지는 무뚝뚝하게 고맙다고 하고는 아이들을 데리고 나갔다.

탁아소 청소를 하고 있는데 본관의 법률 자문 책임자와 가족 서비스 책임자가 찾아왔다. 둘은 탁아소의 부책임자인 친구에게 쌍둥이 아버지에 관해 이야기했다.

"예전처럼 시에서 중국어 통역을 파견해주질 않으니 의사소통이 잘 안 돼서 말이야……. 자료를 건네긴 했는데 영어를 어느 정도 이해하는지 모르니……. 쌍둥이는 어땠어?"

"옷이 작달막하길래 탁아소에 있는 옷 몇 벌을 비닐봉지에 넣어 주었어. 그러고는 별일 없이……."

"아빠는 이제 아이들을 키우지 못할 것 같대."

"……."

"가족이나 친구 네트워크도 없고…… 불가능하다고. 아이들이 있으면 자기는 일자리조차 찾을 수가 없대."

"아이들 엄마가 떠나고 몇 달은 무척 노력을 한 모양이긴 하지만."

"사회복지사와 이야기해보기로 했어."

"……."

사회복지사가 개입하는 가정의 아이들을 돌보는 일은 이 탁아소에서는 일상적인 업무다. 하지만 저변 탁아소 시절의 부모들은 모두 아이를 사회복지사에게 빼앗기지 않으려고 싸웠는데, 긴축 탁아소의 부모들은 아이를 포기하려 한다.

"결코 부모들이 박정해서가 아니야."

친구가 말했다.

"더 이상 부모에게 남은 힘이 없어서 그래."

최근 몇 년 동안 빈곤 지역 가정, 특히 이민자 가정이나 장애 아동이 있는 가정을 지원해온 아동센터 등의 공공시설이 폐쇄되거나 축소되는 일이 꼬리를 물고 있다. 긴축 탁아소 역시 곤궁에 처한 가정을 보육사가 순회하는 서비스를 더 이상 지속할 수 없게 되었다. 국가가 긴축 정책이라는 이름으로 사회에 대한 투자를 삭감할 때 가장 큰 타격을 입는 것은 바로 저변 가정이다.

좌파 신문은 자주 "영국은 마치 빅토리아 왕조 시절로 돌아간 것 같다"고 쓰는데 긴축 탁아소에서 세상을 보면 그 말이 과장이 아님을 알 수 있다. 21세기의 영국에 부모가 아이를 포기하는 사회 계층이 존재하는 것이다.

"영국에 와서 아이를 만들고는 아이를 이 나라 정부에 맡기고 다시 제 나라로 돌아가버리는 외국인도 있으니까 말이야. 나는 UKIP 지지자는 아니지만 영국인이 이걸 보고 불합리하다고 하는 이유는 알겠어."

친구가 말했다. 다른 어떤 장소보다도 '슈퍼 리버럴'하며 '안티 배외주의'임이 분명한, 무직자와 저소득자를 위한 이 지원센터에도 어딘가 UKIP의 냄새가 실린 틈새바람이 부는 듯한 것은 나의 지나친 생각일까.

그다음 주였다. 본관 식당에서 점심을 먹다가 예의 중국인 아버지와 쌍둥이가 와 있는 것이 보였다. 1파운드 런치를 셋이서 나누어 먹고 있었다. 쌍둥이는 탁아소에서 본 모습과는 완전 딴판으로 조용히 앉아 작은 접시에 담긴 으깬 감자와 미트볼을 묵묵히 먹고 있었다.

"아이들을 포기하고 싶어해"라는 말을 들었을 때 내 마음속에 그려진 이미지와는 달리 아버지는 쌍둥이를 매우 아꼈다. 그는 바지런히 일어나 아이들이 마실 음료수를 채워주거나 냅킨

을 가져오거나 하더니 식사를 재빨리 해치우고 식당 안에 걸어
놓은 리사이클 아동복을 구경했다.

아동복을 하나하나 살펴보던 그는 여아용 옷을 몇 벌 챙겨 쌍
둥이가 식사하는 자리로 돌아갔다. 옷을 탁자 위에 올려놓고는
아이들에게 보여주었다. 그런데 그만 마야가 오렌지주스가 든
컵을 엎지르고 말았다.

아버지는 무시무시한 얼굴로 소리를 질렀다. 무슨 말을 하는
지는 전혀 알 수 없었지만 한 손으로는 젖은 티셔츠를 들어 마야
의 얼굴 앞에 들이밀었고, 다른 한 손으로는 주먹을 쥐어 마야를
위협했다. 마야의 몸은 딱딱하게 굳어졌다. 옆에 있던 엘리자는
식사를 멈추고 몸을 조그맣게 말아 웅크리고 있었다.

아버지가 꽉 쥐고 있던 티셔츠에서 주스가 방울방울 흘러내
렸다. 그 옆에 커다란 물웅덩이가 생기더니 점차 커졌다. 마야가
오줌을 싼 것이다. 나는 의자에서 벌떡 일어나 그들에게로 달려
갔다.

"이제 그만해요."

나는 마야의 손을 잡고 탁아소로 데려가 속옷과 바지를 갈아
입혔다. 바닥으로 눈물이 뚝뚝 떨어졌지만 마야는 결코 소리 내
울지 않았다. 소리 내지 않고 흐느끼는 아이들, 나는 이런 아이
들을 알고 있다. 전에 다니던 민간 어린이집에서는 이런 아이들
을 찾아볼 수 없었다. 이 탁아소의 아이들이 바로 이렇게 우는
아이들이다.

"신발도 젖어버렸네. 스파이더맨 신발밖에 없는데 그거라도 신을래? 여아용이 마침 없거든."

마야가 고개를 끄덕였다. 신발을 갈아 신기고 있으려니 "마미"라고 마야가 영어로 말했다. 나는 못 들은 척하며 마야를 안아 올렸다. 마야는 무척이나 가벼웠다.

2011년 인구조사 결과에 따르면 영국에서 태어난 아이들 가운데 부모 중 한 사람 이상이 외국인인 아이는 전체의 31퍼센트로 2001년보다 10퍼센트 증가했다. 양쪽 부모가 모두 외국인인 아이는 18퍼센트를 차지했다. 이 비율은 2011년 이후 지속적으로 증가하는 추세로 옥스퍼드대학 인구통계학 교수 데이비드 콜먼은 『텔레그래프』를 통해 "영국의 인구 통계를 변화시키는 가장 큰 원동력은 이민"이라고 말했다.

좌우 어느 쪽을 지지하느냐와 상관없이 영국에 외국인이 급증하고 있는 것은 사실이다. 그리고 이들은 영국으로 이주할 뿐 아니라 아이를 낳아 영국의 인구를 증가시키고 있다. 지금의 속도로 이민이 점점 늘어난다면 영국은 '인종의 용광로'라 불리는 미국보다 더 빨리 다민족화가 진행될 가능성이 있다고 한다. 콜먼 교수는 2066년에는 영국인이 마이너리티가 될 것이라고 예상했다.

긴축 탁아소에서 보면 저변에서는 이런 현상이 언제나 한 발 앞서 일어나는 듯하다. 지방신문에 게재되는 지방자치단체의

'위탁 양육 수양부모 모집' 광고만 봐도 그렇다. 최근에는 "모든 민족ethnicity의 위탁 가정을 찾고 있습니다"라는 문구가 눈에 띄게 늘어났다. 그러니까 복지 혜택을 받는 아이들 중에 외국인이 증가하고 있으므로 위탁 가정 또한 인종이나 문화의 다양성이 요구된다는 것이리라.

빅토리아 시대를 대표하는 작가 찰스 디킨스는 『올리버 트위스트』에서 고아원에 있는 저변 사회 아이들의 생활을 그렸다. 지금도 여전히 '노동자의 영웅'이라 불리는 소년 올리버가 결국 행복해진 이유는 사실 그가 유서 깊은 가문 출신임이 밝혀졌기 때문이다.

디킨스 시대로 회귀했다고 일컬어지는 현대에는 출신 가문이 영국에 없는 올리버들이 얼마나 많이 태어나고 있는지……. 게다가 그들은 영어를 말하지 못한다. 그들의 부모와 선조는 영국 사람이 아니다. 이민을 받아들인다는 것은 성인 외국인의 이주만을 뜻하지 않는다. 문화와 민족성이 전혀 다른, 새로운 올리버들을 이 사회가 키워나가야 한다는 뜻이다.

우리 집 거실에는 단발머리를 한 이치마쓰 인형이 있다. 인형을 볼 때마다 마야와 엘리자가 떠오른다. 일본어와 중국어 사이에 친화성이 없는 것처럼 일본 문화와 중국 문화 또한 서로 다르지만, 눈동자 색깔만 같았더라면 완벽하게 그 아이들과 똑같은 얼굴이었을 이 동양의 인형을 가져가 보여주고 싶었다. 나에게도 동양과 서양의 피가 섞인 아이가 있기 때문이리라. 묘하게 그 아이들에게 신경이 쓰였던 나는 이치마쓰 인형을 탁아소에 가져갔다.

하지만 마야와 엘리자는 두 번 다시 탁아소로 돌아오지 않았다. 아버지가 딱 한 번 본관 식당에 모습을 드러낸 적이 있는데, 그는 터질 듯이 빵빵한 검은 쓰레기봉투를 아이들 옷을 기부하는 상자에 넣고 있었다.

쌍둥이는 각각 다른 가정에 맡겨졌다고 법률 자문 책임자가 말했다. 이렇게 빨리 위탁 가정을 찾다니 정말 운이 좋았다고.

그러는 동안 사회복지사는 소리 소문 없이 긴축 탁아소에 와서 쌍둥이에 관한 서류와 기록을 들고 가버렸다. 아이들은 또다시 홀연히 사라지고 탁아소 창가에는 이치마쓰 인형만이 오도카니 남았다. 거기에 놔두어도 어쩔 도리가 없으니 나는 인형을 다시 집으로 가져왔다.

'아이들은 사회가 키우는 것'을 신조로 하는 이 나라는 세계의 아이들을 키우기 시작했다.

역사적인 국민투표를 통해 그리스 국민이 긴축에 반대했음에도 불구하고 그리스 정부는 EU가 제안한 엄격한 긴축안을 받아들였다. BBC 뉴스24에서 이 소식을 몇 번이고 반복해서 보도하는 것을 들으며 나는 욕조 안에 둥둥 떠 있는 다채로운 색깔의 나무 블록, 동물 농장의 동물들, 토마스와 친구들 기관차를 바라보고 있었다. 긴축 탁아소를 다시 한 번 궤도에 올리기 위해 근처 커뮤니티센터와 교회에 장난감을 기부해달라고 부탁하거나 부유층 지역의 공원 쓰레기장에서 몰래 가지고 나온 장난감들을 욕실에서 밀톤(인체에 안전한 유아용 소독약-옮긴이)으로 소독하고 있었다.

"우와, 이게 뭐야. 왜 여기 아기가 물에 떠 있는 거야?"

나의 배우자(영국으로 이민을 가서 20년 넘게 생활한 저자는 남편을 지칭할 때 '주인'이라는 의미를 띠는 일본어 표현 '主人, 旦那'를 피해 동반자, 반려자를 뜻하는 '連合い'나 '配偶者'라는 표현을 사용했다. 원문의 뉘앙스를 존중해 약간의 어색함을 무릅쓰고 둘 다 '배우자'로 번역했다-옮긴이)가 계단 아래에서 소리쳤다. 주방 싱크대에도 실물 크기의 아기 인형 두 개가 물에 떠 있었기 때문이다. 그뿐이 아니다. 화장실 세면대에도 미니카가 물에 잠겨 있었고, 마당 양동이에도 공룡들이 둥둥 떠 있었다.

그리스의 위기로 일본에서도 유행어가 되었다는 '긴축'이라는 말은 우리 탁아소의 풍경도 바꿔놓았다. 영국의 캐머런 수상 또한 5년 전부터 강력한 긴축 재정을 실시했다. 긴축 탁아소는 노동당 정권 시절에는 공적 보조금을 받던 자선단체였으나 보수당 정권이 보조금을 완전히 끊어버렸기 때문에 자금이 부족해 새로운 장난감을 살 수가 없었다. 그 유명한 이탈리아의 마리아 몬테소리는 지적 장애가 있는 아이가 바닥에 떨어진 빵부스러기를 가지고 노는 모습을 보고 장난감(그녀는 이를 교구라 불렀다)을 만지게 하면 감각을 자극하여 유아의 지능을 발달시킬 수 있음을 깨달았다. 아이들의 발육에는 손으로 만져보고 손가락으로 놀 수 있는 물건이 꼭 필요하다. 장난감 없는 보육 시설이란 교재가 없는 학교나 마찬가지다.

장난감뿐만이 아니었다. 긴축 탁아소는 일손도 부족했다. 예전에는 '백발의 애니 레녹스(영국의 음악 듀오 유리드믹스의 애니 레녹스와 생김새가 닮아서)'라고 불리던 유명한 책임자가 있어서 그녀에게 배우고 싶은 보육 코스 학생이나 대학생들이 자원봉사를 하러 오곤 했다. 몬테소리 학교의 교원이었던 '백발의 애니'는 브라이턴 앤드 호브 시의 보육 관계자들 사이에서 여전히 '유아 교육 시설의 귀감'이라 불리는 브라이턴대학 학내 어린이집을 설립했다. 그곳을 어느 정도 궤도에 올려놓은 후 애니는 마치 로마 슬럼가에 '카사 데이 밤비니(아이들의 집)'를 세운 몬테소리처럼, 빈곤율이 가장 높은 지구의 무직자와 저소득자를 위한 지원센터 안에 탁아소를 만들었다.

"이런 지역 아이들은 일찍 독립하게 됩니다. 그러니까 우리가 할 일은 제 발로 땅을 딛고 서서 제 머리로 생각하는 독립적인 아이들의 지적, 정신적 토대를 만드는 것입니다."

애니가 만든 탁아소는 노숙자 혹은 알코올 의존이나 가정 폭력 등 다양한 문제를 껴안고 있는 부모들의 아이를 그저 맡아주기만 하는 곳이 아니었다. 여기서 일어나는 일은 모두 교육이었다. 그녀에게 배우며 보육사 자격증을 취득한 내가 중산층 전용 민간 어린이집에 취직해서 놀랐던 것은 의외로 민간 어린이집은 아이들을 그저 '돌보는 곳'일 뿐 '교육의 장'으로서는 취약하다는 사실이었다. 내가 '저변 탁아소'라 불렀던 애니의 탁아소가 실은 저변, 즉 밑바닥에 있기는커녕 엄청나게 수준 높은 유아 교육 시설이었던 것이다.

이것이 영국이라는 나라의 저력이었다. 이곳에는 밑바닥을 밑바닥으로 방치해서는 안 된다며 일어나 움직이는 사람들이 반드시 있다. 그 밑바닥에서 무언가를 하겠다고 나설 능력을 가진 사람들이 있다. 뛰어난 능력과 경험이 있는 사람은 그에 상응하는 보수를 받는 쪽으로 나아가는 것이 자본주의 사회의 통념이 아닐까. 하지만 이 나라에는 그런 통념에 역행하는 듯 보이는 사람들이 있다. 저변 커뮤니티에 가면 '어째서 이런 사람들이 이런 곳에 있을까' 싶은 이들이 일을 하고 있다.

애니가 있던 시절에는 탁아소의 자원봉사자도 모두 열심이었다. 지난 노동당 정권은 유아 교육을 크게 개혁했다. 0세부터 아이들의 발육 정도를 측정하는 커리큘럼을 도입하여(자유주의자들에게는 기저귀 교육 과정이라고 비판받았지만) 보육사를 베이비시터에서 교육자로 바꾸는 정책을 추진했다. 이미 보육 시설에서 일하고 있는 사람들은 급료를 받는 직원이든 자원봉사자든 상관없이 보육사 자격 취득 코스나 대학의 유아 교육 코스 학비가 면제되었다(나도 이 제도의 도움을 받았다). 백발의 애니는 탁아소 업무를 하는 틈틈이 자원봉사자 학생이 쓴 논문을 읽어봐주거나 그들의 질문에 답을 하곤 했다. 애니의 탁아소는 유아 교육을 공부하는 사람들의 공부방이기도 했던 것이다. 하루 일과가 끝나면 자원봉사자들이 애니를 에워싸고 아이들을 관찰하면서 알게 된 것들을 이야기했다. 그리고 그 발견에 근거를 둔 새로운 놀이나 활동에 관한 아이디어를 주고받았다. 민간 어린이집에는 이런 모임이 없었다. 아이들이 집으로 돌아간 후 회의를 하자고 할 때 보육사들 입에서 가장 먼저 나오는 말은 "잔업수당 나와?"였다.

노동당 정권이 유아 교육 개혁을 시작한 이유는 하층 계급 유
아에 비해 상류층 유아의 발육이 너무 빨라 취학 연령이 되었을
때 두 계층 사이에 나타나는 '발육의 격차'를 시정하기 위해서
였다. 따라서 저변 탁아소에서 이루어진 수준 높은 교육은 당시
노동당의 이념을 상징하는 것이었다. 국가가 조기 교육에 너무
힘을 실어도 위험하다는 견해가 있다. 또 간섭은 민주주의에 반
한다는 목소리도 있다. 하지만 현실적으로는 간섭이라 불리더
라도 아래에서 떠받쳐주지 않으면 안 되는 계급이 있음을 나는
알고 있다. 몬테소리도 이런 필요성을 알았기에 저변의 아이들
을 다른 아이들과 똑같이, 기울지 않은 운동장에 세우기 위해 독
자적인 교육법을 창안한 것이다.

하지만 몬테소리의 교육 방식은 몇 십 년이 지나자 마하트마
간디가 "이런 교육을 가난한 아이들도 받을 수 있으면 좋겠습니
다"라고 말할 정도로 부유층의 교육법이 되고 말았다. 자본주의
란 무서운 놈이다. 오늘날에는 구글이나 아마존 창업자, 영국 왕
실의 왕자들도 몬테소리 방식의 보육 시설을 졸업했다고 한다.
가난한 아이들을 위로 올려주려 했던 몬테소리의 교육법이 가
진 자들을 더욱 앞서 나가게 하는 엘리트 양성법으로 변해버렸
다. 금전의 유무와 상관없어야 하는 것도 전부 돈이라는 한 방향
으로 수렴되는 자본주의의 법칙은 여기서도 활개를 친다.

다른 형태이긴 하지만 저변 탁아소의 정신 또한 돈 때문에 죽

었다. 노동당에서 보수당으로 정권이 바뀐 직후, 백발의 애니는 정년퇴직을 했다. 그녀는 긴축이 탁아소를 어떻게 바꾸어놓을지 알았을 것이다. 그녀가 후계자로 앉힌 책임자는 이상에 불타오르는 오스트레일리아 출신의 젊은 녹색당원이었다. 하지만 자금난과 인원 부족, 탁아소 내부의 다툼을 견디지 못하고 건강을 잃은 채 고국으로 돌아갔다. 다음 책임자는 경험이 많은 여성이었다. 그러나 탁아소 운영 시간이 단축되면서 급여 또한 줄어드는 바람에 "이걸로는 먹고살 수가 없어"라며 그녀 역시 그만두었다고 한다. 현재는 책임자 자리가 공석으로, 몇 명의 부책임자가 각각 요일별로 담당하고 있다.

긴축으로 자원봉사자 수도 격감했다. 정부가 보육사 양성에 투자를 하지 않아 모든 보육사 자격 취득 코스가 유료화되었기 때문이다. 게다가 보육사 자격을 딴 뒤에 대학에서 유아 교육을 공부하려는 사람들은 수천만 원의 학비가 필요해졌다. 아이를 데리고 탁아소에 오던 무직의 싱글맘이 유아 교육의 즐거움을 깨닫고 보육 전문가를 목표로 공부한다든가, 이 탁아소를 졸업한 빈곤 가정의 아이가 다시 탁아소로 돌아와 자원봉사를 하며 대학에서 유아 교육을 전공한다든가 하는, 저변 탁아소를 오가던 사람들의 예만 보아도 국가의 유아 교육자 양성 정책은 그동안 사회의 유동성을 높이는 효과가 있었다. 하지만 긴축은 이 활기찬 유동성도 뚝 끊어버리고 말았다.

욕조에 둥둥 떠 있는 다채로운 색깔의 장난감들을 보고 있노라니 이 탁아소도 결국 이 지경까지 떠밀려왔구나 싶었다. 긴축의 풍경이란, 무리하게 긴축 정책을 강요하는 EU에 대항하여 'OXI(오히, 그리스어로 '아니오'라는 뜻-옮긴이)' 플래카드를 들고 외치는 그리스 사람들의 모습이고, 브라이턴의 지원센터에서 유통기한 마지막 날의 먹거리를 배급할 때 줄지어 늘어선 사람들의 모습이며, 욕조에 떠 있는 이 장난감들의 모습이다.

유럽에서는 '긴축'과 '반긴축'이 정치의 커다란 쟁점이 되었다. 각 나라에 긴축 재정을 강요하는 EU에 대한 비판의 목소리가 커졌다. 그에 따라 '좌파 포퓰리즘'이라 불리는 반긴축파의 대두가 현저해졌다. 그리스의 급진 좌파 연합 시리자, 스페인의 급진 좌파 정당 포데모스가 대표적인데, 영국에도 SNP(스코틀랜드국민당)라는 반긴축파가 올해 총선거에서 스코틀랜드 의석의 대부분을 획득하는 등 커다란 약진을 보였다. 유럽 젊은이들 사이에는 '반긴축'이 체제에 대한 저항을 의미하는 '힙한' 유행어가 되었다.

정치적으로 각성한 젊은이들이 많아진 것은 당연하다. 긴축의 영향을 온몸으로 받는 이들이 바로 젊은이들이기 때문이다. 실업과 저성장, 사회적 격차의 확대를 가져온 긴축 재정은 학교를 나와도 일자리를 얻지 못하고 아무리 힘들게 일해도 집 한 채 마련하지 못할 거라는, '오늘보다 내일이 더 나쁠 것이 분명하다'는 어두운 전망을 품는 젊은이를 양산했다.

토마 피케티는 "유럽의 젊은이들에게 '미안해, 너희 아버지와 할아버지 세대 때문에 너희 일자리가 없구나'라고 말하면 끝인 걸까? 우리가 찾는 유럽 모델이란 전 세대가 집단 징벌을 받는 상황일까?"라고 말했다. 하지만 사실은 긴축으로 인해 젊은이보다 더 큰 피해를 입는 세대가 있다. 그들보다 더 어린 아동들이다. 보수당이 정권을 거머쥔 후, 긴축의 영향을 가장 분명하게 실감한 때는 아들이 다니는 초등학교에서 아동용 코트와 재킷을 기부해달라고 하거나 아침식사용 콘플레이크 상자에 "우리 회사는 각지의 '아침식사 클럽breakfast club'에 제품을 기부하고 있습니다"라는 광고가 실리기 시작할 무렵이었다. 학교에서 아동용 외투를 모으기 시작한 이유는 추운 겨울 아이가 입을 코트를 못 사는 가정이 늘어났기 때문이다. 하루 세끼 챙겨먹는 것이 힘들어 아침식사를 생략하고 등교하는 아이들이 늘어나자 자선단체가 학교나 교회의 홀을 빌려 빈곤층 아동에게 무료로 아침식사를 제공하게 되었는데, 이를 '아침식사 클럽'이라고 한다. 이전부터 나는 영국 빈곤층을 가리켜 '저변'이나 '밑바닥'이라는 말을 써왔다. 하지만 아이들이 이렇게까지 빈곤한 적은 없었다. 내가 영국에 산 지 곧 20년이 되는데 지금까지 한 번도 본 적이 없는 광경이다.

경제학자 폴 크루그먼은 "긴축은 그저 정치적인 유행일 뿐이다. 현대 유럽의 경제 상황에서 긴축이 기능하고 있음을 보여주는 증거는 아무 데도 없다"고 발언하며 유럽의 정치 지도자들을 '긴축광'이라 불렀다. 크루그먼은 '긴축광'들이 긴축 재정 정책에 집착하는 이유가 "재정 적자를 줄이려는 정부의 노력이 투자가들의 호감을 사기 때문이다"라고 명료하게 밝혔는데, 정말로 그렇다면 현대 국가란 너무나도 금융기관화한 것 아닌가. 투자나 금리, 자본 같은 문제에만 얽매여 사람을 잊고 있다. 투자 유치도 좋고 금리 조정도 좋다. 그런데 우리 집 욕실에 둥둥 떠 있는 저 장난감들은 어떡하느냐고. 이는 PC 모니터나 금융거래소의 전광판에 흘러들어 왔다가 꺼지는 숫자가 아니라 엄연히 형태가 있는 것이다. 요즘 크루그먼이나 피케티 같은 경제학자들이 포퓰리즘이라 불리는, 유럽 젊은이들의 반긴축 운동을 옳다고 지지하는 것도 지극히 당연하다. 이민자 아줌마가 길바닥에서 주워 와 집 안 욕실에서 소독한 장난감을 가지고 노는 아이들이 21세기 영국에 실제로 살고 있는 것이다. 아이들과 젊은이를 키우지 못하는 사회는 'No Future(미래가 없다)', 아니 'Suicidal(자멸 혹은 자살이나 다름없는)'하다. 2015년 유럽에서 반긴축을 부르짖으며 일어선 젊은이들은 아직 앞으로 살날이 창창하다.

얼마 전까지의 영국이었다면 아나키스트라 불리는 사람들이 젊은이들과 함께 싸웠을 것이다. 긴축 탁아소가 있는 지원센터 본관은 4년 전까지만 해도 그런 사람들이 모이는 곳이었다. 아나키스트 계열의 무직자들은 노동을 하지 않고 실업보험금과 생활보호수당을 받으며 자신의 정치적 신념을 위해 자원봉사를 하거나 정치 운동을 했다. 하지만 노동당 정권 시절 이들의 주요 활동은 무농약 야채 재배나 유기농 식품 판매, 혹은 래디컬한

책을 모으는 도서관 운영 등 소프트한 방향으로 전환했다. 소위 '싸우는 극좌'라 불렸던 세대의 못 말리는 펑크족이나 히피 계열의 아저씨들은 그 모습을 보고 뜨뜻미지근하다며 화를 냈다. 지금이야말로 그들이 반긴축의 깃발 아래 모여 생기 넘치게 활약할 수 있을 텐데, 센터 본관에는 이제 그들의 그림자조차 보이지 않는다.

그들도 다른 사람들과 마찬가지로 긴축의 영향을 받았다. 실업보험금과 생활보호수당이 끊기자 그들도 저임금의 일자리를 얻었다(노숙자가 되거나 행방불명이 된 사람도 있다). 사람이 드문드문해진 한산한 본관 식당에 앉아 있자니 긴축은 사람들의 입을 다물게 했으니 경제적인 면보다 정치적인 면에서 더욱 효과적이지 않았나 싶었다. 긴축은 사람들을 흩어지게, 고독하게, 그리고 의기소침하게 만들었다. 길에서 혹은 슈퍼마켓에서 예전에 센터를 드나들던 아나키스트들을 만나기도 하지만 이제 그들은 드레드록 스타일의 머리를 자르고 눈썹과 입술에 있던 피어스를 뺀 채 완전히 녹초가 된 얼굴을 하고 물건을 산다. "안녕" 하고 말을 걸면 "안녕" 하고 대답은 돌아오지만 이제는 더 이상 나눌 이야기도 없는지 쓸쓸한 웃음을 지으며 자리를 뜬다. 마치 반긴축을 주장하며 씩씩하게 정권을 잡더니 EU의 명령대로 새로운 긴축을 행하는 그리스의 시리자와도 같은 모습이다.

"나는 그리스도에 반대한다. 나는 아나키스트다."

1977년 런던에서 펑크록의 기치를 올린 섹스 피스톨스는 이렇게 노래했다. 이것을 2015년 풍의 저항 노래로 바꾼다면 이렇게 되려나.

"나는 긴축에 반대한다. 나는 마르크스주의자다."

하지만 긴축은 아나키스트와 마르크스주의자 또한 깔아뭉개며 전진하는 전차다. EU는 유럽 나라들 간의 전쟁은 끝냈지만 인간 대 자본의 전쟁을 일으킨 것이 아닐까. 이 전쟁은 아주 천천히, 그러나 착실히 진행되어 인간은 당연한 듯이 계속해서 자본에 질 것이다. 대체 이 전쟁은 언제까지 계속될까. 인간이 최소한의 생활을 보장받는 문제가 증권거래소 전광판 위를 흐르는 숫자에 짓밟히는 상황이 언제까지 '정상' 취급을 받을지…….

밀톤 소독에 필요한 10분이 지났다. 나는 욕조에 떠 있는 장난감들을 꺼냈다. 우선 바닥에 펼쳐놓은 목욕 수건 위에 장난감들을 올려놓고 하나하나 수건으로 닦았다. 동물 농장 친구들, 물고기들에서 코를 찌르는 소독약 냄새가 났다.

플라스틱으로 만든 사람 모형이 찌그러져 있어 한번 펴보려고 옆구리를 눌렀더니 왈칵 더러운 물이 쏟아져 나왔다.

휴머니티, 즉 인간성이 자본보다 열등하다고 규정한 것은 바로 인간 자신이다.

긴축 탁아소의 본체인 무직자와 저소득자를 위한 지원센터에는 '가족 서비스'라는 부서가 있다. 간단히 말하자면 센터 이용자의 가정과 사회복지사 사이에서 파이프 같은 역할을 하는 곳이다. 20년이라는 오랜 기간 동안 이 부서의 책임자로 일하던 사람은 아이를 키우는 싱글맘으로 과거 이 센터의 도움을 받은 덕분에 새로운 삶을 살게 된 중년 여성이었다.

그런데 이 여성이 다른 지역으로 이사를 가게 되면서 사회복지사였던 H라는 30대 여성이 새로 그 일을 맡게 되었다. 그녀는 4년 전 동성 파트너와의 사이에서 아이를 만들었는데 그 바람에 다니던 지방자치단체 복지과 일을 그만두고 육아에 전념하게 되었다고 했다. 한동안 변호사인 파트너만 일을 하다가 최근 아이가 프리스쿨pre-school에 가게 되면서 H도 센터에서 자원봉사를 시작한 것이다. 자신의 노하우와 지식을 살려 빈곤 지역 사람들을 돕고 싶었던 것 같다. 아이가 큰 다음 다시 원래의 일로 복귀하면 이 센터 같은 조직에서 일한 경험은 아마도 좋은 평가를 얻을 것이다.

싹싹하고 배짱 좋은 아줌마였던 전임자와 달리, 스무 살은 더 어린 H는 일을 프로답게 한다고 할까, 이용자와의 사이에 일정한 거리를 둘 줄 알았다. 그래서인지 긴축 탁아소를 이용하는 어머니들 가운데는 "H는 차가워"라고 말하는 사람들도 있었다. 지방자치단체 복지과와 무직자와 저소득자를 위한 지원센터의 관계는, 간단히 말해 '문제 가정에서 아이를 구출하는 쪽'과 '어떻게든 아이를 가정에서 키우도록 돕는 쪽'의 대립 구도가 되는 일이 많다. 물론 '어떻게든 가정에서'라는 말이 통하지 않을 정도로 곤란한 상황이나 아동 보호가 우선시되는 경우라면, 센터의 가족 서비스 또한 사회복지사와 같은 방향으로 움직인다. 그러면 가족 서비스 책임자는 부모들에게 '배신자'라는 오명을 뒤집어쓰고 원한을 사게 되므로 이 일은 강한 정신력을 필요로 한다. 전에 사회복지사로 일한 경험이 있기 때문일까. H는 이런 복잡한 부분을 나누어 생각하는 것이 전임자에 비해 뛰어났다. 아니, 전임자였다면 "지금만 어떻게 잘 넘어가면 이 가정은 괜찮아져요. 나랑 센터가 전력을 다해 도울 테니까요"라고 사회복지사를 열심히 설득했을 일을 H는 "감정론은 소용없어. 안 되는 건 안 되는 거야"라고 쿨하게 잘라낸다는 인상마저 주었다.

탁아소의 이름난 책임자였던 애니도 떠났고, 가족 서비스 부서의 열혈 아줌마도 떠났다. 무직자와 저소득자를 위한 지원센터에서 빈곤 지역 가족을 '어떻게든' 도와주려 하던 나이 든 세대는 점점 사라져간다. 약 4년 반 만에 돌아온 내가 위화감을 느낄 정도로 현재 이 지원센터는 "이건 도와줄 수 있어", "이건 더 이상은 안 돼"라고 사람과 가정을 무덤덤하게 분리하는 장소가 된 듯했다.

하지만 그런 가운데서도 정말 구원처럼 느껴지는 사람이 있었다. 바로 ESOL(English for Speakers of Other Languages) 코스라고 불리는 이민자를 위한 영어 교실에서 강사로 일하는 60대 여성이었다. 노동당 정권 시절에는 공적 보조금이 있었기 때문에 지원센터에서 무직자와 저소득자를 위한 다양한 무료 코스를 운영할 수 있었다. 하지만 5년 전의 정권 교체로 보수당이 긴축 정책을 펴기 시작하면서부터는 지원금이 끊기지 않은 영어 교실만 운영되고 있었다. 따라서 긴축 탁아소에 아이를 맡기는 사람은 대개 영어 교실을 수강하는 무직자 외국인 부모들(사실상 전원 여성)이었다. ESOL 코스는 브라이턴의 여러 커뮤니티 센터에서 운영되며, 이 센터들 가운데는 탁아소가 완비된 곳이 많았다. 그런 탁아소에서 몇 번 아르바이트를 한 적이 있는 나는 영어 강사들이 보통 어떤 방식으로 일하는지를 감으로 알고 있다. 그런데 지원센터의 이 ESOL 강사는 달랐다.

그녀는 영어를 가르칠 뿐만 아니라 다양한 측면에서 이민자 어머니들을 지원하려 했다. 어머니들이 공부하는 동안 아이들을 돌보는 보육사(나)와의 연계를 도모했다. 매주 보육사와 이야기하는 자리를 만들어 아이들이 탁아소에서 어떻게 지내는지를 파악하려 했고, 문제가 있는 경우 보육사와 아이, 영어 강사와 어머니가 함께 해결하려 했다. 아이들이 탁아소를 싫어하거나 즐기지 못하면 자연스럽게 어머니들도 영어 교실에 나오지 않게 되기 때문이다. 또 그녀는 이민자 어머니와 아이가 함께 영어 공부를 하는 것이 가장 효과적이라며 탁아소에서 아이들에게 가르치는 말과 영어 교실에서 어머니들에게 가르치는 단어를 통일시켰다(예를 들어 탁아소에서 종이접기를 하는 날은 아이들에게 삼각형, 직사각형, 정사각형 등 형태를 나타내는 말을 강조해서 가르치고, 영어 교실에서도 어머니들에게 같은 단어를 가르친다). 탁아소와 영어 교실 양쪽에서 같은 영어 노래를 가르치거나 같은 그림책을 읽었다. 아이와 어머니의 학습 커리큘럼을 연계한 것이다. 이는 보육사인 나에게 몹시 신선하게 다가왔다. 이민자를 받아들이겠다면 여기까지 해야 하는 것이라 여겨졌다.

이번 여름 영어 교실에서는 9월부터 학교에 들어가는 아이의 어머니를 위해, 영국 초등학교의 평균적인 하루 일과나 '영국 학교에서 정상이라 여겨지는 것들(예를 들어 영국에서는 학생들의 출석을 엄격하게 체크하기 때문에 아파서 결석을 한다면 반드시 교장 선생님에게 편지를 써야 한다. 허가 없이 무단으로 결석을 하면 벌금이 나오는 경우도 있다)'을 설명하고 편지는 어떻게 쓰면 되는지 등을 가르쳤다. 한편 탁아소에서는 인형을 가지고 학교의 하루 일과를 재현하거나 교실 내 역할 놀이를 하면서 '영국 학교에서 정상이라 여겨지는 것'을 아이들에게 가르쳤다. 이렇게 하는 이유는 학교에서 무엇을 정상으로 보는지는 나라마다 다르기 때문이다.

당연하게도 아이에게든 어른에게든 가장 가르치기 어려운 것은 언어가 아니라 바로 그 나라에서의 '정상성'이다. 문화적 인식의 차이가 빈곤층 이민자 가정과 학교 혹은 사회복지사 사이에서 심각한 문제로 번질 수 있음을 나는 몇 번이고 경험했기에 잘 알고 있다. 최근에도 똑같은 길에 들어선 듯 보이는 가족이 있었다. 튀니지에서 온 이민자들로 아버지는 어느 날 갑자기 일하러 나갔다가 돌아오지 않았다. 그래서 지금은 같은 이슬람교도 이민자인 친척 집에 얹혀살고 있다. 어머니는 어떻게든 일을 구하기 위해 직업소개소를 찾아갔지만 영어를 읽고 쓸 수 없다고 분류되어 우리 센터의 영어 교실을 다니게 되었다.

이 젊은 어머니는 승부근성이 강하고 똑똑한 사람이라 영어도 빨리 배웠다. 입신양명의 꿈을 가진 그녀는 노력하지 않는 사람이 가난한 것은 당연하다고 믿는 자기 책임론자이기도 했다. 개발도상국에서 온 상승 욕구가 높은 어머니들과 이야기를 나누다 보면 가끔은 내가 마거릿 대처와 대화를 나누는 게 아닌가 싶을 때가 있다. 그래서인지 그녀들 역시 대처처럼 '철의 주먹'을 휘두르기도 한다.

"말 안 들으면 이렇게 할 거야."

튀니지에서 온 어머니는 아이들 앞에서 주먹을 쥐어 보이며 말했다.

"아니, 저기요 어머니. 영국에서는 그렇게 말하거나 그런 모습을 아이들에게 보이면 안 돼요. 위험해요."

내 조언을 그녀는 귓등으로 흘려들을 뿐이다. 그녀는 소위 '화이트 트래시White Trash'라 불리는 언더 클래스 영국인들을 몹시 싫어했다. 그래서 아이들에게 엄격하게 예의를 가르친다. 하고 싶은 대로 놔두니까 영국이 망한 거라고 했다. 사실 그녀만 이렇게 말하는 것은 아니었다. 아프리카나 중동, 아시아에서 온 이민자 부모들은 입을 맞춘 것처럼 이렇게 말한다.

그러나 잠깐 유행한 적이 있는 '타이거 마더tiger mother' 같은 스파르타식 육아가 중산층이나 상류층에서 행해지면 다른 문화권 사람들의 독특한 양육법이라 여겨지고 말지만, 하층 계급이 똑같은 방식으로 육아를 하면 '야만적인 문화권 사람들의 아동 학대'로 간주된다.

초등학생 큰딸이 학교에서 폭력을 휘두르고 교실에서 도망친 사건을 계기로 이 튀니지인 어머니의 집에도 사회복지사가 드나들게 되었다. 큰딸이 어머니가 숙제를 마치기 전까지는 밥을 주지 않는다거나, 단어 시험에서 만점을 받지 못하면 베란다로 쫓아낸다거나, 말대꾸를 한다고 때려서 입술이 터진 일을 담임에게 호소하는 바람에 사회복지사가 개입하게 된 것이다.

우리 탁아소에 오는 그녀의 네 살 난 아들은 조용한 아이였지만 언어 발달이 느렸고 그 나이치고는 몸집이 작았다. 사실 가끔 그런 아이들도 있다고 하면 그걸로 끝인 이야기였지만, 일단 사회복지사가 개입하게 되자 이런 사항도 중요시되었다.

가정의 닫힌 문 저편에서 일어나는 일은 알 수가 없다. 그런데 지금까지는 센터를 이용하는 가족의 편에 서서 사정을 듣고 그 대변자를 자처해온 가족 서비스 책임자 H가 이번에는 묘하게 냉담했다. 아니, 그 어머니와 대립각을 세우기까지 했다.

"그런 변태에게 애 키우는 문제를 지적받기 싫어."

튀니지인 어머니가 H에 관해 공공연하게 이런 말을 하고 다녔기 때문이다.

"여자들끼리 아이를 만들어서 키우다니 말이 안 되지. 그런 크레이지한 인간에게 우리 집안일을 상담할 수는 없다고."

"하지만 동성혼이나 동성 커플이 아이를 키우는 일은 이 나라에서는 완벽하게 합법적이에요. 조금도 잘못된 구석이 없어요."

"법은 용서할지 모르나 신은 용서하지 않아."

이 어머니는 모태 신앙으로 자연스럽게 종교를 가진 사람은 아니었다. 자기 스스로 열심히 믿어 신앙을 갖게 된 이슬람교도였다. 이제껏 이슬람교도 어머니와 아이들을 경험한 적이 없지 않지만, 서양적인 사고방식이 이처럼 받아들여지지 않는, 아니 받아들이려는 시늉도 하지 않는 사람은 처음이었다.

"당신은 일본 사람이니 이 동네 영국 사람들이 이상한 거 잘 알지? 글쎄 큰딸을 학교에 데려다주러 갔더니 아직 어린애 같은 얼굴의 엄마들이 창부 꼴을 하고 교문 앞에서 담배를 뻑뻑 피우고 있더라고. 일도 하지 않고 낮부터 술에 취해서 말이야. '리스펙트respect'라는 말을 모르는 동물처럼 아이를 키우고 있어. 이나라는 망했어. 아이를 엄격하게 다루질 않아서 그래."

진지한 얼굴로 이렇게 말하는 그녀를 보면서 나는 기시감이 들었다. 8년 전, 내게 똑같은 말을 하던 일본인 여성이 있었다. 영국 사람들의 양육 방식은 틀렸다면서 영국 문화에 동조하는 시늉조차 거부하던 그녀는 결국 아이 둘의 친권을 잃었다.

로마에 가면 로마법을 따르라. 이런 말도 해보았지만 소용이 없었다. 그들은 로마법은 완전히 틀렸다고 확신하고 있었으니까. 그들은 로마법을 따르고 싶지 않았고 '로마에 가면'이라는 개념 자체가 외국인을 차별하는 동화주의라 믿었다.

하지만 그 정의로움이랄까 완고함이랄까. 그것은 제 무덤을 파기도 한다. 8년 전 일본인 여성이 어린아이 둘의 친권을 잃었을 때, 내가 했던 생각은 '로마법'이야 따르는 척하면 되는데 왜 그걸 못 할까였다. 어쩌면 그렇게 하는 것은 그녀에게 동화주의에 대한 패배 혹은 스스로에게 거짓말을 하는 셈이었는지도 모른다. 하지만 정말 자기 아이들을 잃고 싶지 않다면, 잘 동화한 척 잠시 스스로에게 거짓말을 하고 나중에 조용히 혀를 날름 내밀 수도 있었을 것이다.

지금에서야 드는 생각은 그들이 그렇게 하지 못한 이유는 진짜로 아이들을 빼앗길 거라고는 생각지 못했기 때문이 아닐까 싫다. '아이는 사회가 키운다'라는 복지국가의 개념이 정착되지 않은 나라 사람들에게는 국가가 부모에게서 아이를 앗아갈 수도 있다는 사실이 현실로 와닿지 않은 것이다.

"당신이 살던 나라에서는 그렇지 않았더라도, 이 나라에서는 심각한 문제라 여겨지는 일들이 있어요. 그게 불필요한 오해를 낳고 그런 것들이 쌓이면 결국 비극으로 이어지더라고요."

이렇게 말했지만 튀니지인 어머니는 아무래도 상관없다는 얼굴이었다.

긴축 탁아소에 복귀한 후 여기에 애니가 있었다면 어떻게 대응했을까 생각한 적이 있다. 애니는 단순한 보육사가 아니었다. 장래에 일어날지도 모르는 불행으로부터 곤경에 처한 가족을 지키기 위해 자신의 지식과 경험을 총동원하여 외부의 도움을 구하던 사람이었다.

나는 H를 만나기 위해 가족 서비스 사무실로 갔다. 식당에서 몇 번 잡담을 나눈 적은 있지만 얼굴을 마주하고 공적인 이야기를 하는 건 처음이었다.

"그 어머니는 처음부터 나한테 공격적이라서 차분하게 이야기하는 것조차 힘들어."

유행하는 쇼트커트 머리에 세련된 바지 정장을 입은 H가 말했다.

"아마도 우리가 한 패가 되어 자기를 공격한다는 느낌이 들어서 그렇게 뾰족뾰족하게 구는 거 같은데요……."

그러자 H는 내 말을 막았다.

"어쨌든 아이에게 징벌 행위를 하면 안 된다고는 생각지도 않는 것 같고, 차별적인 발언이 많다고."

"……."

"성공이 전부라 생각하고 아이들에게도 그걸 강요하니까 큰아이는 엄청 반항하고, 작은아이는 정상적인 발육도 안 되잖아. 그리고 둘 다 제대로 못 먹고 있다는 정황이 있어."

"그게 사회복지사가 우려하는 부분이지요?"

"나도 거의 같은 생각이야."

"작은아이는 언어 발달은 좀 느리지만 손끝이 야무지고 표정이나 몸으로 감정을 잘 표현하고 있어요. 학대받는 유아라면 그렇게 자라지 못해요. 지금 신세지고 있는 친척집이 경제적으로 힘든 모양이라 세끼 식사가 불가능할 수는 있는데……. 그런데 이 센터는 그런 가족을 돕는 곳이잖아요. 그리고 엄격한 부모 밑에서 자란 아이들이 반항하는 건 보편적이라고 생각하는데요."

그러자 H는 마치 암행어사의 마패라도 내밀듯 결정적인 대사를 날렸다.

"하지만 그 엄격함에 체벌이 포함된다면 그건 학대입니다."

"이제 어떻게 되는 거지요? 어머니의 심리 상담이 시작된다든가?"

내가 물었다. 8년 전 일본인 어머니는 그녀가 어머니로서 부적합함을 입증하는 심리학자의 상담을 받았고 그에 따라 심리 감정서가 작성되었다.

"아니, 이 경우에는 그렇지 않을걸. 그녀의 경우엔……."

H는 이어서 말했다.

"종교 문제니까."

종교 문제니까.

그건 그녀가 이슬람교도이기 때문이겠지.

한 여성이 이 나라에서 '모성 실격'으로 간주되는 이유가 정신 질환이 아니라 이슬람교도이기 때문이라는 것일까. 정신 질환이 이유라면 부모와 아이를 떼어놓을 수 있지만 종교적인 이유라면 그럴 수 없다는, 즉 '정치적 올바름'의 문제로 귀찮아지니 '복지'의 권외로 취급한다는 것일까. 어느 쪽인지 모르겠다. 8년 전보다 더 차갑고 높은 벽이 솟아 있다는 느낌이 들었다.

H와 이야기를 나눈 다음 주부터 튀니지인 모자는 발길을 끊었다. 문득 돌이켜 보니 식당에서 식품을 배급할 때도, 재활용 옷이나 아기 용품을 배급할 때도 언젠가부터 이슬람교도는 센터에 단 한 사람도 오지 않았다.

센터는 피부색, 국적, 문화와 상관없이 가난한 사람들이 의지하던 곳이었는데 이렇게도 뚜렷하게 편이 갈리고 있었다.

"튀니지인 엄마한테 고마웠다고 메일이 왔어요."

영어 교실 강사만이 이렇게 말했다.

긴축 탁아소 시절

브라이턴에 여름이 오면, 나의 매 주말은 온통 아들 친구들의 생일 파티로 채워진다. 여름방학 중에 생일을 맞는 아이들의 부모가 학기 중에 파티를 치르고 싶어 하기 때문이다. 토요일 아침에는 이쪽 파티, 오후에는 저쪽 파티, 일요일도 파티, 파티다. 영국인의 파티 문화는 어린 시절의 생일 파티에서 시작된다. 지금 내 주위의 '파티 애니멀'은 게이 동료와 우리 집 초등학생 아들이다.

그런데 이 파티가 모든 아이에게 열려 있지는 않다. 아들이 다니는 학교는 두 개의 교구가 통합되면서 만들어진 가톨릭 학교인데 한쪽은 부유층, 다른 한쪽은 빈민층 교구다. 공립학교치고는 계급 편차가 큰 편이다. 그렇긴 해도 일요일마다 교회에 나가는 이들 가운데 부유층 교구 사람들이 월등히 많으니 학교에서 다수파는 부유층이다. 이들은 아주 그럴듯한 파티를 여는데 드디어 그들에게도 불황의 파도가 밀어닥쳤다. 이제는 한 반 아이들을 전부 초대하는 커다란 파티는 아주 드물게 열린다.

그러니까 이제는 아이들이 "너는 초대받았는데 나는 초대받지 못했네"라는 잔혹한 현실을 직시할 수밖에 없게 됐다. 그러면서 초등학생들의 파티에도 실은 손님 초대에 정해진 패턴이 있음을 알게 되었다.

부모의 계급이나 피부색, 취미나 취향(어떤 음악을 좋아하는가 등등)에 따라 초대받는 아이들이 달라지는 것이다. 사회적으로 존중받는 중산층 가정의 아이들이 여는 파티에는 주로 백인이면서 좀 사는 집 아이들이 초대된다. 같은 중산층이라 해도 예술가나 작가, 코에 피어스를 한 변호사 집 아이의 파티에는 외국인과 빈민 아이들도 제법 불러주는 편이다. 노동자 계급 부모는 아이들을 많이 부를 수 없으니 근처에 사는 같은 계급 아이들만 부른다. 여기서 또 두 그룹으로 나뉘는데 성뿔 조지 깃발(흰 바탕에 붉은색 십자가가 그려진 잉글랜드의 국기-옮긴이)을 1년 내내 걸어놓는 집에는 역시나 영국인 아이들만 모이고, 젊은 시절 어떻게 하다 보니 묘한 음악이라도 들었는지 길을 잘못 들어선 듯한 리버럴한 빈민 가정에서는 외국인 아이들도 초대한다. 아직 부모의 영향력이 큰 나이이기 때문에 부모가 손님을 고르는 것이다.

이런 사교 이벤트를 통해서 아이들은 자신의 인종, 부모의 수입, 교제해야 하는 사람들 등 자기 집의 사회경제적 지위를 '리얼하게' 이해하게 되는지도 모르겠다. 학교에서는 모두가 평등하다는 이념을 배우지만 집에만 돌아오면 모든 게 달라진다. 골목골목마다 계급이니 인종이니 하는 추악한 냄새로 가득하다.

예를 들어 우리 아들네 반에는 베트남 국적의 T라는 소년이 있다. 소년의 부모는 아주 부지런하여 20년 전에는 런던의 중국집에서 일했지만 지금은 아버지는 정보통신기술 컨설팅 회사 경영자, 어머니는 금융가에서 잘 나가는 회계 사무소에 다니는,

한 폭의 아름다운 그림처럼 계급 상승에 성공한 '소셜 클라이머 social climber(신분 상승을 열망하는 사람-옮긴이)' 가정이라 하겠다.

보육사와 덤프트럭 운전사 부부인, 그야말로 노동자 계급인 우리 집은 계급이 상승하기는커녕 해가 갈수록 하락 중인 듯하지만, 내가 동양인이라 그런지 이 부유층 베트남 부부는 우리에게 자주 말을 걸어주었다. 특히 학예회에서 만났을 때는 우리 남편이 "우리 애가 반은 황인종이니까 아이들이 괴롭힐 때가 반드시 올 겁니다. 그때 자기 몸을 지킬 수 있도록 일본 무술을 시키고 있지요"라고 했을 때, 그 부부가 어찌나 경청을 하던지……. 덕분에 지금은 T도 우리 아들과 같은 도장을 다니고 있다.

이런 식이니, 역시 인종차별 문제에는 민감하실 게 분명한 이 부부가 지난 주말 T의 생일 파티를 열었다. 오랜만에 반 학생 전부를 초대한 커다란 파티였다. 보통은 참석 못 하는 아이가 당연히 몇 명씩은 있는데 이날은 전원이 다 모인 듯했다. 아들을 데리러 갔더니 마침 기념 촬영을 하는 중이었다. 그런데 문득 소년 하나가 보이지 않는다는 것을 깨달았다.

"왜 R은 안 왔어? 어디 아파?"

집으로 돌아오는 길에 아들에게 물어보았지만 아들은 대답하지 않았다.

"런던에 있는 숙모 집에라도 갔나?"

아들은 고개를 숙인 채 조용한 목소리로 말했다.

"R은 초대를 못 받았어."

"뭐라고? 반 애들 전부 다 있었잖아."

"R만 초대받지 못했어."

"그럴 리가……. 초대는 받았는데 못 온 거겠지."

"R의 서랍에만 초대장이 없었어. 나, R이랑 친하잖아…… 그래서 T에게 물어봤지. 초대장 주는 거 까먹었느냐고…… 그랬더니 T가 갑자기 우물쭈물하더니 엄마가 그러라고 했대."

이런 상상은 하고 싶지 않다. 아니, 이런 사고 회로를 가진 나야말로 인종차별주의자인지도 모르겠다. 하지만 가장 먼저 떠오른 생각은 R이 반에서 유일한 흑인이라는 사실이었다. 학교에서 학예회나 여름 축제 같은 행사를 할 때마다 T의 부모가 아프로캐리비언Afro-Caribbean인 R의 부모를 대놓고 무시하는 것 같은 느낌을 받은 적이 여러 번 있었다.

"어쩐지 R은 외국인들의 생일 파티에는 초대를 못 받는 것 같아."

아들이 말했다.

"T만 그런 게 아니라 폴란드인 M도 그랬고 멕시코인 V도 그랬어. 외국인들은 R이 싫은 걸까?"

아들의 말에 나는 할 말을 잃었다. 얼마 전까지만 해도 다양한 피부색의 저변 외국인들이 '타도, 잉글리시!' 같은 느낌으로 너무 단단하게 뭉치니까 그건 또 그것대로 심한 적대감이 일고 짜증이 났는데, 계급이 조금이라도 상승하면 외국인이야말로 가장 적극적으로 다른 외국인을 배척하는 이들이 된다는 사실이 너무나 현실적이라 슬펐다.

"아니야, 안 그래. 엄마는 외국인이지만 R과 그 가족들이 정말 좋아. R의 아빠는 청소년 상담사고 엄마는 사회복지사야. 아프리카에서 와서 이 나라 아이들을 돕는 정말로 훌륭한 일을 하는 사람들이야."

이렇게 말은 했지만 R과 친한 아들은 말없이 발밑을 내려다볼 뿐이었다.

T의 생일파티가 열렸던 주말을 지내고 월요일이 돌아왔다. 언제나처럼 아들을 데려다주러 학교에 갔더니 정면 현관에 부모들이 모여 있었다. 모두가 입을 모아 T의 파티를 칭찬하며 그 부모에게 감사를 표하고 있었다.

R의 아버지는 그들과 눈이 마주치지 않도록 몰래 R을 현관 옆에 데려다주고 자리를 떴다. 같은 반 아이들이 모두 초대를 받았는데 혼자 초대받지 못한 아이도 물론 슬프겠지만 아이의 부모는 얼마나 괴로울까.

R의 아버지와 눈이 마주쳤다. 손을 흔들었더니 그는 너무나 견디기 힘들어 보이는, 보는 사람의 가슴을 옥죄는 미소를 지으며 엄지손가락을 들어 보였다. 어찌하여 인간은 이렇게 잔혹하고 바보 같은 짓을 하는 걸까. 계급 상승이 고작 위쪽 계층의 나쁜 버릇을 따라 하는 것이라면, 그것은 더 이상 높은 곳을 향해 오르는 게 아니라 '낮은 곳으로' 오르는 것이다.

엘리트-화이트 사회로 들어가기 위해 앞장서서 유색 인종을 배척하는 유색인. 이민이 많은 나라의 인종차별주의는 마치 거대한 '먹이 사슬food chain' 같다. 아니, '먹이 사슬'이 아니라 '혐오의 사슬hate chain'. 어른들이 그 사슬 안에 아이들을 밀어 넣고 있다.

반짝반짝 빛나는 검은 가죽 구두를 신은 하얀 아이들에게 둘러싸인 채 같은 신발을 신은 베트남 소년이 즐겁게 담소하며 복도를 걷고 있다. 싸구려 ASDA 신발을 신은 R의 뒤를 같은 ASDA 신발을 신은 우리 아들이 쫓아가 어깨를 친다. 그 뒤로 코에 피어스를 한 사회파 변호사의 아들이 둘 사이를 가르며 들어온다. 이 아이는 순전한 영국인으로 반짝반짝 빛나는 가죽 구두를 신고 있지만, 야만스럽게도 R에게 머리를 들이밀며 "와썹 맨!" 하고는 껄껄 웃는다.

환한 얼굴로 교실 안으로 사라져가는 큰 그룹의 아이들과 아직 도착하지 못한 작은 그룹의 아이들. 바로 이 아이들이 잉글랜드의 미래를 만든다.

오는 아이들의 대부분이 외국인인 2015년의 긴축 탁
아소에 오랜만에 영국인 아이가 들어왔다. 잭은 구불구불한 금
발의 곱슬머리인, 마치 천사가 하계로 내려온 듯한 외모의 두 살
짜리 남자아이였다. 탁아소에 처음 왔을 때, 잭은 파란 눈동자를
반짝이며 미니카 상자에 손을 쑥 집어넣더니 "우아, 우와" 어린
아이답게 흥분하며 미니카를 전부 꺼내 바닥에 나란히 줄을 세
웠다. 그러고는 "주차장! 커다란 주차장"이라고 했다.

"이 아이 너무 귀엽다."

자원봉사로 온 학생들이 무심코 탄성을 질렀다.

"이 또래의 아이는 다 귀여워요. 어떤 아이든 하나하나 다 귀
엽다고요."

탁아소의 부책임자인 친구가 주의를 주기도 했다. 이 천사 같

은 잭의 어머니는 20대 초반의 싱글맘으로 지금 약물 의존증에
서 회복하는 중이다. 긴축 탁아소에서 그리 멀지 않은 곳에 다양
한 의존증과 싸우는 여성들을 지원하는 시설이 있고, 거기에도
부설 탁아소가 있었다. 긴축의 시대가 그 탁아소의 문을 닫아버
리는 바람에 잭과 어머니는 사회복지사의 소개로 우리 탁아소
로 넘어 오게 된 것이다.

키가 큰 잭의 어머니는 긴 담흑색 머리카락에 푸른빛이 감도
는 흰 피부를 가지고 있었다. 몸에 딱 달라붙는 옷차림이었는데
가슴과 팔은 화려한 색깔의 타투로 뒤덮여 있었다. 타이트한 미
니스커트 아래로 보이는 긴 다리는 무릎관절 모양이 뚜렷하게
보일 정도로 가늘었다. 이제 더 이상 약물은 하지 않는다고 했지
만, 시선이 늘 실제보다 10센티미터 정도 낮은 데를 보는 것처
럼 초점이 분산되어 있었다. 그녀는 언제나 구겨진 셔츠 차림의
남자 친구와 함께 탁아소에 왔다. 10대라는 남자 친구의 스킨헤
드에는 문신이 보였고, 눈썹과 코에는 피어스가 줄지어 달려 있
었다.

우리 긴축 탁아소가 '저변 탁아소'였던 시절, 그러니까 공적
자금을 받아 지역 커뮤니티의 허브로 기능하던 시절에 자주 보
던 유형의 커플이다. 아아, 오랜만이네. 우리는 옛날 생각에 그
리운 마음이 들 정도였으나 현재 탁아소를 이용하는 어머니들
은 전혀 다른 반응을 보였다.

지금 탁아소의 주된 이용자는 본관에서 하는 이민자 대상 영

어 교실에 오는 엄마와 그 아이들이다. 다시 말해서 이민자나 난민 신분으로 이 나라에 건너온 외국인이다. 그들이 가장 싫어하는 대상은 텔레비전 혹은 타블로이드지에나 나올 법한 외모와 라이프 스타일을 가진(그렇다고 추측되는) 하층 계급인 듯했다.

뱅크시라는 영국의 그래피티 아티스트가 그린 일러스트 가운데 'Ignorance(무지)라는 액체가 든 플라스크를 Fear(두려움)라는 불로 데우면 Hate(증오)라는 액체가 추출되어 시험관 안으로 들어간다'는 실험 책 삽화 같은 작품이 있는데, 이 이민자 어머니들의 반응이 바로 그러했다. 뱅크시의 일러스트는 파리의 샤를리 에브도 총격 사건 직후 유럽 각지에서 무슬림에 대한 반감과 차별이 심해지는 가운데 주목받았다. 그러나 이 '증오 감정 제조 구도'에 유럽인들의 이민자 차별만이 들어맞는 것은 아니다. 이민자들 또한 선주민에 관해 무지하기 때문에, 자칫 잘못하여 공포심이 부추겨지면 그들 또한 강한 증오의 감정을 품게 된다. 영국인을 만날 기회가 별로 없는 이민자라면 타블로이드지에서 선정적으로 묘사한 하층 계급의 전형적인 모습, 범죄나 엉망진창인 일상생활 등을 아무런 비판 없이 그대로 받아들여 필요 이상으로 부정적인 반응을 보일 것이다.

예를 들자면, 긴축 탁아소를 이용하는 이민자 어머니들의 대다수가 탁아소 근처에 있는 공립 초등학교에는 아이를 보내려 하지 않는다. 이 탁아소가 '저변 탁아소'였던 시절에는 대부분의 아이들이 네 살이 되면 그 학교로 진학했다. 그래서 매년 7월이면, 9월부터 시작되는 신학기에 아이들의 담임이 될 교원들이 탁아소에 견학을 와서 아이들 하나하나에 관해 직원들과 이야기를 나누곤 했다.

"왜 입학시키기 싫어요?"

그러면 그들은 이렇게 대답한다.

"거기 학교 다니는 애들이나 엄마들이 좀⋯⋯."

그들의 머릿속에 떠오르는 것은 10대 임신, 약물, 알코올, 폭력, 칼부림 같은 이미지다.

"게다가 그런 학교에서는 외국인 아이들이 괴롭힘을 당하지."

"빈민가의 학교는 인종차별주의가 심각해."

이민자들 사이에 떠도는 소문 또한 지역 학교를 싫어하는 원인이 되기도 한다.

그런 그들이 한결같이 관심을 보이는 것이 보통의 학교보다 훈육이 엄격하다는 기독교계 공립학교다. 영국에는 페이스 스쿨faith school이라 불리는 공립 종교학교가 있고 그 안에는 영국 국교회, 가톨릭, 유대교, 이슬람교 등의 종교학교가 있다. 아프리카나 EU권 나라에서 온 어머니들은 가톨릭 세례를 받은 사람이 많기 때문에 아이들도 가톨릭 학교에 보내려 한다. 뻔질나게 교회를 드나들며 신부와 친해지고, 신부의 소개장을 받아 빈민가에서 멀리 떨어진 가톨릭 학교에 아이를 보낸다. 힌두교도 부모 중에도 아이를 가톨릭 학교에 보내는 사람이 있을 정도다. 마침 빈자리가 있어 가톨릭 신자가 아니어도 입학이 가능했다고 한다. 하지만 그 학교는 시의 반대편에 있기 때문에 아이는 버스를 타고 40분이나 걸려 등교해야 했다. 자신의 신앙심을 저버리고 하루에 1시간 반을 등하교에 쓰게 되더라도 하층 계급 영국인들과는 섞이기 싫다는 것이리라.

우리 탁아소의 5년 전 모습을 떠올려보면, 이런 상황은 해괴하기 짝이 없다. 이곳은 애당초 그들이 그렇게도 싫어하는 하층 계급 영국인들이 이용하던 장소였으며 이민자야말로 소수에 지나지 않았다. 옛날이라고 이런 증오 감정이나 다툼이 없었으랴. 하지만 그때는 이용자가 많고 활기가 있던 시기라 그런 감정도 해소될 여지가 있었다. "좀 무서워 보여도 막상 이야기해보니 아주 유쾌하고 좋은 사람이었어" 혹은 "생활은 좀 문란한 모양이지만 상냥한 사람이네" 등등 이민자와 하층 계급 영국인들이 몸을 부대끼며 이야기할 기회가 있었으니 서로가 전형적인 이미지와는 다르다는 걸 알 수 있었다고 할까? 가슴을 찡하게 울리는 좋은 이야기도 그 사이에서 생겨나곤 했다.

그런데 2015년의 긴축 탁아소에서는 이민자가 다수파, 하층 계급 영국인이 소수파가 되었다. 그 소수파의 수가 너무나도 적기 때문에 마치 50년 전 영국에서나 일어나던 시대착오적인 차별이 발생하게 된 건 아닐까.

9월에 영국 노동당 당수가 된 반긴축파 제러미 코빈은 자주 '소셜 클렌징social cleansing(사회 정화)'이라는 말을 사용한다. 그는 이 말을 통해 투자 펀드나 해외 부유층이 집을 사들이고, 공영 주택마저 투자가에게 매각되어 없어지는 런던 거리에서 노동자 계급 사람들을 볼 수 없게 된 상황에 경종을 울렸다.

'소셜 아파르트헤이트'라든가 '소셜 레이시즘', '소셜 클렌징' 등 이전에는 민족이나 인종차별을 표현하던 말이 이제는 계급 차별을 표현하는 데 사용된다. '아파르트헤이트'나 '에스닉 클렌징ethnic cleansing(인종 청소)' 같은 극단적인 어휘까지 계급 차별에 사용되기 시작한 배경에는 영국 사회가 저변층을 모욕하고 비인도적으로 취급했으며, 그런 분위기가 허용되어왔다는 현실이 도사리고 있다. 이는 격차가 점점 더 벌어지고, 계급 간 이동이 불가능한 폐쇄된 사회를 만들어온 신자유주의의 영락한 모습이라 하겠다.

신천지에서 영어를 배우고 일자리를 구해 가능한 한 아이를 좋은 학교에 보내려는 이민자 어머니들은 더 잘하고 싶은 마음이 있다. 그들에게 인생은 지금부터 시작인 것이다. 그들로서는 자신이 태어난 나라보다 몇 배나 더 풍요로운 환경에 살면서 잘 살아보려는 마음도 없이 아까운 인생을 허비하는 저변층 영국인들을 이해할 수가 없을 것이다. 게다가 그들을 만날 기회도 없으니 그 '모르는 존재들'은 '괴물'이 될 수밖에 없다. 또 어디서 그런 극비 정보를 얻었는지 모르겠지만, 그들은 잭의 어머니가 헤로인 의존증이 있었다거나 잭을 낳기 전에 여자아이를 출산해 입양 보낸 일이 있다거나 지금도 사회복지사가 관리하는 요주의 가정 리스트에 올라 있다는 등의 이야기를 들었다며 영어 교실 강사에게 항의를 하러 왔다고 한다.

"그런 애가 오는 탁아소에는 내 아이를 안심하고 맡길 수 없다고 말하러 온 거예요."

"그런 아이라니요?"

내가 물었다.

"엄마들이 잭이라는 아이가 아주 폭력적이라 다른 아이들한 테 위험하다고 하던데요."

"그렇지 않아요. 잭은 아주 좋은 아이에요. 가끔 좀 빙글빙글 돌기는 하지만."

"돌다니요?"

굽이치는 금발 머리에 천사 같은 외모의 잭은 어떤 종류의 신호에 갑자기 분노가 폭발하곤 했다. 분노 조절이 필요한 아이들이 화를 내는 방식은 다양하다. 다른 사람에게 폭력을 휘두르는 아이도 있고, 물건을 부수거나 제 몸에 상처를 내는 아이도 있다. 그런데 잭은 "휴우우우, 우우우우우" 하고 말로 표현하기 어려운 초음파 같은 고음을 내며, 양손을 벌리고 빙글빙글 도는 행동으로 분노를 표출했다.

잭이 도는 모습을 처음 보았을 때는 나도 동요했다. 제법 빠른 속도로 도는 데다가 손과 몸이 무언가에 부딪혀도 멈추지 않고 돌았기 때문이다. 계속 그렇게 돈다면 주위에서 놀던 아이들도 위험하고, 무엇보다 잭 본인이 가장 위험했다. 그런데 이것이 분노를 표출하는 방법이라면 못하도록 물리적으로 제압해봤자 잭을 더욱 흥분시켜서 역효과를 낼 뿐일 것이다.

"테이블을 움직여서 공간을 만들자."

다른 직원에게도 부탁해서 잭 주위에 있는 것들을 전부 옮겼다. 주위에서 놀던 아이들도 멀리 떨어진 곳으로 대피시켰다. 잭은 마치 갑자기 나타난 회오리바람 같았다. 그렇게 2분 정도 돌더니 바닥에 큰대자를 그리며 조용히 쓰러졌다. 그렇게 멍하니 천장을 올려다보고 있었다. 조금 전까지만 해도 새된 소리를 지르며 맹렬한 속도로 돌던 잭이 거짓말처럼 온화해진 것이다.

5년 전의 탁아소에는 분노 조절이 필요한 아이들이 많았다. 잭처럼 빙글빙글 도는 정도가 아니라, 난폭하게 분노를 방출하던 아이도 몇 명이나 됐다. 그런 상황을 본 적 없는 외국인 아이들은 겉으로 확연히 드러날 정도로 잭을 무서워했다. 아이들은 몸이 굳은 채 잭을 바라보고만 있을 뿐이었다.

그 후로 잭이 탁아소에 올 때마다 1 대 1로 누군가가 반드시 잭 옆에 붙어 있게 되었다. 아이들의 놀이 공간에서는 잭 주변에 가능한 한 넓은 자리를 만들어주었다. 잭이 돌기 시작해도 놀라지 않고 냉정한 태도로 대응하여 다른 아이들까지 공황 상태에 빠지는 일이 없도록 했다. 그런 분위기가 만들어지니 빙글빙글 도는 잭도 일상의 한 장면이 되었다. 아이들도 잭이 돌기 시작하면 스스로 안전한 장소로 이동했고 더 이상 큰 문제로 여기지 않았다.

긴축 탁아소 시절

하지만 부모들은 달랐다. 분명 아이들에게 잭의 버릇에 대해 듣고는 괴물의 아이가 드디어 반사회적인 소동을 일으켰다고 여겼겠지.

"사회복지사와 이야기를 해봤는데요, 지금 상황에서 그건 잭의 버릇일 뿐이고 누군가에게 위해를 가하는 것도 아니라서요……. 무리하게 제압하는 게 오히려 역효과를 내거든요. 아이들은 이미 익숙해졌고 냉정하게 대응하고 있어요. 잭에게 부딪히거나 상처를 입은 아이는 아직 하나도 없어요. 그리고 우리가 잭이 언제 무슨 일로 빙글빙글 도는지 알게 되어서 잭도 많이 안정되었고요. 그래서 이제 그런 일은 별로 없어요. 저는 민간 어린이집에서 특수교육이 필요한 아이들을 담당했었는데요, 이런 케이스는 아주 잘 호전되는 편이라고 할 수 있어요."

내 말에 영어 교실 강사가 한숨을 쉬었다.

"편견은 같은 언어를 모국어로 하는 사람들 사이에도 있지만, 다른 언어를 사용하는 사람들 사이에 생기면 돌파구를 찾기가 무척 어려워요."

"영국인 탁아소 이용자가 조금만 더 늘어나면 나아질 것 같아요. 5년 전에는 많이 왔었는데……."

내가 이렇게 말하자 영어 교실 강사는 홍차가 담긴 컵을 테이블에서 들어 올리며 말했다.

"그건 또 그것대로…… 그들은 이민자들이 많아져 탁아소에 오지 않는 것이겠죠."

"센터를 드나드는 영국인이 줄어든 건 역시 그 때문일까요?"

"지역 주민들이 갈라지는 모습을 보고 있자니 참 쓸쓸하네요."

지역 학교에 아이를 보내고 싶지 않은 이민자 어머니들은 긴축 탁아소를 저변층 영국인이 전혀 없는 장소로 만들고 싶어 하는 듯했다. '소셜 클렌징'이라는 말이 기묘하게 뒤틀린 형태로 이 상황에 딱 맞아떨어졌다.

"우리 아이가 잭을 무서워해서 탁아소에 가기 싫어하니까 이제 영어 교실에 못 올지도 모르겠어요"라고 말하는 이민자 어머니들이 생겼다고 한다. 수강자 수가 줄어들면 영어 교실 운영이 힘들어지므로 강사와 센터 측에서도 어떤 식으로든 대응해야 한다고 생각하리라.

잭은 지금도 빙글빙글 돈다. 그래도 하루에 2번 돌던 것이 1번으로 줄었다가, 지금은 일주일에 1번 정도다. 그리고 보니 지난번에 탁아소 마당에서 재미있는 광경이 벌어졌다. 마당 한가운데에서 갑자기 "휴우우우, 우우우우우" 소리를 내며 빙글빙글 돌기 시작한 잭이 언제나처럼 큰대자로 드러눕는 순간, 모래밭에서 놀던 아프리카계 여자아이와 폴란드 출신 여자아이가 잭 옆으로 달려가 똑같이 큰대자를 그리며 땅바닥에 드러누운 것이다.

"이야, 좋다!"

"그래, 좋네!"

"좋아! 좋아!"

아이들은 이렇게 외치며 하늘을 올려다보았다.

"멋지다. 뭔가 좋아 보이는데."

나도 아이들 옆에 큰대자로 드러누우며 말했다. 여자아이들은 큰 소리로 웃기 시작했다. 그걸 보고 있던 다른 아이들도 달려왔다. 어떤 아이는 세발자전거에서 내려서, 또 어떤 아이는 그네에서 뛰어내려서 달려왔다. 그 아이들도 깔깔깔 웃으며 차례로 땅바닥에 드러누웠다.

그러자 언제나처럼 멍하니 위를 쳐다보던 잭이 주위의 특별한 움직임을 깨달은 듯 좌우를 돌아보았다. 자기처럼 큰대자를 그리며 누워 있는 아이들을 보고는 잭도 웃기 시작했다. 기분이 꽤나 좋았던지 손발을 파닥파닥할 정도였다. 항상 고립되어 있던 잭이 다른 아이들의 행동에 반응을 보인 것은 처음이었다.

그런 모습에 나도 기뻐서 웃고 있는데, 탁아소 마당 울타리 너머에서 영어 교실을 마친 이민자 어머니들이 의심스러운 눈초리로 바라보며 걸어오는 게 아닌가. '아직 문제가 산더미로군' 하면서 나는 몸을 일으켰다. 문득 아래를 내려다보니 손과 발을 있는 힘껏 뻗어 큰대자를 만든 아이들의 모습이 지상으로 떨어진 별들처럼 보였다.

초가을 오후, 탁아소 마당 가득 지상으로 내려온 별들의 밝은 웃음소리가 메아리치고 있었다.

영국의 유아 교육 체계인 유아 기초 과정Early Years Foundation Stage(EYFS)에는 '개인적, 사교적, 정서적 발육', '커뮤니케이션 능력과 언어', '신체 능력', '주변 세계에 대한 이해', '읽고 쓰기', '예술적 표현과 디자인', '산수'라는 일곱 가지 분야의 커리큘럼이 있다. 보육사나 지역 보건사는 두 살이 된 아이들이 각 분야에서 얼마나 성장했는지를 평가assessment할 의무가 있다. 그리고 다섯 살이 되면 초등학교 교원이 같은 분야에 관해 다시 평가를 한다.

영국에는 2세, 5세 아동에게 각각 바람직하다고 여겨지는 구체적인 도달점이 있는데, 이를 달성하기 위한 상세한 커리큘럼도 있다. 따라서 보육사는 일상적으로 아이들의 발육, 발달을 체크해 문서로 남겨두어야 한다. 영국 보육사의 업무 중에서 가장 어렵다고들 하는 것이 바로 이 문서를 작성하는 일과 그것을 위해 아이들 각각의 발육을 면밀히 지켜보는 '관찰observation' 시간을 확보하는 것이다. 유아란 항상 걸려 넘어지거나 구르거나 장난감을 차지하기 위해 싸우며, "이거 여기 떨어져 있었어"라면서 제 손에 '응가'를 들고 와 보고하는 존재다. 그러니 보육사가 의자에 앉아 아이들을 관찰하는 일도, 관찰한 내용을 문서로 남기는 일도 몹시 어려운 작업일 수밖에 없다.

이렇게 영국에서 유아 교육 시설을 '아이를 맡기는 곳'에서 '아이를 교육하는 곳'으로 바꾸고자 한 시도는 토니 블레어가 수상을 맡았던 즈음의 노동당 정권 때 이루어졌다. 이는 취학 시기에는 이미 확연하게 드러나는 아이들 간의 '발육 격차'를 시정하기 위해서였다. 하지만 노동당 정권이 정한 이 영유아 교육 과정 EYFS는 '기저귀 커리큘럼'으로 불리며, 자유주의자들에게 '0세부터의 교육 과정은 위험하다'는 이유로 비판받았다.

교육 과정이라는 이름이 붙긴 했지만 정부에서 취학 연령 이전의 아이들에게 빨리빨리 산수와 읽고 쓰기의 '진도를 빼라'고 한 것은 아니었다. 이 교육 과정에서 가장 중시된 분야는 '개인적, 사교적, 정서적 발육', 즉 정서 지능emotional intelligence이다. 정서 지능의 발달이 먼저이고, 이를 토대로 '아카데믹한 지식'을 제공해야 한다는 것이 영국 교육의 기본이기 때문이다.

정서 지능은 긴축 탁아소 또한 전통적으로 각별히 신경 써온 분야다. 탁아소에서 특히 열심히 해온 것은 표정 교육이다. 그림이나 카드에 그려진 화난 얼굴, 우는 얼굴, 당혹스러워 하는 얼굴을 보여준다. 이런 표정을 한 사람이 어떤 기분일지, 또 자기가 그런 기분일 때 어떤 표정을 지어야 다른 사람이 내 기분을 알아챌 수 있을지 등을 유아에게 가르친다. 역시 셰익스피어의 나라구나 싶을 정도로 이 육아법은 연극적인 면이 있는데, 그래서인지 영국에서는 감정을 잘 감추는 기술보다 내 감정을 타자에게 정확하게 알리는 기술이 중시된다(일본에서는 슬픔이나 분노 같은 자신의 격한 감정을 다른 사람에게 드러내지 않는 것을 예의로 여기며 감정을 억제하기를 권유하는 문화가 있다-옮긴이).

그러나 다양한 문제를 껴안은 집에서 자라는 유아들은 타인의 감정을 이해하거나 제 감정을 표현하기 어려워하는 경우가 많다. 다른 한편으로 '고생을 많이 한' 이 유아들은 너무 조숙해서 이런 정서 교육에 회의적인 입장을 보이기도 한다.

"바보 같아."

이렇게 말한 조숙한 아이는 최근 탁아소에 다니게 된 켈리라는 네 살짜리 여자아이다. 켈리는 '빙글빙글 도는 잭'과 마찬가지로 의존증 여성 지원 시설의 소개로 우리 탁아소에 오게 되었다.

"웃을 때는 어떤 얼굴이 될까? 우리 같이 한번 웃어볼까? 하하하하."

이렇게 말하면서 큰 소리로 웃어 보이면 이민자 가정 아이들은 대부분 순순히 따라서 웃는다. 낯을 가리는 아이 중에는 '도대체 쟤네들이 갑자기 뭐하는 거야? 나는 전혀 모르겠는데?'라는 표정으로 두려워하는 경우도 있지만, 두 반응 모두 건강한 리액션이다.

하지만 켈리는 달랐다. '이 아줌마 도대체 왜 이렇게 촌스러워?'라는 듯 당돌하게 눈을 치켜뜨고서 나를 올려다보았다. 그 시선은 탁아소에 켈리를 데려오는 언니와 닮았다. 켈리의 고등학생 언니는 약물과 알코올 의존증에서 벗어나기 위해 고군분투 중인 어머니를 대신해 벌써 10년이나 켈리를 돌봐왔다. 새까맣게 물들인 머리카락을 하나로 묶어 뒤로 늘어뜨리고, 커다란 링 귀고리를 한 채 엉덩이를 덮을락 말락 한 짧은 교복치마를 입은 그 아이는 항상 부루퉁한 얼굴로 껌을 질겅질겅 씹고 있었다. 켈리의 무표정은 언니의 축소판이었다.

다양한 표정을 한 사람들의 사진을 벽에 붙여놓고 손가락으로 가리키며 "이건 웃는 얼굴이네. 다들 어떤 때 웃는지 말해볼까?"라고 아이들에게 물어보았다. 이민자 가정의 아이들에게서 티 없이 맑은 대답이 돌아왔다.

"즐거울 때."

"초콜릿을 받았을 때."

그러자 어두운 눈빛으로 구석에 앉아 있던 켈리가 말했다.

"사람을 죽였을 때."

"응?"

소리 나는 쪽을 보니 켈리가 유쾌한 듯 벙글벙글 웃고 있었다. 나는 가능한 한 의연하게 말했다.

"잘 안 들리는데? 큰 소리로 다시 말해볼래?"

이쪽이 동요하지 않았음을 알아챈 켈리는 '흥!' 하는 얼굴로 재미없어진 듯 옆을 보았다.

의존증 여성 지원 시설에 있던 탁아소가 폐쇄되는 바람에 우리 탁아소에 오게 된 지역 영국인 아이들이 늘었다. 늘었다고는 해도 겨우 4명이지만, 그로 인해 이민자 가정 아이들만 있던 탁아소의 균형이 깨졌다.

"이민자 가정 아이들이 더 밝다고 할까요? 그 아이들이 더 행복해 보이다니……. 신기한 일이에요."

대학에서 심리학을 공부한다는 자원봉사자 청년이 말했다.

"이민자 가정은 부모도, 아이도 반응을 알기 쉬우니까."

이렇게 말하자 중산층 풍으로 아름다운 영어 발음을 하는 청년이 말했다.

"아무리 가난하더라도 과거보다 미래가 더 좋을 거라 믿는 사람들의 행복도가 더 높긴 하지만 이 나잇대 아이들도 똑같은 경향을 보일 줄이야……."

표정 교육의 일환으로 할로윈 호박 콜라주를 했다. 동그란 종이접시를 주황색 물감으로 칠해 할로윈 호박이라 치고, 거기에 각자 얼굴을 그려 넣는 공작이다. 내가 먼저 본보기가 될 만한 표정을 그려서 아이들에게 보여주었다.

"이건 어떤 얼굴일까?"

내가 물었다.

"입은 웃고 있어."

"그런데 눈은 웃지 않아."

"무서운 얼굴이야. 할로윈이니까."

이런 귀여운 대답이 외국인 팀에서 나왔다. 하지만 지역 영국인 팀은 아예 이야기를 듣고 있지 않았다. 애초에 정리가 안 되는 이 팀의 모습은 마치 5년 전의 탁아소를 보는 듯했다. 하지만 지금의 탁아소에는 잘 따라오는 아이들도 있으니 이 부분이 힘든 것이다.

집에서 엄격한 예절 교육을 받는 아프리카, 파키스탄, 동구권에서 온 이민자 가정 아이들은 보육사가 만들어 보여준 대로 종이접시에 주황색 물감을 칠하고, 단추나 천, 우유병 뚜껑 등을 이용해 눈과 코를 만들고, 펠트펜으로 입을 그려 넣어 얼굴을 만들었다. 하지만 지역 영국인 아이들은 이에 비해 얼마나 '아나키'한지! 호박 꼭지를 그릴 때 쓰라고 만들어둔 갈색 물감을 종이접시 전체에 칠하고는 "우리 아빠 똥이야. 아주 크지"라며 중얼거리는 녀석, 접착제가 든 컵 안에 붓을 넣었다 빼서는 종이접시에 접착제를 뚝뚝 떨어뜨리며 몇 분 동안 멍하니 떨어지는 방울만 바라보는 무아지경에 빠진 녀석, 탁자 위에 우유병 뚜껑을 줄지어 붙이는 녀석 등등 정말 수습이 안 된다.

"저래도 돼?"

"으아아아, 탁자에 붙인다!"

이민자 가정의 여아들이 호들갑을 떨기 시작했다.

"그러면 안 돼요."

일단 꾸짖긴 했지만 스스로도 내 목소리에 설득력이 없다고 느꼈다. 사실 난 저런 거 진짜 좋아하는데……. 예술에는 치유하는 힘이 있다고 할까. 여러모로 골치 아픈 집안 문제를 떠안고 있는 아이들이 무언가를 만드는 데 열중하는 모습에는 어딘가 모를 박력이 있어 보는 사람이 카타르시스를 느끼게 된다. 5년 전이었다면 원하는 대로 시켜줄 수 있었을 텐데……. 현재 탁아소에서는 그럴 수가 없다. 그때 탁아소 아이들 중 나이가 많은, 체코에서 온 안나가 "그만 둬"라고 말하면서 아나키즘을 전개하던 아이들의 붓과 접착제를 빼앗았다.

"잠깐만, 안나. 호박 얼굴은 한 가지만 있는 게 아니야."

나는 안나를 막아섰다.

"내가 만든 건 흔한 할로윈 호박이지만 전혀 그렇게 보이지 않는 호박도 쿨해. 각각 만들고 싶은 호박을 만들면 되는 거야. 그런데 탁자 위에 우유병 뚜껑을 붙이는 건 하지 말았으면 좋겠구나, 켈리. 나중에 청소가 무지 힘들어지거든."

나는 켈리에게 다시 한 번 접착제가 든 컵을 건넸다. 붓을 빼앗긴 아이에게도 붓을 쥐여주었다. 켈리는 '어쩌라고 이년아' 하는 눈초리로 안나를 째려보면서 쳇 하고 혀를 찼다. 체코에서 혀를 차는 행동이 무엇을 의미하는지, 혹시 영국과 같은 뜻인지, 아니면 뜻은 몰라도 본능적으로 바보 취급당한 걸 알았는지는 모르겠지만 안나는 갑자기 의자 위에 있던 켈리를 밀어 넘어뜨렸다. 항상 우등생이며 리더 같은 존재인 안나가 이렇게 폭력적인 행동을 한 것은 처음이었다.

"안나, 어째서 그런 행동을 하는 거야?"라고 꾸짖자 바닥에 넘어진 켈리가 아니라 켈리를 넘어뜨린 안나가 울기 시작했다. 분한 듯이 엉엉 우는 안나를 구석으로 데려가 바닥에 앉혀놓고는 "그러지 마, 사람을 밀면 안 돼"라고 타이르면서도 '아, 이 아이는 나름대로 정의라고 생각해서 한 건데, 나한테 전면적으로 부정을 당했겠구나'라고 생각할 수밖에 없는 곤란한 상황이었다. 안나를 꾸짖으면서 동시에 꼭 안아주고 싶다는 두 가지 마음을 품고 탁자 쪽을 바라보니 켈리가 '바보 멍청이!'라는 듯한 눈빛으로 나를 바라보고 있었다.

"뭐라고 말하면 좋을까. 정말 왜 전쟁이 일어나는지 알 것 같아."

탁아소 일이 끝난 후, 부책임자인 친구에게 이야기하자 그녀는 풋 하고 웃었다.

"중동에서 온 나한테 잘도 그런 말을 하네."

그러고 보니 이란 출신인 이 친구는 10대 때 전쟁을 겪었다.

"아…… 내가 경솔했어, 미안."

그러자 친구는 웃으며 말했다.

"아이들 다툼의 성격이 옛날이랑 달라졌어. 너무 국제적이 되어서 애들 싸움도 큰일이야."

"맞아 맞아. 너무 다양해졌달까."

"하기 힘들어졌지."

"응."

"하지만 할 만한 가치가 있어."

그 말에 나는 고개를 끄덕였다. 우리 같은 외국인 보육사는 그 '할 만한 가치'를 가장 잘 알고 있다.

유아 교육에 일대 개혁을 실시한 블레어 시대 노동당 정권의 개혁 방침 중 하나는 외국인 보육사를 늘리는 것이었다. 외국인을 많이 고용하는 유아 교육 시설은 다양성 교육을 실시하고 있는 것으로 간주되어 교육 시설 감사기관인 교육기준청에서 높은 평가를 받을 수 있게 되었다. 나와 친구가 보육사 자격을 따고 이 일을 시작하게 된 것도 그 시절이었다.

"하양, 검정, 녹차, 팥, 커피……" 같은 나고야의 우이로우(쌀가루와 설탕으로 양갱 비슷하게 만든 일본의 전통과자-옮긴이) 광고도 아니면서 여러 가지 색으로 구색을 맞췄으니 뭐 어쩌라는 거냐고, 처음에는 이렇게 생각했다. 그런데 이 일을 오랫동안 하다 보니 무슨 의미가 있는지 이해가 되었다. 백인이 아닌 어른과 가까이 접촉해본 적 없는 1세 혹은 2세 아동이 부모 손에 이끌려 처음 보육 시설에 왔을 때, 나처럼 피부색과 얼굴이 확연히 다른 사람이 다가오면 큰 소리로 울며 마치 귀신이라도 본 것처럼 반응하는 경우가 있다. 그런 아동의 '적응 훈련' 담당이라도 되면 정말 그때부터는 비극이다. 나를 본 것만으로도 기겁을 하고 온몸에 경련을 일으키며 나를 피해 교실 저쪽 끝까지 납작 엎드려 기어가는 아이가 있는가 하면, 너무 큰 충격을 받아 눈물, 오줌, 토사물 등등 온몸의 물이란 물은 전부 분출하는 아이도 있다. 그런 경우에는 내가 아무리 노력해도 어쩔 수 없기 때문에 백인 보육사와 교대를 하는 수밖에 없다. 하지만 시작은 그랬어도 초등학교에 진학할 무렵엔 나를 가장 따르게 되어 졸업할 때 울면서 나를 꼭 껴안아준 아이들도 있다.

여러 가지 색을 그저 갖추어두는 것만으로도 의미가 있다. 이는 보육사와 아이들의 관계에만 한정되지 않는다. "인종차별을 하지 맙시다", "인류는 모두 형제"라고 플래카드를 내다 걸고 아무리 외친들 그런 걸로 바뀌는 것에는 한계가 있다. 사회가 진짜 변한다는 것은 밑바닥이 변하는 것이다. 땅바닥에 발을 딛고 사는 사람들이 일상에서 외국인과 만나 두려워도 하고, 접촉하거나 충돌하고, 서로 품어주면서 공생에 익숙해지는 것이다. 이런 경험이야말로 사회를 앞으로 나아가게 한다. 이는 최소 단위라고 하기에도 터무니없이 작은, 하나의 커뮤니티에서 담담하게 시작되는 변혁이다. 여기에 지름길이란 없다.

켈리와 안나의 탁아소 내부 분쟁도 점점 심해졌다. 얼마 전에도 그랬다. 마당에서 안나가 엉엉 울고 있기에 왜 그런가 싶어 달려가 봤더니 역시 켈리가 두 살짜리 아이의 세발자전거를 억지로 빼앗아 타려고 했다. 그걸 보고 있던 안나가 켈리에게 화를 내고 세발자전거를 아이에게 다시 돌려주려 하자 켈리가 안나를 때렸다. 이민자 어린이들의 연대는 강고했다. 여아도 남아도 내게 와서 안나가 얼마나 정당했는지를 주장했다. 아니, 실제로 거의 모든 경우에 이민자 아이들이 옳다. 무엇을 가르치든 금방 잘하는 것도 이민자 아이들이다. 이민자나 난민을 '다른 나라 복지로 편하게 살기 위해 건너온 사람'이라 생각하는 이들은 너무나도 현실을 모르는 것이다. 유럽으로 온 이민자들은 자신의 능력을 발휘하기 위해 국경을 넘는 근면하고, 상승 욕구가 강한 사람들이다.

"폭력을 쓰면 안 돼요!"라고 한바탕 켈리에게 훈계를 늘어놓고는 '아이고, 아이고' 하면서 베란다에서 말리던 할로윈 호박 공작 작품들을 안으로 들여왔다.

아무튼 켈리의 호박은 엄청 특이했다. 탁자에 우유병 뚜껑을 붙이지 말라는 주의를 들은 것에 대한 반발이었을까? 켈리는 종이접시 위에 여백이 사라질 때까지 동그란 우유병 뚜껑을 한가득 붙여놓았다. 구사마 야요이(일본의 조각가 겸 설치 미술가-옮긴이)의 작품이 아닌가 싶을 정도로 어마어마한 그 호박 얼굴을 절대 다른 아이의 작품으로 오인할 리는 없겠지만, 일단 이름은 써두자는 생각에 종이접시를 뒤집었다. 뒷면을 보자마자 내 입에서는 '아!' 하는 소리가 절로 나왔다.

얼굴이 그려져 있었던 것이다. 얼굴 비슷한 것, 이라고 말하는 편이 좋을지도 모르겠다. 오른쪽에서 왼쪽으로 내려가는 선으로 그은 입과 비뚤어진 민달팽이 같은 두 눈. 어떤 얼굴을 하고 있는지는 분명하지 않았지만 무표정이었다. 하지만 두 눈 아래로 점, 점, 점 점선 같은 것이 이어져 있었다. 울고 있구나.

'슬픈 얼굴.'

켈리도 다른 아이들과 마찬가지로 감정을 드러내는 얼굴을 종이접시 뒤에 그렸던 것이다. 켈리의 그 작은 손이 내 심장을 꽉 움켜잡은 듯 아팠다. 켈리의 종이접시를 가슴에 품은 채 베란다에 서서 탁아소 마당을 내려다보았다. 거기서는 켈리의 세발자전거 강탈 사건이 또다시 일어나고 있었다. 울음을 터뜨리는 피해자, 자전거 페달을 밟으며 도망가는 켈리, 꽉 쥔 주먹을 부르르 떨면서 켈리에게 가는 안나. '아이고, 아이고' 하면서 나는 마당으로 내려갔다. 최근에는 이런 일들의 연속이다.

켈리의 언니는 곧 의무교육이 끝나는 나이가 된다. 어찌나 반항적인 눈빛인지(여동생과 똑같은 눈빛이다), 또 어찌나 언더 클래스 불량소녀처럼 차려입었는지, 거기다 동생을 데리러 탁아소에 올 때 함께 오는 남자친구마저 어찌나 불량해 보이는지.

〈피쉬 탱크〉(영국, 2009)라는 영화가 있다. 영국 하층 사회의 10대 문화를 알기 좋은 영화다. 약간 전형적인 느낌이 없진 않으나 꽤 정확하게 그려내고 있다. 주인공인 10대 미아의 패션은 6년이 지난 지금도 여전한 하층 사회 불량소녀의 모습을 충실히 재현하고 있다. 칠흑처럼 새까맣게 염색한 머리에 커다란 링 귀걸이. 학교 가는 날엔 엄청나게 짧은 미니스커트 교복을 입고, 땡땡이치는 날은 트랙슈트라 불리는 운동복을 입는다. 켈리의 언니 비키는 마치 미아를 복사해놓은 것 같았다.

비키와 켈리 둘은 상당히 터울이 지는 자매다. 실은 둘 사이에 2명의 남자아이가 있었단다. 그런데 사회복지사가 집을 들락거리면서 아버지가 달랐던 두 소년은 각자 자기 아버지의 집으로 가게 되었다고 한다. 비키와 켈리도 각기 다른 아버지를 두고 있지만 그들의 아버지는 딸을 데리러 오지 않았다.

그런 사정 때문일까, 비키는 무서운 얼굴을 한 10대 청소년이지만 동생을 몹시 잘 돌본다. 가끔은 탁아소가 이미 끝났는데도 둘이서 탁아소 마당에서 시소를 타거나 숨바꼭질을 하면서 언제까지고 뛰어논다.

"긴축 전이었다면 틀림없이 바로 '복지(앞에서도 나왔지만 학대당하는 아동을 부모에게서 떼어놓는 사회복지사─옮긴이)'에서 데려갔을 텐데 말이야. 그래도 이렇게 같이 노는 모습을 보면, 참 여러 가지 일이 있었겠지만 이 자매는 서로에게 몹시 소중한 존재인 것 같아."

최근에 탁아소 책임자로 승진한 친구가 말했다. 공동 책임자를 맡고 있던 여성이 "이걸로는 먹고살기 힘들어"라며 전직을 하는 바람에 자연스럽게 친구가 책임자로 승진하게 되었다. 이로써 탁아소에 애니 시절부터 일하던 사람은 친구와 나, 그러니까 '이민자 콤비'밖에 남지 않게 되었다. 영국인 직원들 사이에서는 존재감도 없던 우리가 탁아소를 지휘하다니 당시에는 상상조차 할 수 없던 일이다. 이런 '인구통계학상의' 극적인 변화는 영국 전체의 축소판처럼도 보인다.

그러던 어느 날이었다. 탁아소가 끝난 뒤 교실에서 사용하는 장난감들을 밀톤으로 소독하고 있는데 비키가 켈리의 손을 잡고 들어왔다.

"켈리의 후디가 가방에 없던데."

'후디'는 메리야스 직조의 점퍼를 가리킨다.

"아, 그러고 보니…… 여기 들어와서 벗었지?"

책꽂이 옆에서 라벤더 색의 점퍼를 찾아 비키에게 내밀자 비키가 갑자기 물었다.

"탁아소에서 일하는 거 재밌어?"

"응?"

"아니, 이런 일을 하면 재미있을 것 같아서."

"꼭 재미있다고만은 할 수 없지만, 뭐라고 하면 좋을까……. 다들 하는 말인지도 모르겠으나 이 일을 하길 잘했다고 느끼는 순간이 있긴 해."

비키는 "흠…… 그럼, 안녕!"이라고 말하더니 나가버렸다. 비키의 등 뒤에 서서 래퍼처럼 팔짱을 끼고 나를 노려보던 네 살짜리 켈리도 종종걸음을 치며 급하게 언니 뒤를 따라갔다.

'도대체 뭐였지?' 싶었는데 며칠 뒤 탁아소 책임자인 친구가 말했다.

"비키가 올 7월에 학교를 졸업하는데 말이야, 지금 사회복지사나 학교 선생님과 진로 상담을 하고 있다더라고."

아, 그래서 지난번에 그런 이야기를 한 거였구나.

"비키는 아이들을 좋아하니까. 우리 탁아소에서 한동안 자원봉사를 해도 되느냐고 묻더라."

"음."

"학교가 파하면 여기 와서 책을 좀 읽어달라 하면 어떨까 싶은데……."

"좋은데? 이제 우리 탁아소에 네이티브 발음으로 그림책을 읽어줄 수 있는 인재가 부족해졌잖아, 하하하."

이렇게 말하면서도 '이거 이거 분명히 한바탕 소동이 나겠군' 싶었다. 영어 교실에 다니는 외국인 어머니들이 평소 비키를 마치 오물처럼 여기고 피한다는 것을 아닐까. 그들은 비키 말고도 지역 빈민가에 사는, 조금 질이 나빠 보이는 영국인이라면 경원시하는 사람들이었다. 그런 사람들에게 '언더 클래스 틴'은 영국에서 으뜸가는 악마이자 '브로큰 브리튼'의 원흉이었다. 비키 같은 불량소녀 차림의 10대가 자원봉사니 어쩌니 하는 말을 입에 올렸다가는 엄청난 일이 벌어질 게 분명했다. 게다가 탁아소가 끝나기 직전에 그림책을 읽어주는데 이 시간대는 어머니들이 아이를 데리러 오는 때이기도 하다.

"이제 열여섯 살이 되었으니 DBS 체크(아이들을 상대로 하는 직업군에 의무로 부과된 범죄이력조사)를 하고 깨끗하다고 하면 바로 오라고 할 거야."

친구의 말에 내 친구이긴 하지만 얼마나 담대한 사람인지 감동스러울 지경이었다. 하지만 역시나 비키의 그림책 낭독 시간은 첫날부터 외국인 어머니들의 저항에 부딪혔다.

그날 탁아소에는 영국인 아이 3명, 이민자 아이 5명 이렇게 모두 8명의 아이가 있었다. 이른 시간에 아이를 데리러 온 부모들은 탁아소 안으로 들어와 그림책 읽어주는 작은 방 뒤에서 대기하는 것이 이곳의 관례였다. 벽 앞에 늘어선 외국인 어머니들은 처음부터 아연실색한 표정을 지었다. 그들은 미간에 주름을 모은 채 인상을 쓰고 있었다.

비키의 낭독은 매우 훌륭했다. 커다란 목소리로 시원시원하게 외국인 아이들도 알아듣기 쉽게 읽었다. 낭독을 끝내고는 아이들이 얼마나 이해했는지 알아보기 위해 몇 가지 질문까지 했다.

"비키, 잘했어!"

"잘하네, 지금 바로 탁아소에서 일해도 되겠어."

영국인 어머니들은 비키에게 상냥하게 말을 건넸다. 그들 모두 의존증 여성 지원 시설 내부의 탁아소 이용자였기 때문에 서로를 잘 알고 있었던 것이다. 외국인 어머니들은 아무 말 없이 가만히 서 있었다. 하지만 영어 수업 시간에 바로 강사에게 격렬하게 항의했다고 한다.

"걱정이 되어서 탁아소에 아이를 맡길 수가 없다고, 이제는 영어 교실에 못 올 것 같다고 한다더라고."

영어 교실 강사와 회의를 한 후 책임자 친구에게 이렇게 보고했더니 그녀는 후훗 하고 웃었다.

"또 으름장 작전이네."

"맞아, 맞아."

"그만둔다, 그만둔다 하면서도 절대로 안 그만두니까 그냥 놔 두면 돼."

친구가 말했다.

"뭐든지 자기들 생각대로 될 거라 믿는 모양인데, 그렇게는 안 되지. 여기는 원래부터 지역의 문제 가정 아이들을 지원하기 위한 탁아소였으니까. 지금 비키를 지원하는 건 우리가 가장 우리다운 일을 하는 거라고."

친구는 자신만만하게 말했다.

"지금 한순간 거기에 애니가 서 있는 줄 알았네."

이렇게 말하자 친구는 빙긋 웃었다. 하지만 바로 그다음 주에 나와 친구가 탁아소에서 오후 활동을 준비하고 있을 때 외국인 어머니들이 집단으로 찾아와 항의하는 일이 벌어졌다.

"열여섯 살 아이가 아이들을 가르쳐도 법적으로 문제가 없습 니까?"

"그런 젊은이가 아이를 상대로 일해도 좋다는 판단은 어떤 방 식으로 내려진 것입니까?"

그들은 책임자인 친구에게 질문 공세를 퍼부었다. 보육사라 는 직업에 흥미가 있는 비키의 진로 결정에 도움을 주기 위해 학 교 교원과 사회복지사, 우리 센터의 가족 서비스 직원들이 함께 논의한 결과, 비키가 이곳에서 아이들에게 책 읽어주는 일을 하 기로 했다는 점, 열여섯 살이 되면 견습 제도(도제 제도)를 통해 보육 시설에 근무하면서 보육사 자격을 취득할 수 있도록 법적으로 보장되어 있다는 점, 그리고 비키는 마땅히 받아야 할 범죄 이력조사를 받았고 그 결과 아무 문제없음이 판명되었다는 점에 관해 친구는 친절하게, 하지만 다른 사람이 끼어들 틈을 주지 않고 설명해나갔다.

어머니들의 흐린 눈초리에서 '당신이 무슨 말을 하든 우리는 절대 이해할 생각이 없어요'라는 완고한 기운이 스멀스멀 새어나와 공기 중으로 퍼져 갔다.

"동생도 폭력적이지만 언니에 관해서도 여러 좋지 않은 소문이 돌던데요."

인도인 어머니의 말에, 옆에 서 있던 러시아인 어머니가 거들었다.

"문제 있는 집안 아이들이 늘어나면 우리는 안심하고 아이를 맡길 수가 없어요."

문제 있는 집안 아이들이라고?! 어머니들 뒤에서 미술용 탁자에 밀가루를 뿌리고 그 위에 점토 덩어리를 늘어놓던 나는 생각했다. 여기는 원래부터가 풀어야 할 문제를 안고 있는 가정과 아이들을 위해 만들어진 탁아소였다. 그런데 긴축 때문에 정부 보조금이 끊기고, 민간 기업 기부금도 줄어 현재는 정부에서 유일하게 보조금이 나오는 이민자 대상 영어 교실의 탁아소처럼 되어버린 것이다. 그렇게 변하긴 했어도 여기가 이민자 복지센터는 아니란 말이다. 어디에서 왔는지와 상관없이 문제가 있는 사람들, 도움이 필요한 가족들이 오는 장소였단 말이다. 나는 그렇게 생각하면서 점토 덩어리를 포크로 찔렀다.

어머니 집단 가운데 뒤에 서 있던 폴란드 사람이 웃었다.

"아이, 무서워라."

"아이들은 엄청 좋아해요. 푹 하고 꼭대기를 찌르며 놀지요."

이렇게 말하자 주위 어머니들이 웃었다.

"있잖아, 당신도 외국인이니까 이해할 수 있지?"

어머니들 중 한 사람이 내 쪽으로 엷은 웃음을 보이며 이야기했다.

"네? 뭐를요?"

포크 옆에 플라스틱 나이프도 찔러 넣으며 내가 물었다.

"저와 미카코는 9년 전부터 여기서 일했어요. 그때는 직원, 보호자, 아이들이 거의 영국인이었어요. 우리 외국인이 소수였지요. 하지만 우리는 다른 직원들과 완전히 똑같은 대접을 받았어요. 이곳은 어디서 온 사람이든, 어떤 사람이든, 어떤 문제를 가진 사람이든 환영한다는 이념으로 만든 탁아소입니다. 직원은 바뀌더라도 우리 정신은 변함없어요."

친구가 먼저 딱 잘라 말했다. 정말로 점점 애니를 닮아가는구나. 나는 미소를 지으며 점토놀이 준비를 계속해나갔다.

난민 문제다, 백인과 무슬림의 충돌이다 하는 뉴스는 세상에서 일어나는 일 가운데 겉으로 드러나는 부분만을 전달할 뿐이다. 살아 있는 유기체인 사회 내부에서 일어나는 일에는 좀 더 깊숙한 무언가가 있다. 지역의 영국인을 배제하려는 이민자를 꾸짖는 무슬림 여성이 여기에 있다.

시간이 되어 어머니들은 영어 교실로 향했고 언제나처럼 탁아소의 오후 활동이 끝날 무렵 비키가 찾아왔다. 그날은 『곰사냥을 떠나자』라는, 영국 보육 시설에서 많이 보는 그림책을 읽는 날이었다. 의태어와 의성어가 많고 동작을 하면서 읽으면 아이들이 아주 좋아하기 때문에 나와 친구도 자주 읽어주는 책이다. 비키가 매끄러운 영국인 억양으로 마치 랩을 하듯이 리드미컬하게 낭독을 하니 아이들은 꼭 처음 듣는 것처럼 이야기에 빠져들었다.

이야기가 다 같이 동작을 하던 부분으로 넘어가자 아이들이 손을 들었다 내렸다 하며, 또 손가락을 흔들며 자연스럽게 동작을 하기 시작했다. 그러자 비키도 아이들을 따라 동작을 흉내 냈다. 이윽고 마지막 부분에 이르러 곰이 쫓아오는 장면이 되자 아이들의 몸이 긴장한 듯 뻣뻣해졌다. 체념한 곰이 집으로 돌아가는 마지막 장면에서는 "살았다", "휴우"라고 말하는 아이들도 있었다.

"쿨cool하지, 이 이야기? 나도 어릴 적에 정말 좋아했어. 말해봐, 쿨!"

비키가 허스키한 목소리로 말했다.

"쿨! 쿨! 쿨!"

아이들이 떠들썩하게 따라했다. 아이들은 어느새 비키를 좋아하게 되었다.

"쿨이 무슨 뜻이야?"

체코에서 온 안나가 물었다.

"쿨이란 건 말이야, 반짝반짝하고 특별해서 나는 그게 정말 좋아, 라는 뜻이야. 도프dope라는 말도 있지만 말이야."

"도프, 도프!"

"하지만 그 곰 불쌍해."

갑자기 안나가 말했다.

"그렇잖아, 사실 곰은 사람들을 잡아먹으려 한 게 아니라 같이 놀고 싶었을지도 모르는데."

예전에 내가 이 책을 읽어주었을 때, 누군가 그렇게 말하기에 "아주 좋은 발상이네"라고 칭찬한 적이 있다. 분명 안나는 그걸 기억하고 한 말이리라. 우등생 안나는 자주 이런 행동을 한다. 이 사실을 모르는 비키는 눈동자를 반짝였다.

"그건 도프한 질문이야. 실은 나도 어릴 적에 그렇게 생각했거든. 그렇잖아, 곰의 뒷모습이 어딘가 슬퍼 보여. 곰이 겉보기에는 무서워도 실은 외로운지도 몰라."

나는 아이들을 데리러 온 어머니들 쪽을 바라보았다. 적대심이 가득한 얼굴들 가운데 폴란드에서 온 어머니가 미소를 짓고 있었다. 인도인 어머니도 고개를 뒤로 돌려 자신을 보는 딸에게 '선생님 이야기 제대로 들어'라는 듯 턱짓으로 신호를 보냈다.

변화는 이렇게 일어난다. 처음에는 한 사람, 두 사람이 변하고, 그것이 세 사람이 되고 다섯 사람, 열 사람으로 늘어나면서 커뮤니티가 변하는 것이다. 친구 쪽을 돌아보니 역시나 나를 향해 미소 지으며 고개를 끄덕이고 있었다.

영국의 보육 시설은 마거릿 맥밀런이 시작한 보육학교에 뿌리를 두고 있다. 맥밀런은 사회주의자이자 파비안협회Fabian Society(19세기에 결성된 가장 널리 알려진 영국 사회주의 지식인 단체로 노동당의 기반이 되었다-옮긴이)의 멤버였다. 윌리엄 모리스와 윌리엄 토머스 스테드의 영향을 받아 사회운동에 몸을 바친 그녀는 브래드퍼드와 데프트퍼드의 빈곤 지역에서 아이들의 건강과 생활을 향상시키기 위한 활동을 지속적으로 전개했다. 어린이들의 공장 노동에 반대하고, 산업혁명으로 사랑과 인간성을 잃어버린 노동자 계급 부모들이 아무렇지도 않게 아이들을 공장에 보내 장시간 노동을 시키는 것을 한탄했다.

유아 교육자이자 활동가였던 맥밀런은 노동자 계급 어린이들에게도 상층 계급 어린이들과 마찬가지로 '놀이와 교육'이 필요하며, 그것이 가능한 건강한 환경을 조성해야 한다고 보았다. 그 이념에 의거하여 현재 보육 시설의 모체가 되는 보육학교를 만든 것이다. 이렇게 생각하면 영국의 보육 시설은 단순히 아이들을 맡아주고 교육하는 장소가 아니다. 미시적 수준에서 변화를 가져오기 위한 운동의 장인 셈이다.

일상 업무를 하는 도중에 이런 거창한 생각을 하는 일은 그리

흔치 않다. 기저귀를 뗀 지 얼마 안 되는 아이가 수상한 색깔의 끈적끈적한 물체를 점점이 바닥에 떨어뜨리며 걸어가는 모습에 아비규환이 되거나, 세발자전거에 치여 새끼발톱이 부서지는 상처를 입기도 한다. 그런데 이런 폭력적이고 야만적인 직장을 비키는 상당히 마음에 들어 하는 눈치였다.

"어때, 그림책 낭독? 재미있어?"

운동복 차림의 비키가 껌을 쩍쩍 씹으며 대답했다.

"응, 쿨."

쿨이란 반짝반짝하고 특별해서 정말 좋아한다는 뜻이라고 비키는 설명했었다.

"보통 재미있는 일이 그다지 없는데 여기 오는 것은 도프!"

비키는 "바이!" 하고 손을 흔들며 돌아갔다.

탁아소라는 사회 변혁의 장은 쿨하고 도프하다. 마거릿 맥밀런의 정신은 랩의 시대에도 건재한 것이다.

일본에 한 달 정도 다녀왔다. 흐린 회색빛 하늘이 펼쳐진 브라이턴으로 돌아와서인지, 아니면 시차 적응이 안 되어서인지 흐리멍덩해진 머리로 긴축 탁아소에 출근했다. 기분 탓인지 예전보다 식당에 사람이 많아진 듯했다.

내가 근무하는 탁아소는 무직자와 저소득자를 위한 지원센터 안에 있다. 긴축 재정으로 정부에서 나오던 보조금이 끊기자, 무직자와 저소득자에게 무료로 제공되던 센터의 다양한 지원 코스들 또한 없어졌다. 결국 이곳을 이용하는 사람도 많이 줄어서 평소에는 폐업을 앞둔 듯 쓸쓸한 분위기가 감돌지만 점심시간만큼은 사람이 많은 편이다. 단돈 1파운드로 영양 만점의 식사를 할 수 있기 때문이다. 감자(매시드 포테이토, 로스트 포테이토, 웨지 포테이토), 쌀밥, 파스타, 쿠스쿠스 같은 주식에 반찬과 풍성한 샐러드, 코울슬로나 라따뚜이 같은 채소가 커다란 접시에 흘러내릴 만큼 제공된다. 평소에는 냉동 소시지와 칩스, 토마토 풍미의 구운 콩 통조림 같은 싸구려 음식만 먹기 마련인 가난한 집에서 이렇게 신선한 식재료로 직접 만든 식사를 할 기회는 흔치 않다.

영국에서는 예전부터 소득이 낮을수록 비만이나 당뇨로 고통받는 사람이 많다는 이야기를 해왔다. 요즘은 일본에서도 비정규직 청년 노동자들이 저소득과 생활 스트레스로 인해 정크푸드나 고칼로리 식품을 섭취해 비슷한 문제가 발생하고 있다는 이야기를 들었다. 뚱뚱한 부자와 야윈 빈자는 이제 먼 옛날의 이야기다. 오늘날에는 오히려 그 반대가 진실이다. 특히 영국에서는 신선한 채소가 비싸기 때문에 어린이집에 근무하던 시절 젊은 동료들은 자주 "채소나 과일은 비싸서 살 수가 없어. 사치품이야"라고 불평을 하곤 했다. 최저임금에 가까운 급여를 받는 사람들이 건강한 식생활을 실천하기란 지극히 어려운 일이다.

이런 상황에서 지원센터가 운영하는 1파운드 식당이 잘되는 건 당연한 일이었다. 하지만 이번에 식당 이용자가 갑자기 더 늘어난 데는 피할 수 없는 또 다른 사정이 있다. 이 식당은 5년 전에는 주 5일 운영했지만, 정부 보조금이 끊긴 이후로는 주 3일만 문을 열었다. 그런데 내가 일본에 머무는 동안 갑자기 주 2일 운영으로 다시 한 번 바뀐 것이다. 당연하게도 먹을 수 있을 때 얼른 먹자고 마음먹은 사람들이 식당으로 몰려들었다. 이것이 이전보다 식당이 더 붐비게 된 이유다.

최근 식당의 변화라면 자원봉사자들 중에 외국인이 늘었다는 점이다. 아니, 늘어난 정도가 아니라 아예 이민자들이 주축이 되었다. 영국 음식은 맛이 없다고들 하지만 그건 옛날이야기다. 21세기의 영국 음식은 맛있다. 이민자의 증가와 함께 영국 사람들의 머리에 허브나 향신료가 중요하다는 생각이 자리 잡았고, 해외의 조리법을 도입한 '모던 브리티시' 요리가 유행하여 맛없다는 악평을 받던 영국 음식의 맛이 비약적으로 진보했다.

그렇다면 외국인 자원봉사자들이 주방장을 맡은 이 센터 식당의 음식도 더 맛있어졌을까? 그럴 것 같지만 실은 전혀 진전이 없다. 아니, 오히려 퇴보하고 있다. 여기서 일하는 자원봉사자들이 요리를 못해서도 아니고, 그들에게 잘할 의욕이 없어서도 아니다. 단지 이 센터가 최우선으로 삼은 '다양성'이라는 이념, 이것이 생각지도 못한 폐해를 불러왔기 때문이다.

기본적으로 식당에서 제공하는 음식은 한 가지밖에 없다. 그런데 외국인이 늘어나면서 종교적인 이유로 특정 육류를 먹을 수 없는 사람이 늘었고, 히피나 환경주의자 등 채식주의자들이 많아져 최근에는 고기와 생선을 사용하지 않게 되었다. 게다가 카레처럼 향신료를 많이 쓰는 요리나 지중해 요리처럼 마늘이 많이 들어가는 음식은 전혀 못 먹는 사람도 있기 때문에 가능한 한 피하자는 방침이 세워졌다. 또 어떤 나라의 음식에 편중된다면 입에 맞는 사람은 좋지만 그렇지 않은 사람은 배제되니 주의하자는 정책이 조리실 매뉴얼에 더해졌다.

그리하여 한때는 봄베이풍 카레나 (일본인 자원봉사자가 만드는) 지라시즈시(생선회나 달걀 지단 등의 고명을 초밥 위에 흩뿌려 제공하는 일본 음식-옮긴이) 등 다국적 요리를 제공하던 식당이 묘하게도 몰개성적이고 무미건조한, 솔직히 말해 맛없는 음식을 내놓는 곳이 되어버렸다. 운영을 까딱 잘못하면 다양성의 도입이 퇴보로 이어질 수 있다. 다양성을 실천하는 일이 얼마나 어려운지를 우리 센터의 1파운드 식당이 보여준다.

문제는 여러 나라에서 온 자원봉사자들은 원래 요리를 좋아하거나 음식 솜씨에 자신이 있어서 식당 자원봉사를 특별히 지원했다는 것이다. 여기서 자신감을 얻고 '레퍼런스'를 받아서(영국에서 취직을 하려면 이력서만으로는 충분하지 않다. 이전 직장의 상사 등에게서 받은 레퍼런스라 불리는 추천서가 필수다) 다른 곳에 요리사로 취직을 하고 싶은 사람들이다. 자신 있게 내놓을 수 있는 요리 하나도 제대로 만들어볼 수 없는 상황은 그들에게 스트레스로 이어졌을 것이다. 다양성을 추구하다 맛이 없어진 식당의 자원봉사자들은 예전에 비해 오래 버티지 못하고 그만두곤 했다.

이런 사정으로 내가 일본에서 보낸 한 달 동안에도 주방 담당이 바뀌어 젊은 무슬림 남성이 새로 들어왔다. 파키스탄 출신이라는 그는 무슬림이라기보다는 브라이턴의 게이 거리에서 마주칠 법한 영국 남자처럼 요즘 유행하는 옷을 입고 있었다. 혹시나 싶었는데 역시 커밍아웃한 동성애자라고 했다. 영국 게이들의 성지라 불리는 브라이턴에는 무슬림 동성애자들이 꽤 있다. 이들은 대개 가족이나 무슬림 지역 사회에서 성적 지향이 받아들여지지 않아 심각한 갈등과 충돌 끝에 브라이턴까지 내려온 사람들이다.

이들 가운데는 이전에 여성과 결혼을 했던 사람도 있는데, 식당에 새로 들어온 무슬림 남성도 그러한 경우였는지 주방에서 자원봉사를 하는 날이면 세 살짜리 딸을 탁아소로 데려왔다. 아이샤라는 이름의, 까맣고 짙은 속눈썹으로 덮인 아몬드형 눈동자와 느슨한 웨이브의 긴 갈색 머리를 가진, 만약 디즈니에서 무슬림 공주 캐릭터를 만든다면 분명 이런 모습일 거라 여겨지는 연약한 이미지의 예쁘장한 소녀였다. 하지만 이 아이, 실은 상당히 기가 셌다. 갱스터 래퍼의 백인 소녀 버전인 켈리와 엉겨 붙어서 힘을 겨룰 정도였으니까.

"제법 엄청난 아이가 들어와버렸네."

탁아소 책임자인 이란인 친구가 싱글벙글 웃으면서 말하기에 어떤 아이인가 했는데, 아이샤는 켈리가 세발자전거를 빼앗으면 달려들어 때리고, 켈리가 밀어서 넘어지면 일어나면서 켈리의 옆구리를 발로 차고, 켈리가 화장실 줄을 새치기하면 등 뒤에서 머리카락을 잡아당겨 목을 물어뜯는 실로 와일드한 문제아였다.

그런데 아이샤와 켈리는 닮은 점이 있었다. 둘 다 넘어지든 맞든 전혀 울지 않았다. 보통 어린아이들은 아프거나 무섭거나 하면 소리 높여 울면서 주변에 상황을 알린다. 이는 어른들의 보호가 없으면 살아갈 수 없는 미숙한 존재가 가진 삶의 지혜이자 생존 본능이라고 할 수 있다.

그런데 아이샤와 켈리는 그렇지 않았다. 마치 주위 어른들에게 어떤 기대도 하지 않는다는 듯 말이다. 그나마 어린 갱스터 래퍼 켈리는 언니 비키에게만큼은 솔직하게 응석받이의 얼굴을 보일 때도 있었지만 아이샤는 달랐다. 자기 아버지 앞에서조차 '데리러 와줬으니 일단 웃어줄까?'라는 듯 형식적이고 아름다운 미소를 보일 뿐이었다. 세 살짜리 주제에 이성을 잃고 흥분하거나 제정신을 잃거나 하는 일이 전혀 없었다.

무표정한 유아는 정서 발육이 늦는다고들 하지만 아이샤의 경우는 좀 달랐다. 몹시 조숙했다. 엄격한 가정교육을 받았기 때문일까? 감정을 표현하는 방식을 몰라 표현하지 못하는 것이 아니라, 그 정도는 진작부터 알고 있지만 굳이 표현하지 않겠다는 듯한 느낌이었다.

아이샤의 어머니가 집을 떠난 이유는 남편의 성적 지향을 눈치채서였을까? 싱글대디가 된 아버지는 아이샤를 열심히 교육시켰던 모양이다. 아이샤의 그림은 보통의 세 살 아이가 그리는 그림보다 수준이 높고 복잡했다. 아이샤는 이미 알파벳도 읽을 수 있었다. 숫자도 세 자리까지 셀 수 있었고 간단한 덧셈도 할 줄 알았다. 이는 영국의 세 살 아동에게는 흔치 않은 일이다. 보통 위로 초등학교에 다니는 언니나 오빠가 있는 경우에나 쓰기나 산수를 할 줄 알았다. 그런데 아이샤는 아버지와 단둘이 살았다. 어쩌면 아이샤가 외동이 아니라 어머니가 다른 아이들만 데리고 떠났을 가능성도 있다. 당연하게도 그런 사정은 아이샤나 아이샤 아버지에게 단도직입적으로 물어볼 수 있는 종류의 일이 아니었다.

그러던 어느 날이었다. 언제나처럼 켈리의 언니 비키가 방과 후 그림책 낭독을 위해 탁아소에 왔다. 내가 일본에 가 있는 동안, 비키는 엄청난 인기인이 되었다. 비키가 탁아소에 들어서자마자 아이들이 달려왔다. 다리에 엉겨 붙는 아이, 그림책을 한 손에 쥐고는 "오늘은 이거 읽어줘"라고 하는 아이.

"하이! 모두 안녕? 이게 좋아? 그럼 이 책을 읽어볼까?"

비키가 밝게 대답했다. 문득 옆을 보니 예전에는 가장 먼저 언니 곁으로 가서 엉겨 붙던 켈리가 어쩐지 멍한 표정으로 눈을 치뜨고서는 멀리서 바라보기만 하는 것이었다. 어디선가 본 적이 있는 표정이었다. 예전에 내가 아들을 데리고 탁아소에 왔을 때, 아들도 그런 눈을 하고서 다른 아이들과 노는 나를 멀리서 지켜보고 있었다. 나는 무심코 켈리의 머리를 통통 치면서 "굿 걸" 하고 말했다.

하지만 켈리는 나를 완전히 무시하고 미술용 탁자 쪽으로 걸어가서는 탁자 위에 놓인 그림 하나를 가위로 싹둑싹둑 자르기 시작했다. 그러자 갑자기 아이샤가 그 옆으로 가더니 주먹으로 켈리의 머리를 때렸다. 복잡한 문양으로 추측하건대 아마도 그것은 아이샤의 그림이었으리라. 얻어맞은 켈리가 아이샤에게

덤벼들려 했지만 기운이 넘쳤는지 의자에 다리가 걸려 제풀에
넘어지고 말았다. 아이샤는 반으로 잘린 자기 그림을 손에 쥐고
는 일어나려는 켈리의 등을 발로 찼다.

미술용 탁자 건너편에는 다른 아이들에게 둘러싸인 비키가
서 있었다. 일어나려다 아이샤의 발에 채여 바닥에 나동그라진
켈리는 눈을 동그랗게 뜨고 말없이 언니의 얼굴을 보고 있었다.
켈리는 언니가 구하러 오기를 기다리고 있었던 것이다. 하지만
비키는 교실 반대쪽에서 나를 쳐다보고 있었다.

이 또한 본 적이 있는 장면이다. 나도 탁아소에서 다른 아이
가 내 아이에게 폭력을 휘두를 때 아무것도 하지 못한 채 그냥
서 있었다. 당시 탁아소 책임자였던 애나나 이란인 친구가 대신
해서 아들을 안아주고, 아들을 아프게 한 아이를 꾸짖어주길 기
다리고 있었다. 이번에는 내 차례다.

"아이샤, 그만둬!"

나는 미술용 탁자로 달려가 켈리를 안아 올렸다. 절대로 울지
않는 켈리가 언니를 보며 두 팔을 벌려 우아아앙 하고 울기 시작
했다. 그건 항의였다. 자기를 구하러 오지 않은 언니에 대한 항
의. 다른 아이만 상대하고 자기는 잊은 듯한 언니를 온몸과 마음
을 다해 저주하는 성난 파도 같은 울음이었다.

아이샤는 '흥!' 하는 느낌의 부루퉁한 얼굴로 자기 그림을 쥐
고는 그림책 읽는 곳으로 돌아가려 했다. 책임자인 친구가 달려
가 아이샤의 몸을 붙잡고 아이를 꾸짖었다.

켈리의 울음소리가 너무 커서 뭐라 말하는지는 잘 들리지 않았다. 나는 얼른 켈리를 안고 마당으로 나갔다.

"진정해, 켈리. 이제 괜찮아. 정말 괜찮아."

뭐가 괜찮다는 건지, 나 스스로도 전혀 이해할 수 없는 말이었지만 어쨌든 나는 그렇게 켈리를 달랬다. 몇 분이 지나고서야 켈리는 울음을 그쳤다. 그때 아이샤의 손을 잡고 친구가 마당으로 나왔다.

"켈리, 아이샤가 너한테 할 말이 있대."

"미안."

기분 나쁠 정도로 무뚝뚝하게 아이샤가 말했다.

"켈리를 보면서 마음을 담아 사과하세요."

친구가 이렇게 말하자 아이샤는 다시 한 번 "미안"이라고 말했다.

"하지만 켈리, 너도 아이샤의 소중한 그림을 가위로 잘라버렸으니 사과해야겠지?"

내가 말하자 켈리는 내 팔에 머리를 기댄 채 힘없는 목소리로 "미안" 하고 중얼거렸다. 울고 울고 또 울어서 거의 탈진 상태였던 터라 이제는 뭐가 어떻게 되어도 상관없는 듯했다.

"내려서 제대로 서서 사과할까? 그리고 서로 안아주자."

바닥에 내려주자, 켈리는 천천히 "미안" 하고는 마치 몽유병 환자처럼 아이샤를 안아주었다. 이것이 싸움이 났을 때 탁아소에서 따라야 하는 규칙이다.

"켈리를 데리고 가줘서 고마워. 그렇게 해주지 않았으면 오늘은 그림책 못 읽었을 거야."

탁아소 일이 끝난 뒤 비키가 내게 말했다.

"신경 쓰지 마. 안 그랬으면 하나도 안 들렸을 거니까."

"어려워. 그럴 땐 정말 어떻게 하면 좋을지 모르겠어. 상대방 아이를 냉정하게 꾸짖을 수 있는 사람이 나는 아닌 것 같거든."

"알아. 나도 예전에 아들을 여기 데리고 왔었거든."

아들을 탁아소에 데리고 왔을 때, 그 애를 괴롭히는 아이들을 혼내지 못하는 나를 '어머니 실격'이라고 비난하는 사람들도 있었다. 영국인 어머니들이라면 본능적으로 우선 자기 아이를 지키려 하는데, 일본인은 육친에 대한 애정이 희박한 것 아니냐고 뒤에서 수근대는 사람들까지 있었다.

어쨌든 그건 일본인만의 특성은 아니었던 모양이다.

"열여섯 살에 이런 일로 고민하는 아이는 별로 없어. 비키는 좋은 보육사가 될 거야."

켈리와 비키가 손을 잡고 탁아소에서 나가는 모습을 보며 친구가 말했다.

문득 그림책 읽는 방의 카펫을 내려다보니, 아이샤가 촉촉하게 젖은 눈으로 켈리와 비키의 뒷모습을 응시하고 있었다. 아이샤는 여전히 오른손에 구겨진 그림을 움켜쥐고 있었다. 그 얼굴은 늘 보던 새침한 아이샤의 얼굴이 아니었다. 누군가 지금 따뜻하게 아이샤를 안아준다면, 아이샤는 아마도 있는 힘껏 그 사람을 때리거나 펑펑 울겠구나 싶은 그런 얼굴이었다.

이 아이, 외동은 아니었나 보다. 직감적으로 느낄 수 있었다. 식당 주방에서 앞치마를 한 아버지가 아이샤를 데리러 왔다. 아이샤는 언제나처럼 차분한 얼굴로 돌아가더니 손에 쥐고 있던 그림은 바닥에 버리고 형식적인 아름다운 미소와 함께 아버지의 벌린 양팔 사이로 뛰어들었다.

긴축 탁아소 시절

이번 겨울 일본에서 지내는 동안, 저널리스트 이노구마 히로코 씨의 안내를 받아 세타가야 구의 어린이집 다섯 군데를 방문했다. 그 과정에서 일본의 보육사 배치 기준도 알게 되었는데, 정말 깜짝 놀랐다. 일본 어린이집에서는 0세 아동의 경우 보육사 1명당 아동 3명, 1~2세 아동은 1명당 6명, 3세 아동은 1명당 20명, 4~5세 아동은 1명당 30명으로 정해져 있다는 것이다. 영국에서 일하는 내 입장에서 보면, 이 배치 기준은 상당히 놀라운 숫자였다. 영국의 배치 기준으로는 0~1세는 1명당 3명, 2세는 4명, 3~4세는 8명이다. EYPS(Early Year Professional Status) 혹은 EYTS(Early Year Teacher's Status)라 불리는, 보육사보다 한 등급 위의 자격이 있는 대학 졸업자라면 3~4세 아동을 혼자서 13명까지 돌볼 수 있게 허락된다. 그런데 일본에서는 말단 보육사조차도 20명의 3세 아동을 혼자서 돌본다는 것이다.

이것이 내게는 상당한 트라우마가 되었는지, 영국으로 돌아와 일을 하다가 문득문득 20명의 3세 아동에게 둘러싸인 나를 상상해보곤 했다. 세 살은 몸의 발육과 마음의 발달이 가장 불균형한 시기이다. 신체 발달은 더딘데, 갑자기 말은 자기 마음대로 할 수 있게 되는 때이기도 하다. 그 왕성한 기운 탓에 자기 힘을 과신하여 모험에 나서는 일이 많다. 그 때문에 넘어지고 떨어지고 부딪치는 등의 유혈 사고가 많아지는 때이기도 하다.

민간 어린이집에서 일할 때 이런 일이 있었다. 세 살짜리 남자아이 하나가 도대체 무슨 생각을 한 건지 갑자기 교실 안에서 전력질주를 했다. "뛰지 마"라고 하는 순간, 아이는 의자 위로 점프를 했다. 〈정글 북〉이라도 본 건지 점프하면서 크리스마스트리 쪽으로 몸을 날렸다. 아이는 어이없이 추락했고, 탁자 모서리에 머리를 부딪쳐 이마가 찢어지는 대참사가 일어났다. 어린아이의 작은 몸에 그렇게 많은 피가 들어 있었나 싶게 주변은 피로 바다를 이루었고, 사고를 목격한 아이들이 가벼운 쇼크 증상을 일으킬 정도로 처참한 현장이었다. "도대체 너는 무슨 생각으로 그렇게 무모한 도전을 하는 거니?"라고 묻고 싶을 만큼 사고가 빈발하는 곳이 바로 3세 아동의 세계다.

자신이 슈퍼 히어로가 아니라는 것을 제 몸을 통해 직접 배우는 시기이기도 하지만, 또한 여러 가지 일을 실제로 해보면서 탐구하려는 욕망이 생기는 시기이기도 하다. "그런 방식으로는 안 움직일 거야"라는 말을 듣고도 스스로 해보기 전까지는 모르는 일이라며 달려드는, 왕성한 실험 정신으로 머릿속이 가득 차 있다. 예를 들어, 상쾌한 햇볕이 드는 기분 좋은 봄날 어린이집 마당. 큰마음 먹고 탁자를 밖으로 꺼내 옥외 파라솔 아래에서 공작 준비를 하고 있으려니 접착제를 붙이는 데 쓰는 작은 주걱을 가진 아이들이 줄지어 마당 구석으로 달려간다. 무슨 일인가 싶어 쫓아갔더니 글쎄, 벤치 등받이에 묻은 하얀 액체를 주걱으로 긁어서 뜨고 있는 게 아닌가.

"그건 접착제가 아니야."

"하지만 엄청 비슷한데."

"의외로 끈적끈적해서 쓸 만해."

이렇게 말하는 아이들도 있고, 손가락에 묻었다며 혀로 핥는 아이도 있다.

"안 돼애애애! 그건 새똥이라고!"

보육사가 손가락에 갈매기 똥이 묻은 아이를 씻기고, 똥 묻은 주걱을 전부 회수한다. 똥이 끈적끈적하게 묻은 작품을 버리면 아이들은 "내 영혼을 쏟아 부어 만든 작품에 무슨 짓을 하는 거야"라고 울며불며 소리친다. 아이들을 어르고 달랜 후 고무장갑을 낀 채 항균 스프레이를 들고 마당 벤치에 묻은 새똥을 처리하러 간다. 이런 식의 일이 끝도 없이 이어진다. 아무리 생각해도 마당에 20명의 아이들을 풀어놓는 건 적어도 3명의 보육사가 함께 있는 영국에서나 가능한 일이지, 보육사가 겨우 한 사람밖에 없다면 절대로 불가능한 상황이 아닐까.

'도대체 일본의 보육사는 이런 상황에 어떻게 대처할까?' 하는 의문이 있었는데, 일본 공립 어린이집 마당에서 아이들이 노는 모습을 보고는 이해가 되었다. 바깥에서 공작을 하는 탁자 자체가 없었고, 스쿠터와 세발자전거도 없었다. 소꿉놀이에 사용하는 작은 집도, 볼링 세트도, 정글짐도 없었다. 장난감이나 놀이기구가 거의 없는 휑하니 빈 공간에서 아이들이 선 채로 잡담을 하거나 술래잡기를 하고 있었다. 조금 떨어진 곳에는 또 다른 그룹이 모여 서 있었다. 어린이집 마당이 아니라 쉬는 시간의 교정 같았다. 영국의 어린이집이라면 장난감이나 놀이기구가 없는 경우 서로를 장난감 삼아 놀거나, 서로 치고받고 하며 말도 안 되는 일을 벌이는 아이들이 반드시 나올 터였지만 일본의 아이들은 조용히 놀고 있었다. 평소 늘 이런 분위기에서 놀다 보면 특별히 지루하다고 느끼지 못할지도 모르겠다. 그렇다면 사고는 별로 없겠지.

일본의 어린이집에서 여섯 살 아동들이 모두 모여 합주 연습을 하는 모습을 보았다. 아이들은 탬버린과 트라이앵글을 손에 쥔 채 똑바로 서서 연주하고 있었다. 직업이 그렇다 보니, 그 상황에 내가 아는 영국 아이들을 데려다 놓는다면 어떨지 상상해 보았다.

"여기에서 치고, 여기는 쉬고."

이런 전체주의적인 지도는 안 먹히겠지. 모두가 쉬어야 하는 때 엇박자로 탬버린을 치는 청개구리는 반드시 나올 테고……. 그게 더 재미있어 보여 청개구리를 따라 하는 아이들도 일정 정도 나올 것이다. 탬버린을 좌우로 흔들어 찰랑찰랑 소리만 내는 아나키스트도 있을 것이며, "모두 같이 치고 같이 쉬자"라고 보육사가 말하는 도중에도 교실 안은 시끄러운 소리로 야단법석일 터이다.

"할 수 없지……. 그러면 치고 싶은 데서 쳐. 대신 내가 코를 쥐면 한 박자 쉬는 거야. 엉덩이를 치면 두 박자 쉬는 거야. 할 수 있어? 아…… 역시 못하겠지? 너희에겐 너무 어렵겠다, 그렇지?"

이런 도발적인 말을 하면서 연습을 놀이로 바꾸고 더 재미있게, 더 웃기게 하지 않으면 안 될 것이다. 깔깔깔 웃으면서 그 자체를 즐기고 있으리라.

"일본의 어린이집은 정말 엄청나. 3세 반 배치 기준이 1 대 20이더라고."

브라이턴 긴축 탁아소의 책임자인 친구에게 이런 이야기를 하자 그녀도 깜짝 놀란다.

"응? 근데 그거 말단 보육사 기준?"

"응, 일반 보육사가 그랬어. 뭐랄까, 한 사람에게 아이들이 무더기로 모여 있는 느낌이었어."

"아, 그래도 아이들이 예의가 바른 일본이니까 가능한 거겠지? 테헤란에서 국제학교에 있을 때 일본인의 피가 흐르는 아이들을 가르친 적이 있는데, 정말 조용한 게 천사 같았어."

"……."

천사들만 있으니 보육사 수가 적어도 해나갈 수 있는 걸까? 보육사 수가 적으니 아이들이 천사가 될 수밖에 없는 걸까? 어느 쪽이 먼저라고 말하기 어려운 문제다.

브라이턴에서 다른 동료나 같은 일을 하는 사람들에게 이 이야기를 하면 한결같이 이런 반응이다.

"1 대 20이라니, 뭐야 그게. 양치기야?"

"한 살짜리가 1 대 6이라니 엄청나지 않아? 막 한 살이 지났으면 아직 아장아장 걷는 애들도 많을 텐데. 무슨 일이 생기면 어떻게 6명이나 되는 아이들을 데리고 피하지? 일본 아이들은 신체 발육이 그렇게 빨라?"

일본에서 도움을 받은 이노구마 씨의 저서 중에는 『양육이라는 정치』(2014)가 있는데, 이 책에 따르면 2004년부터 2013년까지 10년 동안 보육 시설에서 143명의 아이들이 목숨을 잃었다고 한다. 그 가운데 131명은 0~2세로 일본 보육사 배치 기준 때문에 어린아이들이 목숨을 잃고 있는 것이다. 이에 관해서는 일본에서도 강한 비판이 있는 듯하다. 그런데 이 배치 기준 때문에 일본의 미래에서 사라져가는 것이 목숨 말고 또 있다.

결단력, 창조성, 토론하는 힘. 일반적으로 일본인에게 결여되어 있다고 일컬어지는 것들이다. 이는 내가 아직 일본에 살던 20년 전부터 지금까지 조금도 변하지 않은 듯 보인다. 그런 능력의 결여가 정말로 민족적 특징이 되어버렸다면, 그건 인간의 뇌가 가장 발달하는 시기의 환경과 타자와의 소통 방식 때문이지 않을까. 적어도 영국의 유아 교육 시스템은 시키는 대로 잘 따르는 천사의 대량 생산을 목적으로 하지 않는다.

얼마 전 긴축 탁아소에서는 항상 그렇듯이 토론 놀이를 했다. 영국에는 정부가 정한 EYFS라는, 유아 교육 법체계와 커리큘럼을 합친 '유아 교육의 헌법이자 성경'이 있는데(이노구마 히로코 씨에 따르면 일본에는 그런 것이 존재하지 않는단다), 이에 따르면 만 네 살이 되어 초등학교에 들어가는 아이들은 자기 의견을 분명하게 말하고 다른 사람을 설득하는 노력을 할 수 있어야 한다.

현재 긴축 탁아소에 다니는 아이들의 다수가 이민자 아이들이니 영국 아이들과 제대로 토론(이 나이의 아이들은 아직 자기 생각을 이야기하는 정도이긴 하지만)할 수 있도록 영어 실력을 키워주는 일은 다민족 국가 보육사들의 과제이기도 하다.

토론 놀이에는 '페르소나 돌persona doll'이라는 인형을 사용한다. '페르소나 돌'은 영국의 유아 교육 현장에서 빼놓을 수 없는 교구이자 영국 사회를 구성하는 다양한 아이들의 모습을 한 인형이다. 보육사는 이 인형을 꼭두각시처럼 사용해 아이들이 다양성 사회의 현실과 그 사회를 살아가는 사람으로서 몸에 익혀야 할 매너, 배려의 문제 등을 생각해보게 한다.

애니가 이끌던 저변 탁아소 시절부터 우리 탁아소는 페르소나 돌을 이용한 교육을 중요시했다. 백인, 흑인, 인도인, 안경을 쓴 아이, 휠체어를 탄 아이, 빨간 머리 아이(영국에서 빨간 머리를 한 아이는 '진저'라 부르며 놀리는 경우가 많다), 부르카를 쓴 아이 등등 작은 탁아소치고는 신기할 정도로 많은 인형을 갖추고 있었다. 전에 일하던 민간 어린이집에는 고작 네 개 정도밖에 없었으니.

그런데 누구나 페르소나 돌을 사용할 수 있는 것은 아니었다. 아이들은 자기를 닮은 인형에 강한 애착을 품는 경향이 있다. 흑인 여자아이는 흑인 여아 인형에, 빨간 머리 아이는 빨간 머리 인형에, 안경 쓴 아이는 안경을 쓴 인형에 감정적으로 깊이 몰입한다. 따라서 페르소나 돌은 취급하는 데 위험이 따르는 교구이며, 정식 훈련을 받은 사람만 사용할 수 있다. 우리 탁아소의 페르소나 돌 담당 책임자는 이란인 친구였다.

이날은 최근 점점 더 심각해지고 있는 세발자전거 강탈 문제를 주제로 이야기를 나눴다. 갱스터 래퍼 켈리에 의한 세발자전거 강탈 사건 피해자가 몇 달이나 끊이지 않고 발생하자 유아들 사이에서도 저항의 공동 전선이 생겼고, 며칠 전에는 결국 탁아소 마당에서 서로 밀고 때리는 난투 사건으로까지 발전했다.

둥그렇게 둘러앉은 아이들 가운데 이란인 친구가 앉았다. 먼저 인도인 소녀 인형을 손에 쥐고 엉엉 울리다가 인형에게 "왜 그래? 무슨 일 있어?" 하고 말을 걸었다. 그리고 인형을 귀 쪽으로 기울여 "뭐? 누가 장난감을 빼앗았다고? 응응……" 하고 듣는 척을 하더니 "조시, 잠깐 이리 와볼래?" 하고 선반 위의 백인

인형에게 말을 건다. 여기서 내가 시나리오에 따라 조시라는 이름의 백인 소녀 인형을 친구에게 건넨다.

"조시, 아까는 왜 그랬어?"

친구가 말을 걸어도 인형 조시는 대답하지 않는다.

"조시, 대답해볼래?"

친구가 반복해서 묻지만 대답하지 않는 인형 조시 대신에 우등생 안나가 말했다.

"조시는 장난감을 독차지하고 싶었던 거야."

"정말 그래, 조시?"

친구가 이렇게 말하며 인형 조시의 머리를 끄덕이게 했다.

"그러면 안 돼, 조시. 그런데 그러면 안 되는 이유는 뭘까?"

친구의 물음에 아이들이 하나 둘 대답하기 시작했다.

"같이 써야 하니까."

"장난감은 같이 써야 해. 책이랑 간식도 그래."

"같이 쓰는 거, 같이 쓰는 게 중요해."

그렇다. 영국의 보육 시설에서 유아가 '배설'과 함께 처음으로 철저하게 배우는 개념이 바로 '같이 쓰기sharing', 즉 '분배'이다. 영국의 보육 현장에서는 이 개념을 철저히 가르치기 위해 장난감을 가지고 놀고 싶은 아이가 여러 명 있는 경우, 아이들의 이름을 화이트보드에 써놓고 차례대로 5분씩 사용하게 한다든가 모래시계를 이용한다든가 해서 반드시 지키게 한다. 이런 걸 보면 영국 정치에서 '분배'의 개념이 중요시되는 것은 어릴 적부터 들여놓은 습관에 그 뿌리가 있는 것이 아닐까 싶다.

"왜 같이 쓰는 게 중요할까?"

친구는 인형 조시에게 물었다. 조시는 아무 말도 하지 않는다. 문득 켈리의 얼굴을 보니 '이 녀석들 도대체 뭐하는 거야'라는 듯 반항적인 표정을 짓고 있다.

"같이 쓰지 않으면 장난감을 못 가지고 노는 아이가 슬프니까."

"같이 쓰지 않으면 싸우니까."

"같이 쓰지 않으면 공정하지fair 않으니까."

오오, 분배하지 않으면 공정하지 않다는 주장을 네 살짜리가 말하고 있었다.

'같이 쓰기니 공정하게니 내가 알게 뭐야'라는 냉랭한 눈으로 앉아 있던 켈리가 "화장실" 하고 천천히 일어났다. 화장실로 이어진 통로에는 어른이 아무도 없기 때문에 내가 켈리를 따라 나갔다. 화장실 칸 안으로 들어간 켈리는 나오지 않았다. 아마 모두 자기 이야기를 한다는 것을 알아서겠지 싶어서 나는 큰 소리로 랩을 하듯 반복해서 노래를 불렀다.

"같이 쓰지 않는 건 공정하지 않은 거야! 같이 쓰지 않는 건 공정하지 않은 거야It's not fair, if you don't share! It's not fair, if you don't share!"

랩을 좋아하는 켈리가 나에게 반응하지 않을까 생각했다.

"라임이 딱딱 맞는 완벽한 랩이지? 멋지지?"

밝은 목소리로 외치니 무뚝뚝한 표정의 켈리가 밖으로 나왔다. 켈리는 아무 말 없이 수도꼭지를 틀어 손을 씻고는 물기 닦는 휴지를 잡아당겼다. 그런데 여러 장을 한꺼번에 잡아당겼는지 플라스틱 케이스 안에서 많은 양의 휴지가 와르르르 바닥으로 쏟아져 나왔다.

"아이고, 너무 많이 나왔네. 휴지가 잘 접혀져 있지 않았나 보다."

나는 이렇게 말하며 바닥에 떨어진 휴지를 주웠다. "미안"이라는 말이 머리 위쪽에서 들린 것 같았다.

"응?"

내 말에 켈리는 쪼그리고 앉아 자기가 떨어뜨린 휴지 몇 장을 집어 쓰레기통에 넣었다. 그러더니 일어나 휙 돌아서서 등을 보이며 반항적인 투로 랩을 했다.

"같이 쓰지 않는 건 공정해! 같이 쓰지 않는 건 공정해It IS fair, if you don't share! It IS fair, if you don't share!"

켈리는 게 다리를 하고서는 기세등등하게 모두가 있는 교실로 돌아갔다. 나는 순간 웃음이 터졌다. 내가 한 랩이 서툴러 알기 쉬웠다고는 해도 네 살짜리 아이가 즉흥적으로 변주할 정도라니, 아무튼 뛰어난 능력이다.

문득 일본의 어린이집에서 바른 자세로 서서 합주하던 아이들이 떠올랐다. 일본의 보육사나 아이들에게는 이렇게 1 대 1로 상대할 시간이 얼마나 허락될까. 일본 정부는 향후 배치 기준을 지금보다 더 완화하여 보육사 한 사람이 돌볼 수 있는 유아의 수를 늘려 대기 아동 문제를 해결할 생각이라고 들었다.

일본국 후생노동성 분들께

보육사 배치 기준의 탄력성 강화는 일본 아이들의 더 심한 '천사화'를 초래할 우려가 있습니다. 그렇게 한다면, 얄밉긴 해도 사랑받아야 하는 우리 개성 있는 악마들이 자라날 땅을 빼앗을 가능성이 있으니 제발 재고해주시길 바랍니다.

긴축 탁아소 시절

어느 날이었다. 아홉 살짜리 아들이 학교에 가 있는
동안, 나와 배우자 앞으로 아들의 글씨체로 쓰인 편지가 왔다.
받는 사람 이름은 미스터 & 미세스 브래디로 되어 있었다. 어딘
가 묘한 기분이 들었지만 일단 봉투를 뜯었다.

사랑하는 어머니, 아버지께

오늘 부모님께 작별을 고하고 나자 저의 가슴은 슬픔으로 찢어질
듯했습니다. 용기를 내보려 했지만 제 감정을 억누를 길 없어 눈물
이 뺨을 타고 흘러내렸습니다. 하지만 다행히도 열차 안에서 같은
반 친구 제임스를 만나 옆에 앉았습니다. 제임스는 제게 힘을 내라
며 레몬 하나를 주었습니다.

여기까지 읽은 나는 침실로 들어가, 밤 근무를 마치고 돌아와 잠들어 있던 배우자를 두드려 깨웠다.

"이것 좀 봐봐."

배우자는 눈을 비비며 편지를 보더니 일어나 앉았다.

"뭐야, 이거. 이 녀석 갑자기 가출이라도 한 거야?"

하지만 편지를 꼼꼼히 읽어보더니 이렇게 말했다.

"아, 이거 학교 수업에서 한 거 같은데."

"학교 수업?"

"응, 저기 있잖아. 왜 얼마 전에 피난 복장으로 학교에 가야 하는 날이 있었잖아. 그 일환으로 학교에서 편지를 쓰고 선생님이 그걸 모아 보호자들에게 부친 거 같아."

배우자의 말을 듣고서야 겨우 납득이 되었다. 아들 학년의 이번 학기 학습 주제는 제2차 세계대전이다. 그래서 모든 아이가 그 당시의 피난 가는 차림을 하고 학교에 간 날이 있었다. 남학생은 셔츠에 털실로 짠 조끼, 반바지를 입고 머리에는 사냥 모자를 썼다. 여학생은 머리를 양옆으로 땋아 내리고 원피스에 카디건을 입고 흰 양말을 신었다. 손에는 트렁크나 당시 피난 가던 아이들이 지녔을 법한, 손에 들 수 있도록 끈으로 묶은 종이상자를 가지고 등교했다. 트렁크나 상자 안에는 전쟁 중 피난 아동의 소지품(테디베어, 갈아입을 옷, 잠옷, 책 등)을 넣어야 했다.

그러니까 이 수업을 하던 날, 학교에서 아이들은 전쟁 중에 피난을 가는 아이가 된 기분으로 부모에게 편지를 쓴 것이다. 그날 아침 부모와 작별을 하고 나왔다는 설정으로 그 마음을 상상해 적었으리라.

우리는 피난할 집으로 안내해주는 사무소에 도착해서 위탁 가정을 소개받았습니다. 위탁 가정이 어떤 식으로 아이들을 취급하는지에 관해 무서운 소문을 들었기 때문에 저는 몹시 걱정이 되었습니다. 저를 맡아주는 분은 미스터 스미스와 미세스 스미스입니다. 그들은 소, 양, 닭, 말, 돼지가 있는 농장을 하고 있습니다. 아주 커다란 밀 농장도 있습니다. 다행히도 제임스가 바로 집 근처에 있어서 그 집에서 공을 차며 둘이서 놀았습니다.
하루라도 빨리 다시 어머니, 아버지를 만날 수 있으면 좋겠어요. 착하게 말 잘 듣고 있을게요. 약속해요. 금방 또 편지할게요.

그래 봤자 코스프레의 연장일 뿐인데 아들의 글씨체로 된 이런 내용의 편지를 읽으니 신기하게도 정말로 가슴이 아팠다. 아마 오늘 아이의 편지를 받은 부모들 모두가 같은 기분이었으리라.
'제2차 세계대전'이라는 학습 주제는 역사 교육 과정의 하나인 모양인데, 아이들에게 피난 아동 코스프레를 시키고 부모들에게까지 자기 아이를 피난길에 오르게 한 기분을 맛보게 하다니……. 전쟁이란 무엇인지를 풀뿌리 수준에서 생각해보게 하는 아주 효과적인 방법인 것 같다.
영국의 초등학교에서는 이런 일이 자주 있다. 작년에는 아들

학년 전원이 빅토리아 왕조의 어린이 노동자(남자아이는 굴뚝 청소부, 여자아이는 하녀) 차림을 하고 학교 근처에 있는 빅토리아 시대의 건축물에 들어가 당시 빈곤층 아이들의 생활을 체험해보는 수업을 했다. 그 수업을 한 뒤에 우리 아들은 자주 '인권human rights'이라는 말을 입에 올렸다.

만약 여기가 일본이었다면 자유주의자들이 "전쟁 이전이나 전쟁 중의 가난한 시대를 아이들에게 체험시키다니"라며 눈에 쌍심지를 켜지 않았을까. 하지만 영국의 공립 초등학교에서는 그다지 특별할 것도 없는 흔한 일이다.

'전쟁이 있었습니다. 그리고 전쟁이 땅 위의 사람들에게 끼친 영향은 이러한 것이었습니다. 빈곤이 있었습니다. 그리고 빈곤이 인권에 대한 죄라 일컬어지는 이유는 이러한 상황이 되기 때문입니다.'

영국의 역사 교육에서는 체험학습을 통해 이러한 것들을 가르치는 모양이다. 그때마다 다른 의상을 준비해야 한다는 게 부모로서는 번거로운 일이지만, 영국 초등학교 커리큘럼에는 코스프레 수업이 다 들어가 있다.

이런 교육을 실시하는 영국이지만, 여전히 빈곤이 존재하며 전쟁 또한 벌이고 있다. 흔히 빈곤과 전쟁은 이어져 있다고들 하는데, 영국 빈민가에 살다 보면 빈곤과 전쟁의 연결고리가 일상적으로 눈에 들어온다. 갱스터 래퍼 켈리의 언니 비키에게도 그런 범주에 들어갈 만한 일이 있었다. 비키가 켈리를 데리러 올

때 항상 같이 오던, 어딘가 불량해 보이던 남자친구가 요즘 보이지 않는다 했더니 글쎄 군에 입대했다는 것이다. 비정규직, 저임금, 불안정, 미래가 없는 노동 형태를 견디지 못하고 결국 군대에 취직했다는 것이다.

가난한 거리의 청년이 군대에 가는 것은 흔한 일이다. 빈민가 사람들 가운데 가족과 이웃 중에 군인이 있어 열렬히 군대를 지지하는 경우가 많고, 노동자 계급을 지지 기반으로 하는 우익 정당의 지지율이 상승하는 것의 배경에는 이런 사정이 있다.

벌써 10년 전 이야기다. 보육사 자격 취득을 위한 강좌를 들으러 가던 어느 날 아침, 엄청난 교통 체증으로 버스가 전혀 움직이지 않았다. 도대체 무슨 일인가 싶어 창밖으로 머리를 내밀고 보았더니 눈앞에서 말이 천천히 걸어가고 있었다. 유리로 만든 마차가 도로 한가운데를 행진하고 있었던 것이다. 유리 너머에는 유니언잭 깃발(영국 국기-옮긴이)로 감싼 관이 있었다. 전사한 영국 군인의 장례식을 그때 처음 보았다. 덕분에 강의 시작 시간을 한참 넘겨서야 교실에 도착했는데, 같은 강좌를 듣는 젊은 보육사 견습생이 복도 구석에 쪼그리고 앉아 멍하니 천장을 바라보고 있었다.

"무슨 일 있어?"

옆에 가서 등을 쓰다듬었더니 그녀는 빨갛게 충혈된 눈으로 나를 보며 말했다.

"친구가 아프가니스탄에 갔다가 죽어서 돌아왔어."

전쟁을 하는 나라에서의 삶이란 이런 것인가 싶었다. 그때 복도 구석에 앉아 눈물을 뚝뚝 흘리던 친구도 비키와 마찬가지로 하층 계급 소녀의 옷차림이었다. 당연히 그 옷차림은 코스프레가 아니다. 그리고 그들의 가족, 친구, 연인에게 전쟁과 군대는 역사 속의 이야기가 아니다. 오늘, 여기, 자기 생활의 일부인 것이다.

"판도라 팔찌를 받았어."

이렇게 말하며 비키가 자랑스럽게 은팔찌를 보여주었다. 가난한 집 소녀에게 판도라 팔찌란 돈 있는 연인을 찾았다는 표식이다. 팔찌에 추가하는 '참charm'이 하나씩 늘어날 때마다 친구 그룹에서 소녀의 지위는 한 단계씩 올라간다.

"이번에는 미키 마우스와 미니 마우스 참을 받기로 했어."

기뻐하는 비키를 보며 켈리가 말했다.

"나도 미키 팔찌 갖고 싶어."

"넌 아직 너무 어려. 이건 비싸거든."

비키는 동생의 머리를 콕 찌르며 만족스러운 미소를 지었다.

코스프레라면 탁아소에도 있다. 영국의 보육 시설에는 반드시 '변장 놀이dress up' 코너가 있다. 거기에는 슈퍼 히어로나 디즈니 공주, 소방관 같은 다양한 코스튬이 걸려 있어 아이들이 자유롭게 입고 놀 수 있다. 서너 살이 되면 아이들에게 이미 젠더 의식이 자리 잡아 성차를 뛰어넘어 '크로스 드레싱cross dressing'을 하는 아이는 몇 명 정도로 간주려진다.

현재 탁아소에서 여성 캐릭터 복장으로 꾸미는 남아는 큰 눈이 인상적인 인도인 소년이다. 이 소년에게는 초등학생 누나가 있어 자주 같이 논다고 한다. 아이의 아버지는 아이가 누나의 바비 인형을 가지고 노는 모습을 보면 무섭게 꾸중을 한다는데, 아이가 탁아소의 '변장 놀이' 코너에서 공주나 간호사 복장을 하려는 것은 그 때문인지도 모르겠다.

한편, 남자 캐릭터 복장으로 꾸미는 여아는 단연코 켈리다. 그런데 켈리는 마블의 슈퍼 히어로에는 전혀 관심이 없고(마치 비키처럼 "나는 어린애가 아니거든"이라고 말한다) 경찰이나 목수 같은 소위 '일하는 아저씨' 계열의 코스프레를 마음에 들어 했다.

"배트맨은 강하지만, 경찰관이나 목수처럼 일을 한다고 돈을 받는 게 아니니까 도움이 안 돼."

'사회복지 삭감 시대'의 빈민가 아이들은 이런 말을 한다. 노동자 계급 젊은이들이 실업보험금을 수령하면서 제2의 비틀스나 찰리 채플린을 꿈꾸던 영국은 이제 먼 과거의 일이 되었다. 지금은 갱스터 래퍼 켈리조차도 평범하게 일해서 임금을 받는 것이 빈민의 출세라 여긴다.

며칠 전의 일이다. 언제나처럼 긴축 탁아소의 아이들이 '변장 놀이'를 하며 놀고 있었다. 〈겨울왕국〉의 엘사나 아이언맨, 카우보이 등이 주변을 걸어 다니고 있었다.

"이거 입고 싶어."

공룡 코스튬을 가져온 아이에게 옷을 입히고 있으려니,

"저거 좀……."

자원봉사자 레이철이 말했다. 레이철이 가리키는 쪽을 보니 켈리가 예의 '일하는 아저씨' 풍의 코스튬을 입고는 레고로 열심히 무언가를 만들고 있었다.

"응? 무슨 일이에요?"

그 광경이 그다지 이상해 보이지 않았던 내가 반문했다.

"켈리가 입은 코스튬, 새 거야?"

레이철이 말했다.

"네? 그리고 보니 얼마 전에 보호자 한 명이 코스튬을 기부했는데 그중 하나일지도 모르겠네요."

"저거 군복 맞지?"

레이철은 미간을 찡그렸다. 그 말을 듣고 보니 몸을 탁자에 붙이고 있어 잘 보이지는 않았지만 켈리의 감색 재킷에는 금빛 단추가 달려 있었고, 가슴팍에는 훈장 같은 형태의 자수가 놓여 있었다. 켈리가 앉은 의자 뒤편에는 엠블럼이 붙은 군모가 떨어져 있었다.

"왜 저런 옷이 변장 놀이 코스튬에 끼어 있었지?"

레이철은 노골적으로 불쾌함을 드러냈다.

"저걸로 놀게 놔둬도 되는 거야?"

"아니, 그러면 안 되지만…… 지난주에 우리가 바빠서 기부하러 온 어머니가 알아서 코스튬을 꺼내 옷걸이에 걸어주셨거든요. 그분은 이 탁아소 규칙을 몰랐나 봐요."

내가 말했다. 영국의 장난감 가게에서는 제2차 세계대전 당시의 군복이나 현재 영국군의 전투복 등의 코스튬을 아무렇지 않게 팔고 있다. 하지만 보육 시설에는 보통 그런 것을 두지 않는다. 특히 이 탁아소는 오랫동안 책임자였던 애니가 반전주의자에 비폭력주의자였기 때문에 정책적으로 아이들이 군복을 입는 것은 물론 무기를 그리거나 만드는 일조차 허락되지 않았다. 군대나 전쟁 관련 일러스트가 포함된 그림책도 절대로 두지 않는 것이 탁아소의 정책이었다. 레이철은 애니 시절부터 자원봉사를 하러 오던 초로의 여성으로 반전 운동, 핵폐기 운동을 하는 사람이었는데 켈리가 군복을 입은 것을 보고 충격을 받은 모양이었다.

하지만 켈리가 그런 사정을 알 리 없었다. 검정색과 갈색 레고만 모아 무엇을 만드나 했는데, 앞이 뾰족한 막대기 같은 것을 만들어서 빵빵 총을 쏘듯 가지고 놀았다. 레이철이 의자에서 벌떡 일어나더니 켈리에게 다가가 말했다.

"그거 나 줄래?"

켈리는 한동안 레이철을 노려보며 가만히 있다가 반항적인 말투로 대답했다.

"갖고 싶으면 직접 만들어."

"그런 거 갖고 싶지 않아요. 하지만 이 탁아소에서는 그런 걸 가지고 놀면 안 돼요."

"'그런 거' 아니야. 이건 총이라고."

그냥 주면 될 것을 켈리는 꼭 이렇게 말한다.

"탁아소에서는 무기를 만들지 않아요. 무기를 가지고 놀아도 안 됩니다."

레이철은 냉정한 말투로 켈리가 말을 듣게 할 생각이었지만, 목소리가 이미 뾰족해져 있었다. 아이는 눈치가 빨라서 어른이 이성을 잃으면, 약해져 있구나를 금방 알아챘다.

"빵, 빵, 빵, 빵!"

켈리는 레이철의 얼굴에 총을 겨누고 쏘는 흉내를 냈다.

"이리 내!"

레이철은 켈리의 손에서 레고 총을 빼앗으려 했다. 하지만 켈리가 격렬하게 저항하는 바람에 총은 반으로 부러진 채 바닥에 떨어져 산산조각이 나고 말았다. 그걸 주우려 하는 켈리를 막기 위해 레이철은 켈리 앞에 쪼그리고 앉았다.

"그 옷도 벗어요! 애초에 그런 옷이 여기에 있는 것 자체가 이상하다고요!"

레이철은 켈리가 입은 군복을 벗기려고 했다.

"아니, 그렇게까지 억지로 벗길 필요는 없잖아요."

내가 그쪽으로 가서 켈리를 안아 올렸다.

"아이들이 그런 옷을 입는 것은 틀렸어요. 아이들만이 아니에요. 누구든 그런 옷을 입는 것은 틀렸습니다. 그러니까 탁아소에서 금지하는 거예요. 애니가 있었다면 당연히 바로 벗겨서 처분했을 거예요."

레이철이 나를 보며 말했다. 이란인 친구가 자기 나라에 다녀오는 동안 책임자 대리로 탁아소를 운영하던 나의 방식에 항의

하는 것이리라. 켈리는 분하다는 듯 눈물을 글썽이며 내 가슴에 머리를 기대고 분연히 말했다.

"'그런 거'가 아니야. 이건 케빈 옷이란 말이야."

케빈은 비키의 남자 친구다. 레이철이 '그런 잘못된 옷은 여기에서 얼른 없애야 해'라고 한 그 옷을 케빈이 입고 일한다는 것이다. 그런 케빈을 비키와 켈리가 얼마나 자랑스럽게 여기는지 나는 안다. 실업자도, 비정규직도 아닌 안정된 직업을 가진 케빈은 이 자매에게 유일한 희망이다.

"그러게, 이건 '그런 거'가 아니야. 영국 군대에서 일하는 사람들이 입는 옷이야."

켈리의 작은 등을 쓸어주면서 내가 말했다.

"어머나 당신, 실은 그런 사람이었구나. 몰랐네."

레이철은 이런 말을 내뱉고는 교실에서 나갔다. 한동안 안고 있다가 내려놓으니 켈리는 캐비닛 옆의 거울로 가서 물끄러미 자기 모습을 비춰 보았다. 자기가 입은 옷의 어디가 잘못된 것인지 유심히 찾는 듯했다.

"아주 잘 어울려. 케빈보다 멋져."

내가 이렇게 말하자 켈리는 활짝 웃으며 기분 좋게 말했다.

"고마워."

켈리에게는 미소를 지었지만 실은 땅이 꺼지는 듯한 기분이었다. 켈리가 다음에 탁아소에 올 때는 케빈의 옷이 더 이상 여기에 없을 것이기 때문이다.

EU 탈퇴에 관한 찬반 국민투표가 영국을 분열시켰다. 데이비드 캐머런 수상은 도대체 왜 또 이런 짓을 하는 걸까. 위정자라면 보통 판도라의 상자는 자물쇠로 잠그는 법이다. 그런데 제 손으로 기꺼이 판도라의 상자를 열다니 신기한 사람이다. 캐머런은 곧 퇴임할 사람이니 상관없겠지만 이 나라에 사는 사람들은 판도라의 상자에서 뛰쳐나온 것들과 함께 앞으로도 계속 평생을 살아야 한다.

국민투표 전 영국의 분위기는 장난이 아니었다. 이 또한 누가 생각해냈는지 모르겠지만, 무모하게도 2016년 유럽선수권(통칭 유로) 축구대회 개최에 맞춰 투표를 실시했으니 안 그래도 내셔널리즘 분위기가 고양된 하층 계급이 사는 거리의 투표 결과는 잉글랜드가 언제 패퇴할까에 달려 있는 듯한 느낌마저 들었다.

긴축 탁아소 시절

"꺼져, EU."

"우리는 나갈 거야."

근처 펍의 테라스에서 축구를 보던 아저씨들의 입에서는 몇 차례나 이런 말이 나왔다. 이런 호전적인 분위기가 만연하자, 폴란드인 친구는 "요즘은 마음 편히 들어가지 못하는 펍이 몇 개나 생겼어"라고 말했다. 그렇다고 이번 국민투표 결과를 보고 "아, 정말 싫다. 이제 모두 우경화되어버렸어"라며 언제나처럼 손쉽게 결론을 지어서는 안 될 것 같았다.

"이건 '노동자 계급의 폭동'이다."

『가디언』의 칼럼니스트 존 해리스는 이렇게 썼다. 영국은 원래부터 노동자 계급이 자부심을 갖고 사는 나라다. 종전 직후 탄생한 클레멘트 애틀리 수상의 노동당 정권은 국가건강서비스라는 국가 무료 진료 시스템을 구축하고, 대규모 공영 주택을 건설하고, 대학 수업료를 철폐하는 등 생활의 최저 수준을 끌어올리는 정책을 철저하게 시행했다. 그 효과가 일제히 꽃을 피운 시기가 1960년대였다. 계급 유동성이 없는 사회에 갇혀 부모와 같은 일을 하고 같은 인생을 걸을 수밖에 없었던 아이들이 대학에 진학하고, 그 부모들은 꿈조차 꿀 수 없었던 직장에 취직했다. 배우, 디자이너, 저널리스트, 뮤지션, 작가, 예술가. 그때까지만 해도 중산층 자녀들이 독점하던 업계에 새로운 계급의 다른 사고방식과 다른 감각을 지닌 사람들의 에너지가 흘러 들어왔다.

태어난 계급의 다양성(중산층과 노동 계급의 만남과 융합)에서

'스윙잉 런던Swinging London'이라 불리는 1960년대 영국 청년 문화가 생겨났다. 특히 비틀스를 낳은 대중음악 장르는 전 세계로 뻗어나가 선풍적인 인기를 얻었다. '브리티시 인베이전British Invasion(1960년대 중반의 문화 현상으로 대중음악을 중심으로 한 영국 문화가 미국에서 큰 인기를 얻으며 대서양 양안의 반反문화, 대항문화로서 크게 발흥한 것-옮긴이)'이라는 말까지 만들어질 정도였다.

노동자 계급 젊은이들은 '쿨한' 존재로서 유복한 계급 젊은이들에게 선망의 대상이 되었으며, '촌스러운 상류, 중류 계급과 멋진 노동자 계급'이라는, 지금은 믿기 어려운 프레임이 만들어졌다. 이 멋진 젊은이들을 상징하는 인물로 가장 먼저 노동자 계급 출신 패션모델 트위기나 제임스 본드의 길거리 버전이라 불린 '해리 파머Harry Palmer 시리즈(렌 데이턴의 소설을 원작으로 하는 스파이 영화로 노동자 계급 출신 스파이 해리 파머가 주인공이다-옮긴이)'의 주인공 마이클 케인을 들 수 있겠다.

그러나 이 흥미진진한 계급 유동성은 먼 과거의 이야기가 되고 말았다. 오늘날 영국의 노동자 계급 젊은이들은 '차브'라고 불리며 쿨은커녕 촌스러운 사회악으로 간주된다. 마치 전쟁 전으로 돌아간 듯 중산층 젊은이들이 유행을 만들어내고 있다.

"계급은 그 자리에서 이동 가능한 선택지를 가지고 있느냐 아니냐에 붙은 명칭이야."

예전에 일하던 민간 어린이집에서 3세, 4세 아동 반 주임을 맡았던 30대 여성은 이렇게 말했다. 그녀는 몹시 총명하고 유능한 여성이었으나 노동자 계급의 싱글맘 가정에서 자라 대학을 다니지 못했다. 마침 노동당 정권에서 주임급 보육사가 대학에 진학할 때 유아 교육을 전공하면 학비를 받지 않았기 때문에 그녀도 대학에 다닐 준비를 하고 있었다. 하지만 보수당 정권으로 교체되자 그 꿈은 산산조각이 났다.

"격차는 당연하다고 생각해. 부유한 사람과 가난한 사람은 어느 시대, 어떤 곳이든 있으니까. 문제는 하층 계급에 속한 사람이 거기서 탈출할 가능성을 열어두지 않는 사회라고."

오늘날 영국 사회는 계급 고정이 한층 심화된 듯하다. 물론 격차가 벌어지는 것도 싫지만, 그보다 아무리 노력해도 자신들이 '쿨해질' 수 있는 시대는 두 번 다시 오지 않을 거라는 갑갑함이 하층 계급 사람들을 절망하게 한다.

비행기는 오른쪽 날개와 왼쪽 날개가 균형을 이루며 날아간다. 그런데 현재 영국은 위쪽 날개와 아래쪽 날개로 날고 있는 셈이니 마치 기울어진 상태가 일반적인 것처럼 인식된다. 그러다 가끔 뒤집히기도 하고, 금방이라도 거꾸로 떨어질 듯하니 실로 불안정하기 짝이 없다. 똑바로 날아갈 수가 없는 것이다.

긴축 탁아소에 새로운 자원봉사자가 왔다. 린지라는 이름의 열여덟 살짜리 아이였는데 어린 시절 이 탁아소에 다녔고, 의무교육이 끝날 무렵 알코올과 약물에 빠져 목숨을 잃을 뻔했다가 재활 과정을 거쳤다고 한다. 린지는 갱스터 래퍼 켈리와 빙글빙글 도는 잭이 이전에 다니던 곳, 그러니까 의존증 여성 지원 시설 내 탁아소에서도 자원봉사를 한 적이 있었다. 그곳이 폐쇄되면서 민간 어린이집에서 견습생으로 일하며 보육사 자격증을 따려고 했는데, 일을 시작한 지 몇 달 만에 알코올과 약물에 의존하던 과거가 보호자들에게 알려지면서 더 이상 일을 지속할 수 없을 만큼 공격을 받았다고 한다. 나에게도 같은 상황의 젊은 동료가 있었다.

"내가 전에 일하던 어린이집에서도 비슷한 일이 있었어. 사람들이 유언비어를 퍼뜨리고 괴롭히는 바람에 그 친구는 결국 그만뒀지."

내가 이렇게 말하자 린지가 말했다.

"아, 그 망한 곳 말이지요? 거기 다니던 아이들이 우리 어린이집으로 많이 왔어요."

소름이 끼쳤다. 나는 작업하던 손을 멈췄다. 밑바닥 냄새를 풍기는 젊은 동료를 직장에서 몰아낸 어머니들은 '이제 아무 걱정할 게 없어. 우리 아이가 다니는 어린이집에서 품위 없는 보육사가 사라졌으니' 하면서 기뻐했으리라. 하지만 보육사를 경찰에 신고해 잡혀가게 하는 등 지나친 행동 때문에 그 어린이집은 평판이 나빠져 결국 문을 닫을 수밖에 없었다. 어머니들은 자기 아이를 맡길 곳을 잃어버리고 만 것이다. 자업자득이다. 그 때문에 새로운 어린이집을 찾다가 린지가 있던 곳에 아이들을 보낸 것인데, 거기서는 또 린지를 몰아냈다는 말인가.

"망한 어린이집에서 온 부모들이 제일 심하게 괴롭혔어요."

아니, 이런 식이라면 아래쪽에게 위쪽에 대해 반감을 갖지 말라고 하는 게 이상한 말 아닌가. 분명 아래쪽이 위쪽을 증오하지만 그 역방향의 혐오도 있기 때문에 상황이 증폭되는 게 아닐까. 도대체 왜 이렇게까지 집요하게 싫어하는 것일까.

"여기선 절대 그런 일 없을 거야."

내 말에 린지는 소리는 안 냈지만 마치 '흥' 하는 소리가 날 것 같은 얼굴로 웃었다. 이미 일부 외국인 어머니들의 태도를 보고 분위기를 파악한 것이 틀림없었다.

켈리의 언니 비키의 그림책 낭독 자원봉사가 시작된 후, 아이들이 비키를 따르는 모습에 마음을 놓은 어머니들도 있지만 그렇지 않은 어머니들도 있었다. 그들이 어떤 눈으로 린지를 보았을지는 쉽게 상상이 간다. 사람은 말 한마디 없이 눈빛만으로도 타인을 배제할 수 있다.

"아, 가끔 불친절한 사람들이 있을 수는 있는데……. 있잖아, 그건 문화적인 차이니까."

린지에게 그렇게 말하면서 문득 생각했다. 내가 9년 전에 이 탁아소에 처음 왔을 때는 아이들도, 직원들도, 자원봉사자들도 영국인이 다수였다. 린지가 이 탁아소를 다니던 때에도 분명 그랬을 것이다.

"좀 이상한 느낌이지? 긴 시간이 지나 이 탁아소에 돌아오니."

내가 이렇게 묻자, 린지가 대답했다.

"사실 처음부터 여기서 자원봉사를 하려고 했는데, 이제 여기는 외국인밖에 고용하지 않는다고 해서 안 온 거예요."

"응? 누가 그런 말을 해?"

"전에 여기 다니던 사람들이."

"……."

나는 할 말을 잃었다. 이전 책임자였던 애니가 5년 전 이곳을 떠난 후 한동안 복수의 공동 책임자가 있었고, 그들은 모두 이민 자였다. 지금도 이란인 친구가 책임자이며 일본인인 내가 보좌를 한다. 예전에 이곳을 이용하던 사람들이 이에 대해 이러쿵저러쿵 떠들고 있음이 틀림없다.

"그렇지 않아. 지금은 이 센터 자체가 이민자 대상 영어 코스밖에 운영을 안 하니까 그 아이들을 맡는 것이 주요 업무지만, 켈리나 잭 같은 지역 영국인 아이들도 오고 있어서 나름 균형이 잡혀간다고 반가워하고 있었어, 우리는."

"내가 여기 다니던 때에는 근처 아이들이 모두 여기로 왔고, 직원들도 많았고……. 뭐랄까, 나도 어린아이였으니까 그랬던 건가. 굉장히 커다란 탁아소였던 것 같은데, 지금 돌아와 보니 엄청 작네요. 그리고 어딘가 쓸쓸해요."

린지는 그렇게 말하며 미소 지었다. 린지 역시 하층 계급 소녀들의 옷차림을 하고 있지만, 비키나 켈리 같은 '기 센 언니'의 느낌은 없었다. 말 붙이기 쉬운 부드러운 인상을 주는 아이다.

"뭐, 나도 실은 이 탁아소에 다시 왔지만, 예전이랑 비교하면 확실히 활기가 줄었어."

이렇게 말하는데, 잭이 울었다. 현관 울타리 틈으로 넣은 손이 바깥으로 쑥 빠져나온 채로 말이다. 잭의 손이 가리키는 방향에는 작은 유아용 스케이트보드가 있었다. 최근에 잭은 엄마의 새 남자친구에게 받은 스케이트보드를 옆구리에 끼고 쿨하게 탁아소에 왔다.

"잭, 안 돼. 스케이트보드는 탁아소 안에서 타면 안 돼."

린지가 울타리 쪽으로 달려가 잭의 손을 잡고 데려왔다. 잭의 어머니가 새로 만나는 연인은 드레드록 스타일의 금발머리에 히피와 아나키스트를 섞어놓은 듯한 개성적인 외모의 남성이었다. 그가 잭을 데리러 오면 인도계와 파키스탄계 엄마들은 좀 꺼려하는 듯 보였다. 스케이트보드에 대해서도 말이 많았다.

"유아용으로 특수하게 만든 스케이트보드는 많이 비쌀 텐데 어디서 그런 돈이 나서⋯⋯."

"저 사람들 제대로 일하는 것 같지도 않던데⋯⋯."

화장실에서 이런 이야기를 들은 적도 있다. 그도 그런 시선에 짜증이 났는지, 처음 왔을 때만 해도 '러브 & 피스Love & Peace'를 믿는 사람답게 모두에게 상냥하게 대하고 농담을 건네며 웃기려 들더니 외국인 어머니들이 전혀 관심을 주지 않자 요즘에는 눈도 마주치지 않았다.

예전에 이 탁아소가 번성하던 시절에도 모든 사람이 사이가 좋고 아무런 감정의 앙금 없이 아이를 맡기거나 일했던 건 아니다. 서로 다른 인종, 종교, 사상, 성적 지향을 가진 사람들이 만나자마자 하나가 되어 아름다운 하모니를 내는, 그런 꿈같은 일은 존 레넌의 노래에서나 가능하지 않을까. 하지만 그때는 모두 조금은 더 어른스러웠다. 자기 감정을 이렇게까지 대놓고 드러내지 않았다.

"왜 이렇게 분위기가 거칠어졌을까?"

내가 이렇게 말하자 이란에서 돌아온 지 얼마 안 된 책임자 친구가 말했다.

"모두 여유가 없어서 그래. 작은 파이를 서로 빼앗으려 하는데, 그 파이가 점점 작아지고 있으니까.

"아아, 역시 긴축이 문제인가."

"재정 지출이 줄어들면 사람의 마음도 작아지는 모양이지."

이렇게 말하며 친구는 웃었다. 마음의 디플레이션. 머릿속에 그런 말이 떠올랐다.

린지는 울먹이는 잭을 잘 달래서 찰흙놀이 탁자로 데려갔다. 찰흙을 우습게 봐서는 안 된다. 찰흙은 아이들의 고양된 감정이나 분노를 흡수하는 신기한 장난감이다. 영국의 보육사 코스에서는 찰흙이 분노 조절에 얼마나 도움이 되는지를 따로 가르치고 있다.

잭은 퍽퍽 소리를 내면서 찰흙을 두드리기 시작했다. 잭은 꾸중을 듣거나 하고 싶은 일을 못 하게 되면 갑자기 괴성을 지르며 양팔을 넓게 벌리고 엄청난 속도로 빙글빙글 도는 아이다. 탁아소에 온 지 얼마 안 되었을 때는 잭이 갑자기 돌기 시작하면, 본인이나 주위 아이들 모두 위험했기 때문에 상당히 큰일이었으나 최근에는 많이 차분해졌다. 우리가 그 분노의 원인과 전조를 파악하게 되어서이기도 하지만, 잭이 찰흙놀이에 빠져들었기 때문이기도 하다.

"뭐 만들어?"

잭이 찰흙 탁자에 있는 걸 보고는 인도인 아누쉬카가 다가왔다. 잭을 좋아하는 아누쉬카는 잭이 눈에 보이기만 하면 바로 달려간다. 곱슬머리 금발에 커다란 푸른 눈을 가진 천사 같은 모습의 잭을 아누쉬카가 이런저런 옷을 입히며 인형처럼 가지고 놀 때도 있어서 가끔은 주의를 주어야 한다.

"이거 뭐야?"

잭이 마구 두들기다가 이제 주먹을 날리기 시작한, 커다란 물방울 모양으로 움푹 패인 찰흙 덩어리를 가리키며 아누쉬카가 물었다.

"다이나, 다이나."

잭이 말했다. 'Dinosaur(공룡)'라는 말이다. 잭은 요즘 공룡을 좋아한다.

"응? 아니야. 공룡은 조금 더 이런 풍으로."

이렇게 말하면서 아누쉬카가 옆에서 능숙하게 잭의 공룡을 좀 더 그럴듯한 모양으로 만들었다. 아누쉬카의 어머니는 잭의 어머니와 남자친구를 유독 노골적으로 무시하는 사람이었지만, 아이러니하게도 딸은 잭을 무척 좋아해서 마치 남동생처럼, 아니 여동생처럼 챙겨주곤 했다.

"이것 봐. 훨씬 더 공룡 같지? 티렉스야."

9월에 초등학교에 들어가는 아누쉬카가 이렇게 말하자 잭은 머리를 세차게 흔들었다.

"아냐, 이건 우시카."

응? 나는 책꽂이를 정리하던 손을 멈췄다.

"아니야, 아니야. 이건 내가 아니야."

아누쉬카가 말했다. 나는 책꽂이 앞에 서서 둘이 있는 쪽을 바라보았다.

잭은 탁아소에 온 지 이미 8개월이나 되었지만 아직까지 보육사를 비롯해 누구의 이름도 부른 적이 없었다. 멍하니 서 있는 내 앞에서 둘은 희희낙락 찰흙을 가지고 놀았다.

"이거는 우시카."

"아니야, 그럼 내가 잭을 만들어줄게."

"우시카는 다이나."

"아니야. 그리고 내 이름은 아누쉬카야."

아이들이 집으로 돌아가는 시간에 잭의 어머니와 남자친구, 그리고 아누쉬카의 어머니에게 이 이야기를 해줘야겠다고 마음먹었다. 그들이 알고 싶든 그렇지 않든 내겐 전할 의무가 있으니까.

분열된 영국 사회에 대한 분석은 학자나 평론가, 저널리스트에게 맡기면 된다. 땅 위에 발을 딛고 사는 우리가 해야 할 일은 이 단절을 조금씩이라도, 단 1밀리미터씩이라도 좁히는 것이다.

여름방학 때 아들이 처음으로 축구를 하러 갔다. 브라이턴 앤
드 호브 알비온 FC라는 지역 축구 클럽에는 여름방학이나 부활
절 연휴 기간마다 운영하는 초등학생 코스가 있다. 아이를 데려
다주어야 하는데 일하는 부모가 보내기에는 애매한 시간이라
그동안에는 다니지 못했는데, 올해는 어떻게 시간을 맞출 수 있
었다. 그런데 그렇게 신이 나서 갔던 축구광 아들이 첫날부터 우
울한 얼굴이 되어 돌아왔다.

"왜 그래?"

"일본은 똥이래."

아, 역시 그랬구나. 그라운드에 아들을 데려갔을 때 사실 조금
걱정이 되긴 했다. 대부분의 아이들이 브라이턴 앤드 호브 유니
폼을 입고 있었다. 지역 클럽이 운영하는 코스이기 때문에 당연
한 일이었다. 첼시나 맨유 같은 인기 클럽 유니폼을 입은 소년들
도 얼마간 있었지만, 일본 국가대표 유니폼을 입은 우리 아들은
마이너리티 중의 마이너리티였다. 게다가 일본 팀은 약하기로
유명하지 않은가. 이러니 놀림을 받지 않을 수가 없다.

"내일은 일본 대표팀 옷 안 입으려고."

"그래도 너 브라이턴 앤드 호브 옷은 안 가지고 있잖아."

"웨스트 햄을 입으면 돼."

"아니, 그것도 브라이턴에서는 엄청 마이너리티야. 강한 팀도 아니고."

"웨스트 햄이면 무슨 말을 들어도 괜찮아. '나의 팀'이니까."

언젠가 아들이 밥을 먹다 말고 묘하게도 마치 청년 같은 촉촉한 눈동자를 하고서 이렇게 말했다.

"지난번에 아빠랑 런던에 갔을 때 웨스트 햄 배낭을 메고 갔었거든. 지하철에서 내려서 플랫폼을 걸어가는데 뒤에서 어떤 남자가 갑자기 내 배낭에 펀치를 날리는 거야. 그러면서 이렇게 말했어. '웨스트 햄 포 라이프West Ham for Life'라고."

나는 묵묵히 듣고 있었다. 그렇게까지 뜨거우면서도 조용한 아들의 미소를 본 적이 없었기 때문이다. 여덟 살짜리가 저런 얼굴을 하다니…… . 또 언젠가는 이런 말도 했다.

"엄마는 실용적인 걸 가르쳐주지만 아빠는 인생에 관해 알려줘."

"예를 들어 어떤?"

"우리가 이 클럽 서포터가 되기로 한 번 마음을 먹었으면 평생 변함없어야 한다든가, 그런 거."

그러니까 축구 이야기다. 우리 아들이 웨스트 햄의 서포터가 된 이유는 런던 동부에서 태어나고 자란 제 아버지의 지역 클럽이 웨스트 햄이었기 때문이다. 그러니까 그의 '웨스트 햄 포 라이프'는 말하자면 세습된 것이다. 축구에는 '세습'이나 '귀속'

같은, 숨 막히는 답답한 생각이 달라붙어 있다. 애초에 '○○ 포라이프' 같은 생각이 용솟음치는 것 자체가 애국심에 푹 젖어 있다는 것 아닌가. 이런 점에서 축구를 우익적이라고 하는 게 아닐까 싶다.

〈어웨이데이즈〉(영국, 2009)라는 영화가 있다. 영국 북부 젊은 이들의 삶을 그린 이 영화는 대처가 정권을 거머쥐던 1979년 회색빛 영국 북부의 한 마을에서 시작된다. 음악을 좋아하는 '오타쿠'인 주인공은 한 청년과의 만남을 계기로 축구 훌리거니즘에 빠져든다. 조용하게 레코드 수집이나 하던 주인공은 청년을 만나기 전까지는 시골의 불량배 문화에 녹아들지 않았다. 그런 주인공이 무슨 까닭인지 훌리건의 세계를 동경하다 빠져들어 결국 그 그룹에서 가장 흉포한 멤버가 된다.

남자들이 날뛰는 것에 대해 호르몬의 폭주 등 여러 가지 이유를 대지만, 이 영화에서는 갑갑함과 고독, 미래 없음, 금지된 동성애처럼 대척점에 있는 어떤 채워지지 않는 갈망 때문에 질주하는 행위로 그리고 있다. 그리고 도당감徒黨感(긍정적인 뉘앙스의 소속감이나 연대 의식, 혹은 부정적인 느낌의 패거리 문화 같은 표현과 거리를 두고, 좀 더 중립적인 의미를 전하고자 한 저자의 의도를 살리기 위해 어색하지만 원문의 표현을 그대로 두었다-옮긴이). 도당감이란 어떤 종류의 무리를 그린 영화에서 빼놓을 수 없는 '옆으로 나란히 함께 서 있다'는 감각이다. 이는 우리 아들이 역에서 자신의 웨스트 햄 배낭에 펀치를 날린 사람에 관해 이야기할 때 보인 촉촉한 미소이기도 하다.

　한편 젊은 좌파 논객 오언 존스는 미소를 짓기는커녕 흐느껴 울었다고 한다. 오언 존스는 과격한 좌익 작가로 유명한데, 좌파치고는 인간성이 전혀 느껴지지 않는다 싶을 만큼 침착하고 냉정하며 잔혹하게 빈정거린다. 눈썹 털 하나 흔들리지 않고 우파에게 칼을 휘두르던 사람이 〈런던 프라이드〉(영국, 2014)라는 영화를 보고 나서 『가디언』에 "나는 흐느껴 울었다"라고 글을 쓴 것이다. 이 영화도 대처 시절의 이야기라고 한다. 탄광 노동자들의 파업을 지지하는 동성애자 커뮤니티가 만들어진 실제 사건에 기초한 영화라는데, 그걸 보고 오언 존스가 흐느껴 울었다니…….

　"대처가 말살하지 못한 전통이 있다. 그것은 영국인의 연대다. 대처가 아무리 개인주의의 낫을 휘둘러도 이 전통만은 말살하지 못했다."

　그는 이렇게 썼다. 음, 이것도 옆으로 나란히 함께 서 있는 그건가 싶었다. 생각해보면, 나이 오십을 눈앞에 둔 아줌마의 어린 시절부터 지금까지, 서양 문화를 흠뻑 뒤집어쓰고 자라난 일본사람에게 연대란 가장 촌스럽고 미워해야 하는 무엇이었다. 개인주의야말로 쿨한 것이며, 너는 너고 나는 나다, 약한 놈들끼리 무리를 짓는 연대야말로 '바보들의 낭만적인 환상'이다, 라고들 말해왔다. 나 또한 그런 이야기에 완벽하게 세뇌되어 살아온 늙다리 아줌마인 것이다.

최근 UK에서는 대처의 이름이 자주 들린다. 하나의 키워드가 된 듯도 하다. 이 나라에서 자라난 사람이라면 지금 몹시 힘들 것이다. 조합도 안 돼, 홀리건도 안 돼, 복지국가도 안 돼(여기서 '안 돼'라는 말은 금지를 의미하는 것이 아니다. '이미 더 이상 언급할 필요도 없는 것'이라는 뜻이다). 사람이 결속하는 모든 것을 '안 된다'고 하며 서민들을 분할 통치하고 있다. '제힘으로주의'가 활짝 핀 상승의 시대라면 그것도 좋다. 하지만 사람들이 서로 기대고 지탱해주지 않으면 살기 어려운 하강의 시대가 되었는데도 개인주의라는 토대에는 변함이 없다. 이런 시대에 그럼에도 '연대'에 끌리는 사람은 그야말로 왼쪽에서 오른쪽으로 점프할 수밖에 없다고나 할까. 레코드 수집가의 세계에서 훌리거니즘으로 뛰어 들어갈 수밖에 없었던 것이다.

하지만 그곳 역시 사람들이 서로 이어져서는 '안 되는' 사회이므로 〈어웨이데이즈〉에서도 주인공 중 한 명은 자살을 한다. 다른 한 명은 "역시 결속 같은 건 재수 없다"면서 홀리건 그룹을 탈퇴한다. 〈런던 프라이드〉도 그렇다. 실제 탄광 노동자들이 그 뒤에 어떻게 되었는지를 생각해보면, '승리'라는 해피엔딩은 아니지 않았나. 하지만 분명 사람들 간의 연대를 부정할 수 없는 형태로 영화가 끝났기 때문에, 오언 존스 같은 사람마저 울린 것이 아닐까. '연대는 좋은 거야'라고 이야기해주는 사람은 아직까지 없었으니까.

대처로부터 시작된 개인주의. 그 결과 아수라장처럼 변해버린 '브로큰 브리튼'에 아마도 모두가 지친 것일 테다. 그러니까 '연대'라는 말을 들었다는 정도로 울고 그러는 거다. '바보냐, 꿈 깨'라고는 생각하지 않는다.

다음 시대는 의외로 거기서부터 시작될지도 모르니까.

긴축 탁아소 시절

애초에 여름휴가 때 터키에 갈 생각을 한 것은 터키에서 산 지 3년이 된 옛 어린이집 동료를 만나기 위해서였다. 그런데 7월 15일 밤 터키에서 쿠데타가 발발했고 언론은 그 일로 야단법석이었으니, 사건 4일 후 현지로 들어가는 비행기를 예약했던 우리는 영국 외무성 웹사이트에 달라붙어 꼼짝달싹 못 하고 있었다. 쿠데타가 일어난, 에르도안 대통령이 휴가를 보내던 휴양 도시 마르마리스가 우리의 행선지였기 때문이다. 외무성 사이트에서 "마르마리스의 일부 도로가 폐쇄되고 총격전이 일어났다"는 소식을 접하기도 하고, "이런 때 터키로 바캉스를 가려 하다니 바보 아닌가"라는 의견도 일리가 있는 듯했다. 하지만 "전혀 문제없어. 관광객들이 연달아 취소하고 있으니 와주면 오히려 고맙지"라는 옛 동료 루시의 말에 우리는 달라만 공항으로 날아갔다.

에르도안 대통령이 묵고 있던 호텔이 폭파되고, 반란 세력 군대와 치안 부대의 총격전이 일어났다고 보도된 마르마리스는 어이없을 정도로 평화롭고 밝은 여름 휴양지의 모습이었다. 국제 뉴스를 보다 보면 자주 있는 일이다. 국민투표로 영국의 EU 탈퇴가 결정되었을 때도 뭐랄까, '영국은 나라 전체가 혼란의 도가니이고, 내일이 오는 것이 불안한 영국 국민은 공황 상태'라는 이미지가 '글로벌(일 터인) 미디어'를 통해 전해졌다고 하지만 현지에서는 보통 때와 다름이 없었다. 모두 언제나처럼 출근하고 등교했으며, 샌드위치 가게에서 점심을 사고, 집으로 돌아오는 길에는 펍에 들러 술을 마셨다. '비탄에 빠진 국민', '재투표를 요구하며 국회 앞으로 물밀듯이 쏟아지는 성난 국민' 같은 모습은 일부에 지나지 않았다. 그 소수의 사람들이 국민을 대표한다는 듯 표현하는 것은 좀 곤란하지 않을까. 하지만 글로벌 미디어란 그런 과장된 보도를 쉽게 하는 편이다. 덕분에 나에게도 일본에 사는 친척이나 친구들에게서 "이제 너는 일본에 돌아오지 못하는 거야?", "뭔가 곤란한 일이 생기면 이야기해" 같은 '뭐야, 뭐야. 내가 모르는 사이에 유럽에서 3차 대전이라도 일어난 거야?' 싶을 정도의 메일과 전화가 쇄도했다.

쿠데타가 일어난 뒤의 터키도 비슷한 느낌이었다. 마르마리스의 바에서 세상 돌아가는 이야기를 하던, 리즈에서 온 영국 여성에게 재미있는 이야기를 들었다.

"달라만 공항에 내려서 환승 버스를 타고 호텔에 딱 도착했을 때였어. 안내 데스크에서 체크인 수속을 밟고 있는데 바깥에서 빵빵 소리가 들리는 거야. 불꽃놀이라도 하나 싶었지. 그랬는데 말이야, 나중에 그게 총격전 소리였다는 걸 알게 된 거지."

그녀는 여유롭게 웃으며 말했다.

"그러고 보니 내가 살던 일본에도 야쿠자라 불리는 마피아가 자주 총격전을 벌이던 지역이 있었어. 거기 사는 사람들도 '글쎄, 저녁 때 빵빵 소리가 나서 잠을 못 잤거든. 그래서 10대들이 불꽃놀이라도 하나 싶었는데 아침이 되고 보니 이웃집 창문에 총알이 지나간 구멍이 세 개나 있더라고' 같은 이야기를 아무렇지도 않게 하더라."

후쿠오카 출신인 나는 이렇게 대답했다. 리즈에서도 치안이 좋지 않은 지역에 산다는 영국인 노동자 계급 아주머니는 내 말이 완벽하게 이해된 모양이었다.

"세상이 갑자기 폭력적으로 변하고 있어."

미간을 찡그리며 고민하는 사람들도 있다. 하지만 세상이라는 장소가 실은 '국지적으로' 보면 전부터도 충분히 폭력적이었다. 그저 그것이 전 세계적으로 보도되지 않으니 그 '국지' 바깥에 사는 사람들은 세상이 늘 평화롭다고 믿고 있는 것이다. 세상에는 경제 격차가 존재하듯 평화 격차 또한 존재한다.

쿠데타 직후의 휴양지를 만끽하고 있으려니 루시가 호텔로 찾아왔다. 눈에 띄게 여윈 루시는 이미 자기 몸의 반 이상이나 될 정도로 커다란, 세 살치고는 몸집이 큰 아들을 데리고 찾아왔다. 그러고 보니 3년 전, '혼전 임신'으로 터키인 청년과 결혼하게 된 루시의 결혼식에 가기 위해 나와 몇몇 어린이집 동료들이 비행기를 타고 마르마리스에 왔었다. 커다랗게 부푼 배를 안은 20대 중반의 루시는 '사랑'과 '새로운 생명'은 국경과 언어와 종교를 넘어설 것이라 믿어 의심치 않았다. 영국에 있는 부모님과 형제들의 맹렬한 반대로 가족은 한 사람도 참석하지 않았던 결혼식에 "그럼 우리가 월급에서 조금씩 돈을 내서 같이 가자"라고 말한 것은 매니저 대리였던 베테랑 보육사였다. 그녀도 젊은 시절 그리스인 청년과 사랑에 빠져 결혼을 고민했으나 부모님의 반대로 포기했다고 했다.

"뭐, 그런 일도 있었지. 하지만 그리스인의 마초 같은 사고방식이 점점 짜증이 나던 참이기도 했어. 지중해 나라의 남자와 결혼하기에는 내가 너무나도 페미니스트였던 거지."

50대인 그녀는 이렇게 말하며 지중해 지역의 이슬람교도 터키 남자와 결혼하는 게 영국인 여성에게 얼마나 엄청난 일인지, 그 현실을 루시에게 알려주려고 했다. 하지만 루시가 이미 마음을 굳혔다는 걸 알고는 부하 직원인 우리에게 월급을 조금씩 모아보자 권하고, 여러 명의 보육사가 한꺼번에 휴가를 쓸 수 있도록 어린이집 스케줄을 조정해 먼 나라에서 하는 결혼식에서 신부가 외롭지 않도록 마음을 써주었다.

루시와 결혼한 터키인 청년은 원래 브라이턴의 레스토랑에서 일하고 있었다. 그런데 연인인 루시가 임신한 시기에 하필 마르마리스에서 레스토랑을 경영하던 아버지가 병에 걸려 터키로 돌아가야 했던 것이다. 휴양지에 있는 이 레스토랑은 3년 전만 해도 영국인, 독일인, 프랑스인 등 관광객들로 북적였고 점점 더 번성하는 듯 보였다. 실제로 루시의 남편이 가업을 이어받은 후에는 사업을 확장해 마르마리스에서 조금 떨어진 오르데니즈에 지점까지 냈다. 그런데 최근 터키에서 일어난 테러로 인해 관광객이 격감하고 경영이 어려워졌다고 한다. 엎친 데 덮친 격으로 쿠데타까지 일어난 것이다.

"쿠데타 때문에 마르마리스에 호텔을 예약한 사람들의 40퍼센트가 취소를 했다더라고."

루시가 말했다.

"안 그래도 테러 때문에 장사를 못 했는데 또 이런 일이 생기다니……. 터키 경제는 관광에 기대는 부분이 많아서…… 특히 마르마리스 같은 휴양지는 피해가 심각해."

이렇게 말하며 한숨을 쉬는 루시 곁을 뛰어다니는 아들은 내가 상상했던 세 살짜리 아이의 모습과 좀 달라 보였다. 루시의 말에 따르면 아들은 엄마나 아빠의 말에 전혀 반응이 없다고 한다. 엄마 얼굴을 보지도 않고 그저 자기 관심이 가는 쪽으로 달려가기 때문에 곧장 호텔 비품으로 달려들지도 모른다고 했다.

루시는 그런 아들을 등 뒤에서 양 팔로 안아 움직임을 멈추거나, 아들 앞에 서서 더 이상 앞으로 나아가지 못하도록 막았다.

아들이 위험에 처하지 않도록 아주 익숙한 몸놀림으로 아이를 계속 주시하고 있었다. 그런 움직임은 당연한 것이었다. 루시는 영국에서 일할 때 그런 특징을 가진 아이들을 돌보는 전문 보육사였기 때문이다. 나 또한 그랬다. 우리는 같은 부서에서 일했기 때문에, 나는 루시의 행동이 어떤 의미인지 잘 알고 있었다. 무엇보다 그 자신이 이런 아이의 부모가 되었다는 사실에 솔직히 좀 놀랐지만, 가능한 한 그런 감정을 얼굴에 드러내지 않으려 했다.

"벌써 눈치 챘지?"

나의 평온함을 가장한 부자연스러운 웃음을 보고 안 걸까. 루시가 먼저 이야기를 꺼냈다. 그렇다면 나도 단도직입적으로 물을 수밖에 없다.

"진단은 받았어?"

"이 나라는 영국과는 달라서 그런 부분은 좀 늦달까……. 유아 발육에는 개인차가 있다면서 병원에 데려가도 제대로 봐주지 않아. 그리고 우리 남편과 가족들도 분명하게 확인하기가 싫은 건지…… 내가 던진 공이 앞으로 굴러가도록 놔두질 않아."

루시는 우는지 웃는지 알 수 없는 얼굴을 하고 웃었다. 루시의 큰아들은 자폐증일 가능성이 높았다. 루시와 나는 같은 어린이집의 장애아를 돌보는 부서에서 다운증후군이나 자폐증을 가진 아이들의 담당 보육사로서 매일 1 대 1 보육을 했다. 그렇기 때문에 자폐증을 가진 유아의 특징적인 행동을 잘 알고 있다. 터키뿐만 아니라 영국에서도 자기 아이의 증상이 '단순히 발육이 늦는 것' 혹은 '시간이 지나면 해결될 것'이라 믿고 의료 기관이나 공공 기관의 도움을 받지 않으려는 부모가 많다. 부모 입장에서 자기 아이가 의학적인 면에서 보통의 아이들과 다르다는 사실을 인정하는 건 무척이나 힘들고 용기가 필요한 일이기 때문이다. 하지만 그런 아이, 부모들과 함께 일하던 보육사 자신이 자폐증이 있는 아이를 갖는 경우, 단지 아이의 발달이 늦을 뿐이라며 자신을 속이기란 불가능하다. 잔인하게도 아이의 일거수일투족을 지켜보는 것만으로도 그것이 무엇을 의미하는지 누구보다 명확하게 알기 때문이다.

내가 앉아 있던 호텔 로비의 커다란 화면에서는 BBC 뉴스 영상이 흘러나오고 있었다. 아침부터 내내 일본에서 일어난 사건이 가장 큰 뉴스로 보도되고 있었다. 사가미하라 장애인 시설에서 일어난 살상 사건이었다. 유럽에서 온 관광객들이 많이 머무는 호텔 로비에는 이렇게 항상 영어 방송이 흘러나온다.

소파 뒤쪽에 놓인 쓰레기통에서 빈 캔을 꺼내며 노는 아들 옆에 앉아 있던 루시는 "용의자가 사건이 일어난 시설에서 근무했음이 밝혀졌습니다"라는 여성 캐스터의 말에 고개를 들어 텔레비전 화면으로 눈길을 돌렸다.

"응?"

"뭔가, 그런 모양이야. 일본어 웹사이트에도 오늘 아침에 그렇다고 쓰여 있더라고."

"…… 정말 싫은 쪽으로 흘러가네."

루시가 뉴스 화면으로 잠시 눈을 돌린 사이에 루시의 아들이 안내 데스크 쪽을 향해 빈 캔을 집어던졌다. 세 살짜리라고는 믿기지 않을 정도로 손목 힘이 강했다. 캔은 놀랄 만큼 멀리까지 날아갔다. 수영장에서 돌아오던 커플 투숙객이 그 캔에 맞을 뻔했기 때문에 루시는 서둘러 달려가 사과했다.

루시의 아들은 여전히 쓰레기통에 손을 집어넣어 안을 헤집고 있었다. 쓰레기통이 넘어질 것 같았다. 나는 무심코 일어나 기울어진 쓰레기통이 넘어지지 않도록 손으로 붙잡았다. 아이의 얼굴을 응시하며 웃어 보였지만 아이에게는 여기 있는 내 모습이 보이지 않는 모양이었다.

그날 밤, 배우자와 아들과 함께 루시 남편이 운영하는 레스토랑에 가서 식사를 했다. 3년 전에 왔을 때만 해도 관광객으로 미어터지던 곳이었다. 그때는 재즈 밴드의 라이브 연주도 있어서 시끌벅적했다. 하지만 오늘은 밤 8시, 가장 북적여야 할 시간인데도 손님이라고는 우리와 다른 테이블 하나밖에 보이지 않았다. 비용 문제로 이제 라이브 연주는 하지 않는다고 한다.

"테러에, 쿠데타에 온 세상이 야단스럽게 보도를 하니 올해는 여름인데도 관광객이 없어 조용해."

루시의 남편은 이렇게 말하며 웃었지만, 그 웃음에서 초조함이 전해져왔다. 검고 긴 곱슬머리를 하나로 묶어 뒤로 내린 그는 터키인이라기보다는 스페인의 플라멩코 기타리스트 같은 풍모였다. 몽트뢰 재즈 페스티벌 티셔츠와 청바지를 입은 모습은 거리에서 마주치는 터키 남자들과는 다른, 어딘가 유럽의 냄새가 났다.

"에르도안 정권은 분명히 나빠. 독재자니까. 리버럴한 입장을 가진 터키 사람들은 모두 그를 위험하다고 생각하지."

에르도안 대통령은 여성을 경멸하며, 인터넷 접근 제한, 언론 탄압, 주류 규제법 도입 등을 내걸고 터키를 이슬람화하려 한다는 점에서 자유주의자들의 미움을 받는다. 그가 퇴진하지 않으면 터키의 민주화는 불가능하다고 그들은 주장한다.

"하지만……"이라고 루시의 남편이 말했다. 에르도안 정권에 이의를 제기하고 쿠데타를 일으킨 군 반란 세력에 반감을 품는 것이 우익만은 아니라고 했다. 쿠데타가 발생한 이스탄불 거리에서 반란군에 맞선 시민들은 수염을 기른 우익 이슬람교도 남성들이라고 보도되었지만, 특별히 우익이 아니더라도 쿠데타에는 반대한다는 것이다.

"우리 나라는 과거에도 몇 번이나 군이 쿠데타를 일으켰던 역사가 있어. 그때마다 경제가 나빠졌지. 경제가 조금 좋아진다 싶으면 또 쿠데타가 일어나 가난해졌어. 계속 쿠데타가 이어진다면 모두 지쳐갈 뿐이야."

손님은 두 테이블밖에 없는데 가게 안에는 4명의 웨이터가 있다. 그중 둘은 출입구에 서서 관광객이 지나갈 때마다 나가서 호객 행위를 했다.

"오른쪽이냐 왼쪽이냐 하는 이데올로기는 결국 서민을 가난하게 할 뿐이지 않나 싶을 때가 있어."

의미심장한 말을 들은 것 같아 나는 젓가락, 아니 포크와 나이프를 멈췄다.

"서민이 제대로 먹고살게 해놓고 관념적인 썰을 풀란 말이지. 그 순서가 틀렸으니 브렉시트도 일어난 거야."

생생한 선홍빛 스테이크를 먹으며 배우자가 말했다. 올해 여름처럼 세상이 움직이고 있다는 것을 생생하게 느낀 적은 없었다. 많은 사람들이 걱정하듯이 세상은 나쁜 방향으로 가고 있는 것일까, 아니면 어떤 새로운 방향이라고 혹은 근본적인 변화라고 보아야 할까?

마쓰오 다다스 씨의 책『자유의 딜레마를 풀다』(2016)를 보면, 그는 살아 있는 인간의 몸을 '배지'로, 인간의 행동 원리를 정하는 사고방식이나 이데올로기를 '바이러스'로 본다. 인간이란 배지에 바이러스가 올라 탄 존재라고 한다. 그렇다면 바이러스가 너무 많이 자라 배지를 병들게 할 경우, 생명체인 배지는 생존하기 위해 바이러스 같은 것 필요 없다며 절규하지 않을까.

문득 가게 바깥으로 눈을 돌리니 루시와 그 아들이 도로 반대편 광장에서 노는 모습이 보였다. 엄밀하게 말하면 같이 노는 우아한 느낌이 아니라, 중구난방으로 대포알처럼 튀어나가는 아들을 루시가 쫓아다니고 있었지만.

"먼저 살아 있을 것. 그걸 잊으면 말짱 꽝이야."

내 배우자가 그렇게 말하자 루시의 남편도 팔짱을 낀 채 깊숙이 고개를 숙였다.

긴축 탁아소 시절

루시의 아들이 거대한 탄환처럼 루시의 복부를 치고 들어왔다. 루시는 비틀거리다 넘어질 뻔했지만 순간적으로 두 발로 지탱하고 일어났다. 루시는 뭐가 그리 우스운지 큰소리로 웃으며 아들의 머리를 꽉 껴안았다. 그 모습은 3년 전 어린이집에서 일하던 때의 그녀와 닮았지만 또 어딘가 다르기도 했다. 잉글리시 로즈English rose(전형적인 영국 여성-옮긴이)도 터키에서 제법 많이 씩씩해졌다.

불길한 예감이 들긴 했다. 애초에 저변 탁아소 시절부터 지금까지 여름방학 같은 것은 없었으니까. 중산층이 다니는 프리스쿨도 아니고, 하층 계급의 탁아소에 여름방학이라니……. 그런데 올해는 탁아소에서 여름방학을 만들겠다고 한 것이다. 물론 덕분에 여름을 만끽하기는 했다. 하지만 터키의 해안에서 맥주를 마시면서도, 일본의 닭꼬치집에서 소주를 마시면서도 마음 한구석에 불안감이 딱 달라붙어 떨어지지 않았다.

"혹시 없어지는 건가?"

이런 말은 더 이상 농담이 아니었다.

"9월이 되어도 탁아소를 열 계획이 없대."

책임자 친구가 말했다. 7월까지 탁아소를 이용하던 아이들의 절반 정도가 초등학교에 입학했다. 올해는 영어 교실 수강 신청서도 생각보다 많이 모이지 않아서 탁아소가 필요 없어졌다는 것이다.

긴축 탁아소(즉 저변 탁아소)는 무직자와 저소득자를 위한 지원센터 안에 있다. 예전에는 지방자치단체에서 지원금을 받고 기업, 단체의 기부금을 받아서 살림이 꽤 윤택했다. 복지와 유아교육에 적극적으로 투자하던 노동당 정권 시절에 저변 탁아소가 누리던 위상은 지금 생각하면 한바탕 꿈과 같은 얘기다. 그동안 규모를 축소해 조용히 운영해왔는데 드디어 폐쇄를 맞게 된 것이다.

"탁아소가 없어지면 이 공간은 어떡해?"

9월 말, 탁아소 책임자인 친구와 내가 오랜만에 탁아소에 들렀다. 비품 정리를 하러 온 것이다.

"푸드 뱅크를 만든대."

"……."

지금은 푸드 뱅크가 유행이다. 긴축 재정이 시작되기 전에는 센터에서 곤궁한 사람들을 지원하기 위해 다양한 프로그램을 실시했다. 그런데 요즘은 어디든 푸드 뱅크로 변하고 있다. 자선에도 트렌드라는 게 있는 모양이다.

"장난감은 어떡할까? 어디에 기부해? 아니면 재활용 부서로 가져갈까?"

"아마도 둘 다. 개인 물건은 얼른 가져갑시다. 책이나 장화, 비옷 같은 것도."

개인 물건을 가지고 돌아가라는 말에 갑자기 실감이 났다. 이곳은 내 보육 인생의 시작이자 모든 것의 시작이었다. 그런 탁아소가 없어진다. 문득 고개를 드니 벽에 붙여놓은 아이들의 그림이 보였다. 바닥에 깐 모조지 위에 아이들을 눕혀놓고 한 사람씩 펠트펜으로 몸의 모양대로 본을 떴다. 거기에 얼굴을 그리거나 색칠을 해서 그린 그림이 아직 붙어 있었다.

갱스터 래퍼 켈리는 팔짱을 낀 채 누웠기 때문에 심통이 난 작은 래퍼처럼 보여 웃음이 나왔다. 켈리의 천적인 우등생 안나가 물감이 든 컵을 같이 쓰지 않는 켈리에게 화가 나서 싸움을 걸었던 일이 기억났다. 컵이 넘어지면서 주황색 물감이 켈리의 전신 그림에 퍼졌다. 그 위에서 난투극을 벌이던 둘의 신발 자국이 선명하게 남아 있었다. 점점이 남겨진 작은 주황색 발자국을 바라보며 내가 말했다.

"송별회 같은 거 안 해도 될까?"

"9월부터 초등학교에 진학하는 아이들은 송별 파티를 7월에 했잖아."

코스프레 의상 한 벌을 비닐봉지에 넣으며 친구가 말했다.

"장난감을 집으로 보내면 어떨까? 특히 의존증 여성 지원 시설에서 우리 탁아소로 온 아이들은 집에 장난감이 없는 것 같던데. 사회복지사에게 부탁해도 좋겠다. 세발자전거 같은 큰 것도 있으니까."

내가 말했다. 탁아소에 오는 사람들 가운데 의존증에서 회복 중인 어머니들은 모두 싱글맘, 생활보호수급자였다. 그들의 가정은 영어 교실에 다니던 이민자 가정보다 훨씬 더 궁핍했다.

"아, 그거 좋은 생각이네."

친구는 아이들의 서류가 든 파일을 선반에서 꺼냈다.

"탁아소에 등록할 때 쓴 서류에 전화번호와 주소가 있으니까 일단 전화해서 장난감이 필요한지 물어보자."

만 네 살이 된 아이는 모두 9월에 초등학교에 진학했기 때문에 탁아소가 문을 열어도 돌아올 아이는 4명뿐이었다. 전화를 걸어보니 이민자 어머니들은 특별히 원하는 장난감이 없다고 했다. 의존증에서 회복 중인 싱글맘 중 한 사람의 연락처는 없는 번호라고 했다. '빙글빙글 도는' 잭의 어머니만이 세발자전거와 커다란 공룡 모형이 갖고 싶다고 해서 친구가 차에 실어 얼른 가져다주기로 했다.

잭의 집은 우리 집에서 그리 멀지 않았다. 아니, 정확히는 같은 지역의 공영 주택지였다. 여기는 전후에 지어진, 마당이 딸린 가족형 공영 주택이 언덕 위로 죽 늘어선 브라이턴 최대의 공영 주택지 중 하나였다. 이 끄트머리에 1970년대에 지어진 고층 공영 단지가 있다. 공영 주택은 대처 시절 민간에 매각했지만, 공영 단지는 아직 대부분 공영으로 유지되며 생활보호수급자 가운데 싱글맘과 실업자, 저소득자, 주택 보조 대상자 등이 많이 산다.

단지 앞 주차장에 차를 대고 친구와 차에서 내리자 차가운 가

랑비가 얼굴을 적셨다. 비가 오는데도 후드를 뒤집어쓴 채 모여 있는 10대들이 보였다. 단지 입구에는 갓난아기를 유모차에 태운 소녀들이 모여 '제기랄'을 연발하며 수다를 떨고 있었다.

런던에 사는 한 일본인 여성이 쓴 "아이를 서너 명이나 낳아 기른다는 사실은 오늘날 영국에서 그 사람의 지위를 상징적으로 보여주는 것이다. 이는 아이를 많이 낳아 키울 수 있을 만큼 경제적 여유가 있다는 증거다"라는 취지의 칼럼을 읽은 적이 있다. 그녀가 한 번이라도 이 근처에 와서 본다면 좋겠다. 자기와 같은 나라에 아이를 셋이고 넷이고 데리고 다니는 젊은 싱글맘이 얼마나 많은지 확인할 수 있을 것이다.

노동당 정권 시절에는 아이를 낳는 것이 하층 계급 10대 소녀들이 고를 수 있는 '경력 선택지 중 하나'라고들 했다. 나라에서 살 집을 마련해주고, 생활비와 양육비를 주고, 일하지 않아도 싱글맘으로 살아갈 수 있었기 때문이다. 아이가 늘면 늘수록 수당도 늘었기 때문에 언제나 임신 중인 사람도 있었다. 하지만 보수당 정권이 복지를 대폭 삭감하면서부터는 상황이 달라졌다. 둘째부터 수급액이 늘어나는 것으로 제도가 바뀌어 아이가 하나밖에 없는 싱글맘은 생활보호만으로는 살아갈 수 없게 되었다.

"싱글 키드의 싱글맘을 조심해. 임신시키면 바로 차인다고."

이런 농담이 하층 사회의 젊은 남성들 사이에 유행하는 요즘이다. 잭의 어머니도 그런 '싱글 키드의 싱글맘'으로 9월인데도 차갑게 식은 새하얀 방을 지방자치단체에서 제공받았다. 새하얀 방이란 가구가 거의 없어서 하얀 벽만 눈에 들어오는, 생활의 흔적이 전혀 없는 방을 뜻한다.

잭의 어머니는 스물한 살로, 10대 때 약물에 의존하게 되었는데 재활을 받고서도 몇 번이나 다시 약을 시작했다. 만년의 에이미 와인하우스처럼 비쩍 마른 몸에 세상의 밑바닥의 밑바닥까지 떨어져본 듯한 무서운 얼굴이었지만, 세발자전거와 공룡을 들고 4층까지 걸어 올라온 우리에게는 반가운 웃음을 지었다.

"무겁지? 고마워. 차라도 마시고 갈래?"

잭의 어머니가 말했다. 우리는 소파에 앉았다. 휑한 방이었다. 천장과 벽 위쪽으로 검은 곰팡이가 빽빽했다. 싱크대의 페인트가 여기저기 떨어져 흰색과 갈색으로 얼룩진 듯 보였다. 없어진 서랍 두 개가 눈에 띄었다.

"북부로 이사 갈지도 몰라."

잭의 어머니가 말했다.

"여기는 곰팡이도 피고 샤워기 물도 안 나와. '복지'에 고쳐달라고 부탁했더니 북부로 가면 더 싼 값에 쾌적한 주택을 줄 수 있다면서 그리로 이사 가면 어떻겠느냐고 하더라고. 어차피 이사할 거면 잭이 초등학교에 들어가기 전에 가는 게 좋으니까."

나는 친구와 얼굴을 마주보았다. 최근 '복지'로부터 북부로 이주하라는 권유를 받은 생활보호수급자가 속출하는 것을 탁아소의 본부인 지원센터에서도 문제로 여기고 있었기 때문이다. 런던에서는 몇 년 전부터 있었던 일이다. 가난한 사람들이 비싼 집세를 내야 하는 런던의 주택에서 쫓겨나 북부의 값싼 주택으로 이사를 간다. 그곳에서는 본인의 주택 수당 안에서 집세를 지불할 수 있으니 지방자치단체에서 부족분을 부담할 필요가 없기 때문이다. 최근 런던 수준으로 집세가 비싸진 브라이턴에서도 똑같은 현상이 일어나고 있었다.

"그런데 북부에 가족이나 친구가 있어?"

내가 잭의 어머니에게 물었다.

"아니."

"그럼 불안하겠다."

"하지만 일자리도 없고 어쩔 수가 없어."

잭의 어머니는 상심한 얼굴로 홍차를 마셨다. EU 탈퇴 국민투표 후 영국은 '부유한 남부'와 '가난한 북부'로 분열되어 두 개의 나라가 되었다고 야단이었지만, 생각해보면 당연한 일이었다. 정부가 이미 몇 년 전부터 구조적으로 가난한 사람들을 북부로 보내고 있었으니까. 마치 가난을 죄로 여기고 섬으로 유배를 보내는 듯하다.

"북부는 맨체스터 같은 대도시가 아닌 이상 브라이턴보다 훨씬 더 일자리 구하기가 힘들어."

친구가 말했다.

"하지만 적어도 겨울에는 곰팡이가 피지 않고, 샤워를 할 수 있는 방에서 따뜻하게 잭을 키우고 싶어. 제대로 된 곳에서 살면 다른 것도 생각할 여유가 생기지 않을까 싶고."

잭의 어머니는 너무 말라서 관절이 울퉁불퉁하게 도드라진 손가락으로 양쪽 관자놀이를 눌렀다. 애인이 있었던 것 같은데 싶어 물어보았다.

"남자친구는 잘 지내?"

"그 녀석은 내 여동생이랑 바람을 피워서 차버렸어."

방 한구석에서 공룡 모형을 가지고 놀던 잭이 소파 쪽으로 다가왔다. 엄마 앞에 서더니 "주스 마실래"라고 했다.

"잠깐만, 엄마 머리가 아파서."

잭의 어머니가 갑자기 머리를 감싸고 엎드렸다.

"아, 그러면 내가 줄게. 주스 냉장고에 있지?"

나의 물음에 잭의 어머니는 아무런 대답도 없이 양손으로 머리를 감싸고 있을 뿐이었다.

"주스, 냉장고 안에."

잭이 이렇게 말하며 내 손을 잡아끌었다. 일어나서 부엌으로 갔다. 냉장고 문을 열었더니 안이 텅텅 비어 있었다. 오렌지 주스와 우유, 마가린, 식빵, 체다 치즈. 어린아이가 있는 집의 냉장고에 이것밖에 들어 있지 않다니……. 오렌지 주스 통을 들어보니…… 아아, 너무 가벼웠다. 컵에 남아 있는 주스를 따랐더니 통에는 주스가 거의 남지 않았다.

"더."

잭이 더 달라고 했다. 하지만 다른 주스는 보이지 않았다.

"미안, 이것밖에 없어."

내가 말하자, 잭의 어머니가 머리를 들고 말했다.

"직업안정소의 '개떡 같은 제재 조치' 때문에 돈이 안 들어와."

"제재 조치라니, 이렇게 작은 아이가 있는데도?"

내가 놀라 물었다. 잭의 어머니와 친구가 동시에 고개를 끄덕인다.

"지금은 말이야, 싱글맘이라도 다른 실업자와 똑같은 취급을 받아. 직업안정소에서 이것저것 말도 안 되는 트집을 잡아서 제재를 거는 거야. 아이가 있다고 좋은 대접을 받던 시절은 지났어."

친구가 말했다. 한동안 민간 어린이집에서 일했고 탁아소에 돌아온 뒤에는 주로 전업 주부인 이민자 어머니들을 상대했으니, 생활보호에 관한 나의 세부적인 지식이 저번 탁아소 시절에 머물러 있었던 것이다.

"아니 제재라는 거, 한동안 생활보호수당을 못 받는다는 얘기잖아?"

"아이 맡길 곳이 없어서 밤 근무는 못 한다고 소개해준 일을 거절했더니 4주간 생활보호 정지라는 거야."

잭의 어머니가 말했다. 직업안정소가 제재를 남발한다는 것은 보수당 정권하의 하층 계급 사회에서는 이미 유명한 이야기였다.

'이 녀석은 제대로 일자리를 찾지 않고 일할 생각도 없어 보인다'라고 자기들 나름대로 판단을 해버리면 '복지'가 독단으로 실업보험과 사회보험 급여를 일정 기간 정지시킨다. 갑작스럽게 구명줄이 끊어지는 것이기 때문에 아사자가 나와 뉴스가 되기도 한다. 하지만 아이가 있는 가정에도 그런 짓을 하고 있는 줄은 몰랐다.

"어떻게 먹고 살아?"

내가 물어보자 잭의 어머니가 말했다.

"하루에 4파운드만 쓰기로 정했어. 통조림 콩, 치즈, 토마토로 어찌어찌 견디고 있어."

하루에 4파운드로 무엇을 살 수 있을까. 슈퍼마켓에서 샌드위치를 사려고 해도 3파운드는 한다. 나는 소파로 돌아가 가방을 들었다.

"슈퍼마켓까지 태워줄래?"

친구가 고개를 끄덕이며 일어났다.

"뭐 좀 사 올게. 요리 같은 거 하는 편이야? 아니면 전자레인지에 데워서 먹는 게 좋아?"

이 말을 하는 도중에 깨달았다. 이 집 주방에는 전자레인지도 없었다.

"그러지 말아줄래? 우리는 빌어먹을, 거지가 아니야."

잭의 어머니가 쉰 목소리로 말했다.

"누가 준대? 나중에 돈 생기면 우리 센터에 기부해줘."

"오렌지 주스 사줘."

친구의 말에 잭이 대꾸한다.

"많이 사 올게."

그러자 잭이 내게 달려와 안아달라고 조른다.

"나도 갈래."

"응? 잭도 가고 싶어?"

양손을 내밀자 조용히 잭이 안겼다. 두 달 전보다 말랐다. 화를 참지 못하고 괴성을 지르며 빙글빙글 돌던 잭인데, 이런 사정 때문에 그 역동적인 회전의 에너지조차 없어졌단 말인가.

"데리고 가도 돼?"

잭의 어머니에게 물어보자, 그녀는 살았다는 얼굴로 "제발"이라고 했다. 몹시 지친 듯했다. 단지의 계단을 내려가면서 친구가 말했다.

"자선 시설이 푸드 뱅크로 바뀌는 건 바로 이것 때문이야."

"응?"

"'복지'가 제재를 남발하니까, 문자 그대로 하루하루 밥을 못 먹는 사람이 늘었어. 그러니까 푸드 뱅크가 온 나라에 필요하게 됐지. 정부는 '푸드 뱅크는 사회의 일부'라고까지 하질 않나. 도대체 어떤 사회를 만들고 싶은 건지."

빈곤 지역의 탁아소가 푸드 뱅크로 바뀌는 건 영국 사회의 흐름을 그대로 반영한 것이다.

"…… 뭐가 푸드 뱅크냐고."

내가 중얼거리자 잭이 그 말을 따라서 반복했다.

"푸드, 푸드 뱅크!"

"푸드 뱅크가 아니야. 푸드를 사러 가는 거야. 뭐가 먹고 싶어? 소시지? 바나나?"

"초콜릿!"

잭이 말했다.

"요거트도 좋아했지, 잭? 브레드스틱도."

친구가 말한다.

"초콜릿! 칩스! 요거트! 브레드스틱! 소시지!"

내 품 안에서 잭이 음식 이름을 연달아 불러댔다. 활기차게 소리 지르는 잭의 몸은 갓난아기 정도의 무게밖에 되지 않았다.

"…… 탁아소를 푸드 뱅크로 만들다니."

분해서 눈앞이 흐려진 나는 잭을 안은 채 발밑에 신경을 쓰며 계단을 조심조심 내려갔다.

탁아소가 푸드 뱅크로 바뀌기 전날 밤, 휑한 그곳에서 우리는 와인을 마셨다. 마지막 대청소에 참가한 멤버는 탁아소의 마지막 책임자인 이란인 친구, 레이철, 레나타, 비키, 나 이렇게 다섯이었다.

지원센터 이용자 중에는 음주 문제를 일으킨 사람들이 많기 때문에 센터의 모든 곳에는 주류 반입이 엄격하게 금지되어 있었다.

"들켰다고 어떻게 될 것도 아니고…… 탁아소도 이제 없어지는데, 뭐."

친구의 '될 대로 돼라' 하는 식의 결단 덕에 우리는 폐관 후 아무도 없는 시간대에 대청소 뒤풀이라는 명분으로 술을 마시기로 했다. 탁아소는 7월 여름방학이 시작된 이후 다시 문을 열지 못하고 폐쇄되었다. 그러니까 이렇게 5명이 한자리에 모여 얼굴을 마주하는 것도 오랜만인 셈이다. 자연스럽게 각자 앞으로 어떻게 지낼지가 화제였다. 이란인 친구는 한동안 파견 보육사로 일하면서 다양한 보육 시설을 경험하고 관찰할 생각이란다. 노숙자 보호소 안의 탁아소 책임자로 오라는 이야기도 있었다는데 거절한 모양이었다. 골수 반전반핵 활동가 레이철은 스코틀랜드 앞바다에 있는, 핵미사일 트라이덴트 탑재 잠수함의 현대화에 반대하기 위해 현지에 들어가기로 했단다. 거기에서 무슨 일을 하는지까지는 나도 잘 모르겠다. 몸이 무거운 레나타는 한동안 고국 폴란드로 돌아가 있을 거라고 했다. 영국의 EU 탈퇴가 결정된 지금, 앞으로의 일을 생각하다 보면 갑자기 불안이 엄습해올 때가 있는데, 태어날 아이에게 좋지 않은 상황 같아 내린 결정이라고 했다.

갱스터 래퍼 켈리의 언니 비키는 7월에 고등학교를 졸업하고 9월부터는 민간 어린이집에서 일하면서 보육사 자격증을 따는 견습생 코스에 들어갔다고 했다. 시작한 지 얼마 안 됐지만 긴축 탁아소에서의 자원봉사 경험 덕분에 어린이집에 완벽하게 적응한 모양이었다. 비키는 이미 어린이집의 인기 보육사가 되었다고 한다. 비키는 9월에 초등학교에 진학한 켈리의 사진을 보여주었다. 사진 속 켈리는 하늘색과 흰색의 깅엄 체크gingham check 원피스를 입고는 대놓고 싫다는 표정을 짓고 있었다. 켈리는 교복이 있는 공립학교에 다니게 된 것이다. 항상 아디다스 체육복에 선글라스를 낀, 꼬마 래퍼 같던 켈리에게 이런 촌스러운 옷차림은 받아들이기 힘들었으리라.

"이렇게 깔끔한 옷을 입히다니, 하하하."

나는 웃었다. 그러자 비키가 말했다.

"켈리는 너무 기분이 나쁜 거야. 그래서 담임 선생님한테 따졌대. 도대체 왜 여자아이는 치마를 입어야 하느냐고, 누가 그런 걸 정한 거냐고."

"훌륭해! 그건 옳은 지적이야."

레드 와인이 든 머그컵을 한 손에 쥔 이란인 친구가 말했다.

"그러게. 그게 우리 탁아소만의 스피릿이지."

나는 고개를 끄덕였다. '보통'이라는 개념을 의심하라. 이 말은 탁아소를 설립한 애니의 좌우명이기도 했다. 어른이 되면 일을 하는 것이 보통. 어째서? 일하는 부모님의 수입으로 가정의 생계를 잇는 것이 보통. 어째서? 아이들에게는 아버지와 어머니가 있는 것이 보통. 어째서? 부모님은 서로 다른 성별이 보통. 어째서?

이 탁아소는 '어째서?'라고 의심할 수밖에 없는 환경에서 자라난 아이들, 그리고 이 사회에 '어째서?'라고 의심하는 사람이 많아지기를 바라는 이들의 자녀들이 주로 다녔다. 보수당이 정권을 잡아 긴축 재정을 실시하고 복지와 유아 교육에 대한 지출을 싹둑싹둑 잘라버리기 전, 그러니까 저변 탁아소 시절의 이야기다. 당시 탁아소는 '뭐든 괜찮아'라는 분위기여서 아주 엉망

진창이었다. 이상하게 들릴지도 모르지만, 그래도 저변 시절은 행복했다. '저변 시대'가 '긴축 시대'보다 훨씬 더 역동적이고 즐거웠다.

"여기에 처음 왔을 때 난 영국이 이런 나라였나 싶었어. 폴란드를 떠난 걸 후회했지. 풍요로운 나라에 가려고 여기 온 건데 하고 말이야."

레나타는 이렇게 말하며 웃었다. 그녀도 오래된 직원이다.

"하하하, 그때는 정말 엄청났으니까."

레이철도 웃었다.

"혹시 영국이 아니라 인도에 온 거 아닌가 싶었다니까. 그 즈음의 식당이 특히 그랬지."

레나타가 말을 받자 이란인 친구도 옛 기억이 떠올랐는지 웃으며 말했다.

"아, 히피 같은, 머리가 저절로 드레드록 스타일이 된 아나키스트들이 많이들 와서 밥을 먹고 있었지. 맨발로 다니고 바닥에 앉아서 갑자기 명상에 잠기는 사람도 있었어."

"항상 싸움이 끊이질 않았잖아. 너는 아나코 캐피털리스트(무정부 자본주의 사상을 가진 사람-옮긴이)다, 나는 아나코 코뮤니스트(무정부 공산주의 사상을 가진 사람-옮긴이)다……. '아나코Anarcho 어쩌고'가 너무 많아서 툭하면 침 튀기는 설전이 벌어졌지."

내가 말했다.

"아이들도 악질이었지."

"그래, 그래. 걔네들이 내 머리카락을 잡아당길 때마다 한 움큼씩 빠져서 이러다가 대머리 되는 건 아닌가 싶었어."

당시를 떠올리며 이야기를 하던 중 눈이 번쩍 뜨일 정도로 아름다운 라틴계 미인이 탁아소 안으로 들어왔다.

"로자리!"

친구가 일어나 로자리를 껴안았다.

"미안해요, 늦어서."

로자리는 변함없이 청초한 미소를 띠고 있었다. 로자리도 저변 탁아소 시절의 자원봉사자였다. 아니, 더 옛날로 거슬러 올라가면 탁아소 졸업생이기도 했다. 어린 시절 탁아소 근처에서 살았던 로자리는 집안 문제가 복잡해서 절반은 탁아소에서 큰 셈이었다. 로자리와 같은 환경에서 자란 젊은 아가씨들은 대개 (그들의 어머니와 마찬가지로) 10대에 임신과 출산을 하고, 그 아이를 이 탁아소에 맡기러 오는 것이 일반적이었다. 하지만 로자리는 자원봉사자로 돌아왔다. 그리고 애니의 애제자가 되어 보육사 자격을 땄으며, 대학에 진학해 유아 교육 과정을 공부했다. 보수당 정권의 긴축 재정으로 보육사에게 지급되던 장학금 제도가 폐지되어 어쩔 수 없이 도중에 공부를 그만두었지만. 그래도 로자리는 저변 탁아소에서 애니의 신뢰를 가장 많이 받은 우수한 보육사였고, 시내 명문 사립학교 부속 프리스쿨에 들어가 재능을 발휘하며 세 살 반의 주임을 맡고 있다.

그런 로자리가 오늘 여기에 온 이유를 우리는 모두 알고 있었다. 애니 대신에 온 것이다. 탁아소 초대 책임자였던 애니는 자기가 세운 탁아소의 마지막 대청소를 보고 싶어 했다. 하지만 애니의 몸이 그것을 허락하지 않았다.

"벌써 청소 끝났네요."

"응, 끝내고 와인 마시는 중."

나는 이렇게 말하며 로자리에게 머그컵을 건네고 레드 와인을 따라주었다.

"청소도 안 하고 와인만 마시고 가면 애니한테 혼날 텐데."

로자리가 웃으며 말했다.

"애니는 어때?"

와인 뚜껑을 닫으며 로자리에게 물었다.

"항암 치료 때문에 많이 힘들어 해요. 토하고, 온몸이 저리고. 갑자기 늙은 것 같아요. 애니가 원래 나이보다 많이 젊어 보였잖아요."

로자리가 대답했다. 콜롬비아 출신인 로자리의 어머니는 헤로인 중독이었다. 영국인 아버지는 가정 폭력과 폭행 사건으로 몇 번이나 교도소에 들어갔다. 같이 살던 할머니는 암시장에서 장물을 거래하는 일을 했다. 그래서 사회복지사가 로자리를 데려가려 했는데, 그때 애니가 자기 집으로 데려가 2년 동안 보살펴주었다. 함께 산 것이 인연이 되었는지, 자라나서 재회한 것이 계기가 되었는지 모르겠지만 로자리는 애니의 외동아들과 사귀게 되었고 지금도 함께 살고 있다.

"우리 남편도 암 걸려서 치료받은 적 있잖아."

나는 이렇게 말하며 와인을 마셨다. 나의 배우자가 말기암 선고를 받은 다음 날의 일이다. 탁아소에서 아이들과 놀고 있는 나에게 애니가 "무슨 일 있어?"라고 물었다. "아뇨, 별다른 일은……" 하고 얼버무렸지만 몇 주 후에 애니는 또 같은 질문을 했다. 애니 같은 전문 유아 교육자는 내 아들의 미묘한 변화만 봐도 갑자기 어두워진 집안 분위기를 눈치 챌 수 있는 모양이었다. 나는 한 살짜리 아들에게 스트레스를 주고 있었던 것이 너무 한심해서 결국 눈물을 글썽이고 말았다. 애니는 내 어깨를 감싸며 이렇게 말했다.

"괜찮아. 공허하게 들릴지도 모르겠지만, 사람은 하려고 하면 어떤 일이든 다 아무렇지도 않게 할 수 있어요. 사람의 위대함은 거기에 있어."

이번에는 내 차례라는 생각에 이렇게 말했다.

"괜찮을 거야. 우리 남편도 9년 전에 4기 암이라고 했지만 치료받고 아직 끈질기게 살아 있잖아."

"응, 나도 미카코 남편 이야기를 애니에게 자주 해."

로자리의 말에 이란인 친구가 말했다.

"'괜찮아'라는 말은 애니의 입버릇이었잖아. 아이가 얻어맞고 피를 흘리며 바닥에 쓰러져 있어도, 괜찮아. 수조에 아기 머리를 밀어 넣고 울리는 아이에게도, 괜찮아. 아니, 그런 건 안 괜찮은 거 아닐까요? 이렇게 말하고 싶은 상황에서도 애니는 항상 쿨하게 웃었어.”

“탁아소도 지금은 없어지지만 시간이 지나면 다시 부활할 거야. 언젠가 어딘가에서 누군가가 다시 시작할 거니까 괜찮을 거야. 애니는 그렇게 믿는대요.”

로자리는 이렇게 말하더니 커다란 가방에 손을 찔러 넣었다. 가방에서 꺼낸 것은 색도화지로 만든 책자였다.

“그러고 보니 이거 미카코에게 전해달라고.”

로자리에게 건네받은 책자의 표지를 보았다. 아마도 컴퓨터로 검색해서 프린트한 것이리라. 거기에는 ‘幸運(행운)’이라는 한자 아래 영어로 ‘Good Luck’이라고 쓰여 있었다.

“아, 이거!”

나는 깜짝 놀라 소리를 질렀다. 6년 전, 저변 탁아소를 떠나던 날 받은 ‘작별 카드farewell card’, 아니 ‘작별 책farewell book’이었다. 탁아소에는 그만두는 직원이 마지막 출근하는 날, 다른 직원들과 아이들이 쓴 편지를 모아서 책을 만들어주는 전통이 있었다. 그런데 내가 그만 깜빡하고 그 책자를 탁아소에 두고 나온 것이다. “곧 찾으러 갈게요”라고 했지만, 그 후로는 잊고 있었다. 애니가 탁아소를 그만둘 때 잃어버리면 안 된다며 내 ‘작별 책’을 집으로 가져갔다는 말을 듣고서도 나는 내내 그 책을 찾을 생각을 하지 못했다. 하지만 애니는 지금껏 잊지 않았던 것이다. 역시 애니다. 스승님은 아무것도 잊지 않아.

팔락팔락 ‘작별 책’의 책장을 넘겨보았다. 거기에는 아이들이 그린 그림이 붙어 있었다. 보통 '작별 책'에는 메시지를 모아 놓지만, 아직 유아인 아이들은 글자를 못 쓰니 그림을 그리게 했다. 모건이 그린 나는 동그란 해골 같은 머리 아래에 선으로 그린 다리가 곧장 돋아나 있었다. 할로윈 시즌에 딱 어울리는 작품이다. 언제나 내 얼굴의 점을 가리키며 "이거 코딱지야?"라고 묻던 노아가 그린 나는 수많은 점으로 뒤덮인 홍역 환자의 얼굴이었다. 항상 머리를 하나로 묶어 늘어뜨리고 있었기 때문일까. 제이콥이 그린 내 머리에는 정수리부터 옥수수수염 같은 것이 길게 아래로 늘어뜨려져 있었다. 전체적으로 가늘고 긴 모델 체형이라 아주 좋은 느낌이었지만 자세히 들여다보니 팔이 없었다. 중국인 유엔은 다른 사람에게는 보이지 않는 것을 보는 아이였을까. 유엔의 그림에는 내가 셋이나 있었다. 모두 열심히 그렸구나 짐작할 수 있는 작품들이었다. 뒤에는 직원들의 메시지가 있었다. 애니의 메시지도 있었다.

"미카코는 탁아소에서 가장 큰 미소를 가진 사람이었습니다. 당신은 아이들을 웃음 짓게 할 수 있어요. 자신감을 가져요. 그 웃음 간직하기를(KEEP ON SMILING)."

아, 더 이상 못 참겠다. 눈에서 미지근한 물이 흘러내렸다.

"이런 걸 볼 때가 가장 기쁘단 말이야."

"응, 보육사로 일해서 다행이라 느낄 때는 바로 이런 순간 같아."

이란인 친구와 로자리가 얼굴을 맞대고 말했다. 6년 전, 탁아소를 떠날 때 받았던 책을 탁아소가 폐쇄되기 전날 밤에 보면서 울다니……. 도대체 이 무슨 운명의 장난인가. 도대체 무슨 인연으로 망한 어린이집에서 망해가는 탁아소로 돌아와 결국 망하고 말았나. 다시 살려내지 못하고, 제2라운드도 실패로 돌아갔다.

옆에서 티슈 상자를 건네는 비키에게 내가 말했다.

"너에게도 곧 이렇게 울 때가 올 거야."

신입 보육사 비키는 아무 말 없이 웃었다. 팽하고 코를 풀면서 올려다본 창밖 하늘은 이미 완전히 어두워져 있었다.

여기까지는 한 달 전 이야기다. 그날 밤 그렇게 휑하던 그곳에 식품회사 창고처럼 철제 선반이 늘어서고 채소와 통조림 캔, 빵, 일용품이 나란히 놓였다. 탁아소는 푸드 뱅크가 되었다. 가끔 푸드 뱅크에서 자원봉사 요청이 온다. 어린아이와 함께 푸드 뱅크에 오는 사람들이 많기 때문이다. 아이들의 부모가 담당 자원봉사자와 함께 푸드 뱅크 안을 둘러보고 식료품을 지급받는 동안 나는 무료하게 부모가 나오기를 기다리는 아이들과 마당에서 논다.

올해 칸 영화제 최우수상을 수상한 켄 로치의 〈나, 다니엘 블레이크〉(영국·프랑스·벨기에, 2016)라는 영화에는 이런 장면이 있다. 아이를 푸드 뱅크에 데려간 싱글맘이 너무나도 배가 고팠던 나머지 콩 통조림을 보자마자 그 자리에서 캔을 따서 맨손을 넣어 집어 먹는……. 그런 비슷한 장면을 나도 푸드 뱅크에서 목격

했다. 선반에 늘어선 식료품을 보고는 자기도 모르게 소리를 지르고 마는 사람, 감자를 움켜쥐고 우는 사람……

부모들의 이런 모습을 아이들은 보지 않는 편이 좋다. 그래서 나는 아이들을 마당으로 데려간다. 비가 내리면 (언제나 비가 오는 영국이지만) 마당에 작은 텐트를 친다. 가위로 오려낸 포켓몬스터들을 텐트 천장에 실로 매달아두고 '포켓스테이션'이라는 이름을 붙였다.

저번 탁아소 시절, 아나키하고 사악하고 어떻게 손을 대야 좋을지 몰랐던 빈민가 아이들이 '푸드 뱅크 시대'인 지금은 모두 배를 곯고 있다. 21세기에 들어설 무렵의 영국은 '브로큰 브리튼'이라 불렸지만, 2016년에는 갑자기 빅토리아 시대로 돌아갔다. 가장 낮은 곳에 있으면 정치의 변화가 사회를 어떻게 바꿔놓는지 잘 알 수 있다. 최하층 아이들의 미래를 열어주기 위해 세웠던 애니 탁아소는 이제 그들을 먹여 살리기 위한 식료품 창고로 변했다. 애니와 우리가 해온 일이 푸드 뱅크에 졌다. 귀가 있는 자는 들으라. 이것이 긴축 재정의 축도다. 탁아소, 정치에 완패하다.

실은 그렇지 않은지도 모르겠다. 배가 고파 기운이 없는 아이들을 웃기기란 예전처럼 쉬운 일이 아니다. 하지만 내가 포켓스테이션에서 아이들이 던진 포켓볼에 맞아 비틀거리며 쓰러지는 포켓몬스터 흉내를 내다가, 텐트에 물이 새서 그림책 위에 빗방울이 떨어진 걸 발견하고는 무심코 '제기랄' 하고 욕을 하자 아이들은 재미있다는 듯 깔깔 웃어댔다. 푸드 뱅크에 줄을 선 부모들이 존엄에 상처 입은 채 선반 위의 식료품을 움켜쥐고 비닐봉지에 집어넣는 동안 아이들은 즐겁게 웃는다. 웃을 수 있는 한 우리는 진 것이 아니다.

KEEP ON SMILING.

보통 '프롤로그'와 '에필로그'는 있어도 중간에 이런
글이 있는 경우는 별로 없을 것이다. 굳이 이런 글을 넣은 이유는
이 책이 최근 이야기를 앞에, 예전 이야기를 뒤에 두는 변칙적인
구성을 취한 까닭을 약간은 설명하고 싶었기 때문이다.

이제부터는 내가 '저변 탁아소'에서 일하던 시기 블로그에 연
재하던 글이 나온다. 당시의 글 중에서 일부는 앞서 출판된 책에
수록하기도 했다. 이 책에는 2008~2010년에 쓴 글 가운데 이전
까지 단행본에 수록된 적이 없는 글들을 실었다.

앞에 나오는 탁아소와 이제부터 나올 탁아소는 실은 완벽하
게 같은 곳이다. 하지만 그 사이에는 내가 민간 어린이집에서 보
육사로 일한 4년이라는 시간의 공백이 존재한다. 공교롭게도 이
4년은 영국 하층 사회의 격변기와도 겹쳐진다. 2010년에 정권

을 잡은 보수당은 긴축 재정 쪽으로 정책의 방향을 돌리고, 신속하게 복지, 교육, 의료 분야 재정 지출을 삭감했다. 그 여파가 서민들의 삶에서 실제로 드러나기 시작한 것이 2011년이었으므로 나는 그 영향을 느끼기 전에 저변 탁아소를 떠난 셈이다.

무급 자원봉사자로 일하던 탁아소를 그만두고 유급 보육사로 근무했던 민간 어린이집은 굳이 말하자면 브라이턴에서도 '잘나가는 힙한' 지역에 있었고, 중산층 이용자가 많았기 때문에 나는 정치의 영향을 피부로 느끼지 못했다. 하지만 그동안 저변 탁아소와 그 본부 격인 무직자와 저소득자를 위한 지원센터의 사정은 극심하게 변했다. 다니던 어린이집이 망해서 탁아소로 돌아왔을 때, 그 달라진 모습에 너무 놀라 분노를 느낄 정도였다.

나는 왜 그렇게 당혹감을 감추지 못하고 분노했던 걸까. 예전에도 저변 탁아소는 가난했고 긴축 탁아소보다 혼란스러웠다. 저변 탁아소는 도덕이고 뭐고 다 붕괴하고 아무것도 남지 않은 아나키한 나라, '브로큰 브리튼'을 체현하고 있었다. 하지만 지금 같은 분열은 없었다. 인종차별적 발언을 하는 백인 언더 클래스, 슈퍼 리버럴한 사상을 가진 인텔리 히피, 이민자 보육사, 이민자 가정이 모두 같은 장소에서 어떻게든 함께 살았다. 서로 다른 신앙과 배경을 가진 사람들 모두가 친하지는 않았다. 그렇다고 이야기가 통했느냐 하면 그것도 아니었다. 하지만 서로가 서로를 불필요할 정도로 증오하지는 않았다. 거기에는 '오른쪽'도 '왼쪽'도 아닌 '아래쪽 사람들'의 공동체가 분명히 존재했다.

영국이 EU를 탈퇴하기로 하고, 미국에서 도널드 트럼프가 대통령에 당선되자 전 세계 지식인들이 언론을 통해 '기성 특권 계층과 민중의 해리解離'를 지적했다. 마찬가지로 배외주의적 우파가 세력을 더해가는 이유도 '좌파와 민중의 해리' 때문이라고들 했다. 그 밖에도 '차별하는 사람과 차별에 반대하는 사람', '배운 사람과 배우지 못한 사람' 등 해리와 분열이라는 말이 일종의 키워드처럼 쓰이고 있다. 이러한 정세 속에서 오랜만에 저변 탁아소 시절의 이야기를 다시 읽으니 그때의 일들이 마치 무정부주의적 기적처럼 느껴졌다. 겨우 몇 년 전의 일인데, 이제 그렇게 되기란 절대로 불가능하지 않은가. 세상은 이렇게 변해 버렸다.

예전을 그리워한다고 해서 달라지는 것은 없다. 옛날에는 안 그랬다고 한탄한들 상황은 나아지지 않을 것이며 그저 후퇴할 뿐이라고 말하는 사람도 있다. 하지만 예전에 있던 좋은 것이 지금 없다면, 그때 있던 그것이 과연 무엇이었는지 되짚어보는 태도마저 부정할 필요는 없지 않을까.

2부는 내가 아무것도 모른 채 저변 탁아소에 들어가 아이들과 지원센터 관계자들을 만난 기록이니 서 있는 자리도, 시선도 지금과 많이 다르고 일부 거친 표현도 있을 것이다. 하지만 저변 탁아소에는 분명히 있었던 그 무엇을 찾아낼 수 있다면 좋겠다.

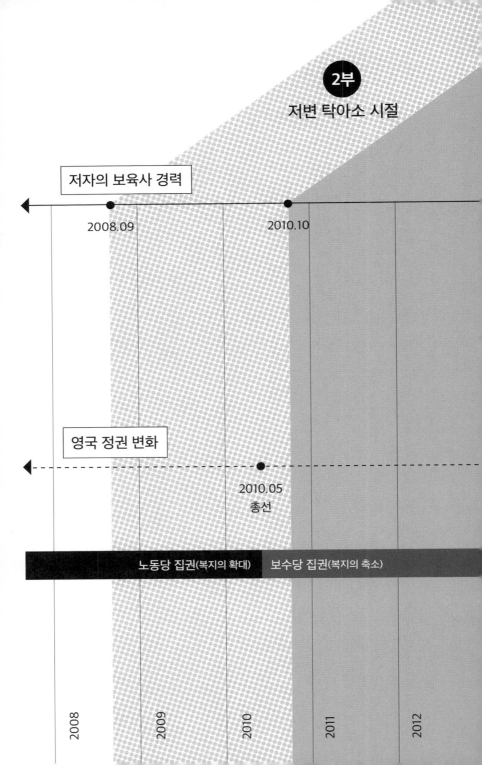

2부
저변 탁아소 시절

저자의 보육사 경력

2008.09

2010.10

영국 정권 변화

2010.05
총선

노동당 집권(복지의 확대)   보수당 집권(복지의 축소)

2008

2009

2010

2011

2012

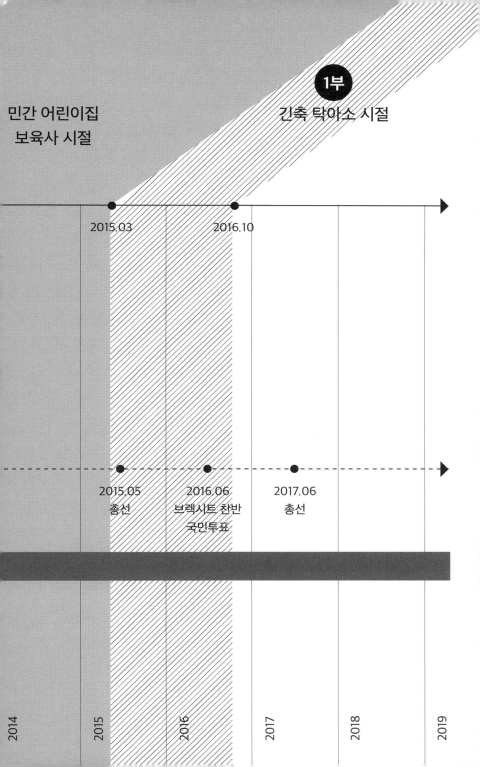

민간 어린이집
보육사 시절

1부

긴축 탁아소 시절

2015.03

2016.10

2015.05
총선

2016.06
브렉시트 찬반
국민투표

2017.06
총선

2014

2015

2016

2017

2018

2019

2부

저변 탁아소 시절
2008. 9 – 2010. 10

저변 탁아소에서 일하는 사람들은 상당히 특이한 구성을 보인다. 금전적인 보상을 받는 보육사(책임자 혹은 책임자 대리)는 각 부문에 한 사람씩만 있을 뿐 그 밖에는 모두 무급 자원봉사자들이다.

각 부문의 인원은 책임자(혹은 책임자 대리)와 자원봉사자 4명으로 구성되어 있다. 애니 레녹스(영국의 전설적인 여성 보컬리스트-옮긴이)를 닮은 탁아소 책임자의 말에 따르면 자원봉사자는 '자격이 있고 경험이 풍부한 사람 1명, 아이 돌봄child care 과정에 있는 학생 1명, 그냥 놔둬도 문제가 없는 사람 1명, 도움이 필요한 사람 1명'으로 구성하도록 정해져 있고 그에 따라 배치된다.

내가 이 저변 탁아소에서 일하면서 가장 놀랐던 것은 바로 이 '도움이 필요한 사람'이라는 범주였다. 아마 통상적인 어린이집이나 탁아소였다면 이 사람들에게 아이들과 접촉하는 일은 절대로 시키지 않을 것이기 때문이다. 그들은 하나같이 학습 장애, 정신 장애 등 분명한 장애를 가졌으며, 그 때문에 아이들과 함께 어울려 놀다가도 진짜로 싸우는 사람이 있는가 하면, 몇 년 전까지 정신병원에 입원했던 사람까지 있었다. 저변 탁아소가 '무직자와 저소득자를 위한' 지원센터의 일부인 이상 탁아소에도 '일할 수 없는 사람들'을 지원할 의무가 있으며, '아이들과 만나는 것 자체가 치료의 기능을 한다'는 애니(레녹스를 닮은 책임자)의 말처럼 센터의 기본 정책에 따라 이들에게 일을 맡기는 것이다.

그렇긴 하지만, 당연하게도 이 사람들과 아이들이 만날 때는 반드시 다른 어른이 옆에서 감시도 하고 거들기도 해야 한다. 이 범주에 속하는 사람들 가운데 일부는 조금이라도 마음에 안 들면 감정이 폭발하여 마치 아이들처럼 자신의 분노를 있는 그대로 다 드러내며 폭력적으로 행동해 사실상 아이들보다 훨씬 다루기 힘든 경우도 있다.

베키라는 스물네 살 여성을 예로 들 수 있다. 학습 장애와 성격 장애를 가진 베키는 심심하면 거짓말을 하고, 걸핏하면 화를 내며, 진심으로 아이들을 이기려고 한다. 그림책 읽는 시간만 해도 그렇다. 아이들에게 질문을 하면 곧장 그녀가 답을 말해버리는 것이다. 그 때문에 "어른이 바로 답을 해버리면 아이들이 생각해볼 여유가 없잖아"라고 했더니 "네가 뭔데 잔소리야, 이 재수 없는 누렁이 년아!"라고 성을 내며 교실을 나가더니만, 나무 화분을 들고 와서 내게 던졌다. 30초만 늦게 도망갔어도 목숨을 잃을 뻔했다. 일본 여성복 사이즈로 말하자면 21호쯤 되는 그녀가 7호를 입는 내 무릎에 되는 대로 아무렇게나 앉아서 어리광을 부리기도 하는데, 이 또한 내겐 압사의 가능성을 품은 엄청난 위험이 아닐 수 없다(일본의 여성복 사이즈는 3, 5, 7, 9…… 순서대로 커지는데 9나 11 정도가 S이니 21호라면 XXL 이상이다-옮긴이).

월급도 받지 않는 고작 이런 일에 목숨까지 걸고 싶지는 않았기 때문에 이런 종류의 사람들은 가능하면 멀리하고 싶었다. 그런데 어찌된 일인지 문득 정신을 차리고 보면, 내가 베키를 돕고 있을 때가 많았다. '싫다고 피하는 일은 반드시 하게 된다'는 너무도 알기 쉬운 내 인생. 얼마 전에도 이런 울적한 기분으로 베키와 함께 그네를 담당했다. 그런데 글쎄 베키가 너무 세게 미는 바람에 아이가 탄 그네가 엄청나게 빠른 속도로 높은 데까지 올라갔다. 평소 상당히 폭력적이고 어른 무시하기로 유명한 세 살짜리 여자아이도 이번에는 정말 놀랐는지 울먹이는 얼굴로 그네 앞에 서 있는 나를 바라보았다.

"꽉 붙잡아, 꽉."

나는 아이를 달랬다. 하지만 아이는 "무서워, 무서워"라며 울기 시작했다. 결국 나는 그네를 강제로 세웠다.

"무서워하니까 그만하자."

하지만 베키는 어찌 되었든 그네가 밀고 싶었다. 아이를 그네에서 내려주는 내 팔을 움켜쥐고는 소리를 질렀다.

저변 탁아소 시절

"이 재수 없는 칭ching(동양인을 가리키는 차별적인 용어)! 얼른 너희 나라로 돌아가. 난 이 아이가 좋아."

"하지만 그렇게 무섭게 하면 얘는 널 싫어할걸."

"그런 건 신경 안 써. 어차피 애들은 모두 나를 싫어하니까."

나는 온 힘을 다해 아이를 그네에서 내려주었다. 뛰어가는 아이 뒤를 쫓는 척하면서 나도 그네와 베키에게서 도망쳤다. 그런데 나를 쫓아와 폭력을 휘두를지도 모른다는 예상과 달리 베키는 그네 옆에서 움직이지 않았다. 그저 그네 아래에 쪼그리고 앉아 하늘을 올려다볼 뿐이었다.

"걔 자체가 덩치가 큰 아이라서 어린 아이들을 돌보기는 힘들지."

문득 식당에서 베키의 어머니가 하던 말이 떠올랐다. 베키의 가족은 모두 직업이 없어서 지원센터를 드나든다. 그러니까 간단하게 말하자면 그렇고 그런 가정이라는 건데, 영국에서 이런 가정 사람들의 특징 중 하나는 '보통은 사람들 앞에서 공개적으로 이야기하지 않는, 잘 모르는 사람에게는 밝히지 않는 그런 내용'을 큰 소리로 말한다는 것이다. 베키의 어머니가 낭랑한 목소리로 내게 한 이야기에 따르면 베키는 지금까지 2명의 아이를 출산했다. 하지만 가족들은 산모가 장애인이라 아기를 키울 수 없다며 사회복지사에게 연락을 했고, 결국 둘 다 출생 직후 입양되었다고 한다. 처음에는 베키도 격렬히 저항했지만, "그런 애니까 말이야, 두 달도 되기 전에 아이를 낳은 것조차 잊어버렸지"라고 어머니는 말했다.

그네 아래에 쪼그리고 앉은 베키는 여전히 커다란 불상처럼 움직이지 않는다. 베키 때문에 그네를 못 타겠다고 불평하는 아이들이 하나둘 생기기 시작해 하는 수 없이 베키에게로 다가갔다. 내 뒤를 쫓아온 남자아이 하나가 무모하게도 그네를 타고 싶다고 했다. 그 말에 베키는 너무나 기뻐하며 벌떡 일어나서는 아이를 그네에 앉히고 또다시 아이의 등을 힘차게 밀기 시작했다.

"꽉 붙들어, 꽉."

나는 울상이 된 아이를 달랬다.

"저기, 있잖아……."

아이들보다 더 아이 같은 순진무구한 얼굴로 베키가 웃으며 말했다.

"왜?"

"나, 아이들이 정말 좋아."

"알아."

"정말로, 엄청 좋아한다고."

"안다니깐."

소리 지르며 우는 남자아이를 태운 그네는 90도를 넘는 위험한 각도로 납빛 영국 하늘을 향해 높이높이 올라갔다.

　　영국의 보육 시설에서 일하는 보육사에게는 자기가 맡은 아이가 학대받고 있다는 근거 있는 의심이 드는 경우, 꼭 상부에 보고해야 할 의무가 있다. 이게 어느 정도냐 하면, 학대를 알고도 통보하지 않았음이 밝혀진다면, 통보하지 않은 쪽이 오랏줄을 받게 될 만큼 강력한 법적 의무다.

　'학대'라는 말은 한 단어이지만, 그 안에는 다양한 형태가 존재한다. 그 가운데에는 '양육 포기'라는 항목이 있는데, "유치원, 어린이집, 탁아소 등이 끝나는 정해진 시간에 아이를 데리러 오지 않는 부모"라고 제법 구체적인 예를 들어 정의하고 있다. 영국의 유치원이나 어린이집에서 부모가 정해진 시간에 아이를 데리러 오지 않는 일이 몇 차례 이어지면 보통은 시설에서 사회복지사에게 연락을 취한다. 그런데 우리 저변 탁아소는 지원센터 부설이기 때문인지 좋은 의미로도, 나쁜 의미로도 공동체 의식이 흘러넘친다. 그래서 이런 부분을 대충 넘기는 경우가 많다. 뿐만 아니다. 탁아소에 오는 아이들의 가정에는 사회복지사가 이미 개입하고 있는 경우가 많다. 그래서 제보를 했다가는 아이를 빼앗기는 일도 종종 있기 때문에 신중하지 않을 수 없다. 상황이 이렇다 보니 좀 늦게 아이를 데리러 오더라도 어느 정도는 이해하고 넘어가는 편이다.

그런데 이제 막 네 살이 된 딜런의 어머니는 최근에 늦어도 너무 늦는다. 5분이나 10분 정도 늦는 거야 이해할 수 있다. 하지만 그녀는 20분, 30분 단위로 늦는다. 이렇게 쓰면 딜런의 어머니가 되는 대로 막 사는 사람처럼 보이겠지만, 이제 겨우 스무 살이 된 그녀는 '섹스, 약물, 양육'으로 요약되는 빈민가의 다른 젊은 싱글맘들과 비교하면 소박하고 검소하며 무척 노력하고 있다는 인상을 주는 사람이다. 눈에 띌 정도로 외모에 그다지 신경을 쓰지 않았으며, 진지한 태도로 육아에 임하고 있었다. 딜런은 약간 겁쟁이에 짜증을 잘 내는 성격이지만 폭력적이지 않았고, 다루기 힘든 아이도 아니라 가정교육이 잘 되었다는 느낌을 주었다.

그러던 그녀가 이번 가을에 변한 것이다. 전체적으로 수수한 분위기는 예전과 크게 다르지 않았지만, 갑자기 립스틱 색이 밝아졌고 손톱에 매니큐어를 바르기 시작했다. 탁아소에 딜런을 맡기자마자 센터에서 사라졌으며, 탁아소를 닫는 시간이 되어도 돌아오지 않았다. 그녀에게 남자가 생겼다는 소문이 돌았다. 상대 남성은 스리랑카 출신으로 인도 레스토랑에서 일하기 때문에 대낮이 아니면 만날 시간이 없다는 것이다. 최근 딜런이 이상하게도 "나는 영국 사람이다"라며 인종차별적 발언을 서슴지 않는 제이크를 마치 자기가 부하라도 되는 양 따라다니는 것도 그런 사정이 있어서일까. 딜런의 어머니는 진지한 사람이라 사랑에 빠지자 더 맹렬히 타오르는 것일까? 그래서 이제 자기 아이 따위 눈에 들어오지도 않게 된 것일까?

이런저런 생각을 하면서 오늘도 엄마가 오지 않는 딜런과 레고 놀이를 하다가 탁아소 문을 닫고 청소를 시작했다. 하지만 청소가 끝나도 딜런의 어머니는 모습을 드러내지 않았다. 볼일이 있어 빨리 퇴근해야 한다는 직원 대신에 내가 딜런과 남아 있기로 했다.

"여기 있어도 별수 없으니까 밖에 나갈까?"

내가 말을 걸자 딜런이 말없이 일어났다.

"딜런과 저는 밖에 있습니다. 미카코."

이렇게 쓴 종이를 탁아소 현관에 붙여놓고 공원으로 이어지는 뒷문을 나섰다. 아직 4시 반인데도 해는 이미 기울기 시작했다.

"아, 그렇구나. 겨울 시간으로 바뀌어서 해가 지는 것이 1시간이나 빨라졌네(영국에서는 하절기에 표준시를 1시간 앞당기는 서머 타임 제도를 실시하고 있다-옮긴이), 그렇지?"

명랑하게 말을 걸어보았지만 딜런은 나를 무시하고 터벅터

벅 모래밭 쪽으로 걸어갔다. 딜런을 쫓아 언덕 위 공원의 모래밭으로 가자 이글이글 불타오르는 브라이턴의 바다가 모습을 드러냈다. 압도적이었다. 시뻘건 태양이 바다 저편으로 지면서 바다 전체를 어두운 주홍색으로 물들이고 있었다. 피처럼 검붉은 배경을 등진 딜런은 몸을 둥글게 말고, 손을 주머니에 찔러 넣은 채 모래밭의 모래를 퍽퍽 차고 있었다.

조용하지만 무시무시한 광경이었다. 딜런은 맹렬히 두려워하고 있었다. 그래서 더 격렬하게 화가 났던 것이다. 엄마에게 자기보다 더 소중한 사람이 나타났음을, 엄마가 자기를 키우는 걸 완전히 포기할 수도 있음을, 엄마가 데리러 오는 시간이 10분씩 늦어질수록 그 가능성이 점점 더 커져간다는 것을 두려워하고 있었다.

이런 상황이 사회복지사의 귀에 들어간다면 어떻게 될까. 딜런은 엄마가 돌아오길 바란다. 다른 어른이 도와주길 바라는 것이 아니라, 엄마가 데리러 와주길 바라는 것이다.

이윽고 주변이 어둑어둑해져 안으로 들어가자고 했더니 딜런이 나를 돌아다보았다. 네 살짜리 아이가 소리도 없이 울고 있었다. 뭐라 말할 수 없는 쓸쓸한 기분이 들었다.

"울지 마. 울지 말고 화를 내. 우는 건 포기했다는 뜻이야. 그러니까 우리는 항상 화를 내지 않으면 안 돼."

내가 이런 멍청한 말밖에 하지 못하고 안아주자 그 순간 딜런은 엉엉 큰 소리로 울기 시작했다.

어느새 탁아소에는 불이 켜져 있었다. 하지만 거기서 우리를 기다리던 사람은 딜런의 어머니가 아닌 애니였다.

"이번에는 사회복지사에게 연락을 안 할 수가 없겠어요."

상사의 말에 나는 고개를 끄덕일 수가 없었다. 완전히 지친 딜런은 내 어깨에 얼굴을 묻고 고통스러운 얼굴로 잠들어 있었다. 쌕쌕거리며 자는 딜런의 숨소리를 목으로 느끼며 한동안 나는 그 자리에 선 채 움직일 수 없었다. 애니는 그런 내 어깨를 툭 치고는 전화가 있는 옆방으로 건너갔다.

아이라는 생물은 본디 적응이 빨라서 유아의 1개월은
아저씨, 아줌마들의 1년이나 마찬가지다. 저변 탁아소에 완전히
적응한 무스타파는 'I am fine(좋아요)', 'See you later(또 만나요)'
같은 간단한 영어를 말할 수 있을 뿐 아니라 다른 아이들과 싸울
수도 있게 되었다. 엄마 손에 이끌려 탁아소에 처음으로 왔을 때
만 해도 말없이 흐느껴 울던 이민자 가정의 남자아이가 말이다.

 싸울 수 있다는 것은 그 자체로는 아주 건강한 것이므로 기쁜
일이지만, 무스타파에게는 곤란한 점이 하나 있었는데 바로 싸
우는 방식이 몹시 폭력적이라는 것이다. 무스타파는 상대방을
막대기 같은 것으로 집요하게 때리는 걸 좋아했다. 끝이 날카로
운 것(가위나 장난감 칼 같은)을 닥치는 대로 쥐고 히죽히죽 웃으며
상대방의 가슴을 찌른 적도 있다.

저변 탁아소 시절

저변 탁아소의 명물 '흉포한 제이크'와 '못된 리아나'가 맨손으로 상대를 때려눕히고 발로 퍽퍽 차는 '육체파'라면, 무스타파는 '흉기 사용파'다. 세 아이에게 공통점이 있다면 모두 가정폭력의 목격자 혹은 희생자라는 점인데, 아마도 그들의 공격 방식은 각자가 체험해온 폭력의 종류를 반영하고 있을 터다. 가정폭력을 아이가 목격하거나 경험하게 해서는 안 된다. 아이를 슬프게 한다거나 아이 마음에 상처를 준다는 이유 때문만이 아니다. 그 녀석들이 똑같이 따라 하기 때문이다.

아이들이 각자 자기 집의 폭력을 재연하는 모습을 보고 있으면 기분이 처지기 일쑤다. "크리스마스 휴일에 재미있게 지냈어?"라며 새해에 할 법한 질문을 해보아도 내 기분은 하향 곡선으로 돌아가고 만다.

"엄마가 생활보호수당을 크리스마스 전에 전부 써버려서 크리스마스에는 칠면조 대신 치킨 너깃을 먹었어."

다섯 살짜리 로라의 말에 네 살 레넌이 이렇게 말한다.

"우리 집도 엄마가 생활보호수당을 매달 저축하지 않아서 크리스마스에 쓸 돈이 없다고 아빠가 막 화를 내고 집에서 난리를 쳐서 엄마가 구급차에 실려 갔어."

최근 영국 언론에서는 노동자 계급 아래의 계급 이야기를 많이 다룬다. '잔인한 유아 학대 사건을 일으킨 가정이 실은 수당을 받는 (생활보호수급) 가정이었다' 같은 뉴스가 끊임없이 나오다 보니 이 '전혀 노동하지 않으니 노동자 계급이라고 부를 수도 없는' 계급의 존재가 화제가 되었다. 이 계급을 공식적으로 '생활보호수당 계급benefits class'이라고 부르지 않는 이유는 아마 '정치적 올바름(이른바 PC함)' 때문일 것이다.

"어른이 되어 수당을 받으면 초콜릿을 왕창 사서 하루 종일 좋아하는 TV를 보면서 지낼 거야."

레넌은 서늘한 얼굴을 하고서 말했다.

'곤궁한 사람에게는 살 집을 마련해줍니다. 일자리가 없는 사람에게는 반영구적으로 생활보호수당을 줍니다. 아이가 생기면 아이 수만큼 보조금을 줍니다.'

이러한 복지 시스템을 기본으로 하는 영국은 죽을 때까지 일하지 않는, 혹은 일을 못 하면서 살아 있어야 하는 사람들을 창조해냈다. 하루 종일 TV 앞에 앉아 초콜릿을 먹으며 사는 게 평범한 삶이라 여긴 채 어른이 되어가는 아이들은 결국 초콜릿에 만족하지 못하고 다른 것에 의존하게 된다. 후에 아이를 낳아 보조금이 늘어나면, 이들은 생활의 불안은 없지만 희망 또한 없는 집에서 난동을 부리거나 가정 폭력 문제를 일으키기도 한다. 얼핏 보면 자유롭게 살아가는 듯하지만 그들이 사는 방식은 다양하지 않다.

"생활보호수당 같은 것 받지 않아도 초콜릿은 살 수 있어. 일을 하면 더 많은 초콜릿을 살 수 있어."

자원봉사자 캐시가 엄한 눈초리로 레넌에게 말했다. 캐시는 신용카드 회사 콜센터와 슈퍼마켓에서 일하며 아이를 키운다. 그러면서 저변 탁아소에서 자원봉사도 하고, 아동 보육 코스를 다니며 공부까지 하는, 실로 어마어마하게 부지런한 여성이다.

실제로 '아이가 딸린 싱글맘은 생활보호로 먹고사는 것이 당연하다'고 생각하는 이 지원센터 사람들 가운데 캐시만큼 '죽어도 그 계급으로는 떨어지지 않을 거야'라고 이를 악물고 살아가는 여성은 드물다. 캐시의 눈에 '생활보호수당 계급' 사람들은 엄청 열 받게 하는 존재인지, 캐시는 "어른이 되면 생활보호수당을 받을 거야" 같은 말을 하는 아이를 보면 어린아이임에도 진심으로 싫은 소리를 퍼붓는다.

"평범한 어른은 말이야, 아침 일찍 일어나 일을 하러 나갔다가 저녁까지 집에 돌아오지 않는 거야."

"하루 종일 집에서 TV나 보는 건 게으름뱅이가 하는 짓이야."

캐시의 말 하나하나에는 가시가 박혀 있고 시종일관 위에서 아래를 내려다보는 시선이다. 너희 부모는 틀렸어. 틀렸어. 틀렸다고. 캐시는 어린아이라고 봐주지 않는다. 약자를 향한 캐시의 시선은 철저하게 차갑다.

하지만 한 가지 내가 이해하지 못하는 부분이 있다. 가끔 무슨 까닭인지 시선과 행동이 걸맞지 않아 보일 때가 있다. 팬티를 입은 채 배변 냄새를 풍기는 아이가 있으면 가장 먼저 뛰어가 옷을 갈아입히는 사람이 바로 캐시다. '생활보호수당 계급'의 어머니가 잠든 아이를 데리러 오면 유모차를 세워둔 아래층까지 굳이 아이를 안고 내려가는 사람도 캐시다.

이렇게 심한 언행의 불일치는 도대체 무엇일까. 제이크가 언제까지고 싫은 소리를 해대는 캐시의 등 뒤로 다가가 갑자기 머리카락을 잡아당겼다. 캐시는 "아아아아" 비명을 지르며 몸을 뒤로 젖혔다. 그러면서도 그 순간 바닥에 있던 장난감에 다리가 걸려 넘어질 뻔한 제이크를 다치지 않게 꼭 안아주었다.

'너희는 틀렸어. 틀렸어. 틀렸다고.'

그 앞에 있는 것. 거기서 끝나지 않는, 거기서 끝낼 수 없는 무언가. 그 무언가가 분명히 있고, 이 저변 탁아소에서 작동하고 있다는 걸 확실히 알게 되었다.

캐시가 안아준 덕분에 간신히 다치지 않은 제이크는 가만히 그녀의 얼굴을 바라보았다. 그리고 그녀의 귓가로 입을 가져갔다. 구해줘서 고맙다고 말하려는 걸까 싶었는데, 역시나 아니었다. "죽여버릴 거야, 이 할망구우우우우우우우" 하고 제이크는 큰 소리로 외쳤다.

저변 탁아소 시절

무직자와 저소득자를 위한 지원센터에는 워낙 강력
한 캐릭터가 많지만 그중에서도 가장 개성 넘치는 인물로 존이
라는 중년 남성을 들 수 있다. 실제로는 40대 후반이라는데, 어
떻게 보아도 60대로 보일 만큼 나이가 들어 보이는 사람이다.
존은 자비에르(에스파냐 출신 일본 최초의 선교사-옮긴이) 같은 불모
지대의 정수리에, 얼마 남지 않은 백발을 등까지 늘어뜨리고 있
었다. 풀어헤친 변발이라고 하면 상상하기가 쉬울 것이다. 영국
남성치고는 몸집이 무척 작고 비쩍 마른 데다가 왼쪽 다리를 절
었다. 또 커다란 흉터가 있는 오른쪽 눈은 눈꺼풀이 늘어져 흰자
위를 덮는 바람에 잘 보이지 않는다고 한다.

다리는 자동차 사고로 인한 복합 골절의 후유증이라 하고, 눈
은 선술집에서 모르는 손님들의 싸움에 휘말렸다가 유리잔 파편

에 찔려 상처를 입었다고 한다. 그러고 보니 지난해 여름에도 공원에 앉아 있다가 귀에 벌이 들어오는 바람에 귀 안쪽을 찔리고, 고막까지 찢어져 한동안 귀가 잘 들리지 않았다. 아무래도 그는 자기 의사와 상관없이 여러 일에 말려들어 피해를 보는 사람, 그러니까 그다지 운이 따르지 않는 사람인 것 같다.

지난 세기가 끝날 즈음부터는 임노동을 한 적이 없다는 그는 생활보호수당과 장애인수당을 받으며 이 센터를 드나든다. 어떤 때는 주방 일, 어떤 때는 사무소의 잡일이나 건물 관리 등 매일같이 무슨 일이든 자원봉사 노동을 하고 있다.

"원래는 건축가였는데 호텔 설계하러 일본에 간 적도 있어"라고 하기에, 내가 "그렇대요"라며 다른 자원봉사자들에게 말했더니 "아, 나한테는 바르셀로나에서 보석 디자인을 했다고 했는데", "나한테는 뉴욕에서 사진작가로 일했다고 한 적이 있어"라며 모두 깔깔 웃었다. 그는 아무것도 하지 않는 때가 가장 힘든 모양인지, 할 일이 없으면 누가 시킨 것도 아닌데 고무장갑을 끼고 화장실로 간다. 다리가 불편한 그가 양동이를 들고 절뚝절뚝 걸어가는 모습을 보고는 "그런 일 안 해도 돼요. 매일 청소하는 사람이 오니까"라며 말을 거는 사람도 있지만, 그는 아무 말 없이 변기를 뽀드득뽀드득 닦을 뿐이다. 아무 일도 하지 않으면 숨 막힐 듯한 불안감이 덮쳐와 식은땀이 나고 가슴이 답답해지는 지병이 있어서, 자신은 몸과 마음의 평안을 위해 노동을 멈출 수 없다고 한다.

저변 탁아소 시절

며칠 전이었다. '흉포한 제이크'가 탁아소에서 소동을 피우고 있다는 이야기를 들은 존이 어째서인지 고무장갑을 벗고 탁아소로 뛰어 들어왔다. 공갈 현장을 어른에게 저지당한 제이크가 파괴 활동 및 폭력 행위를 광역적, 무차별적으로 전개하기 시작해 탁아소 내부가 '아비규환 지옥'이 되었을 때, 마침 존이 기세 좋게 뛰어들어 왔으니 도대체 이 아저씨는 뭘 하러 왔나 궁금한 마음에 모두가 그를 주목했다. 그런데 그는 "제이크, 폭력은 안 돼"였던가 뭐였던가. 여하튼 보는 사람 맥이 탁 풀리는 소리를 하면서 엉거주춤하게 서 있었다. '흥, 딱 걸렸다'라고 생각했는지 제이크는 존의 배를 때리기 시작했다. 존은 네 살짜리 아이에게 얻어맞으며 "아, 그만해, 아파" 같은 한심하기 그지없는 소리를 내면서 엉덩이를 쑥 뺀 채 볼품없이 서 있을 뿐이었다.

"기분 나빠, 이 절름발이야. 절뚝이, 멍청이, 장님, 장애인."

방송금지용어가 꼬맹이 녀석의 입에서 그칠 줄 모르고 흘러나왔지만 존은 "그런 말 하면 안 돼"라고 꾸짖기는커녕 격앙되는 기미조차 없었다. 그저 허허 하며 바보처럼 몸이 흔들리고 있을 뿐이었다.

절대 복종. 세상에는 이런 멋진 말도 있지만, 허허 웃고 있는 존은 그런 딱딱한 말로는 표현할 수 없었다. 뭐랄까, 조금 더 곤약 같은 부분이 있었다. 아무런 의견도, 생각도 없이 그는 그저 거기에서 흐느적거리고 있을 뿐이었다. 다른 사람에게 맞기만 하는 사람을 '인간 샌드백'이라 표현하기도 하지만, 그건 그래도 딱딱하니까 때리는 기분이라도 나지 흐느적흐느적하는 곤약은 때려봤자 아무런 재미도 없을 것이다. 제이크는 마침내 지친 얼굴이 되어 돼지 모양 쿠션 위에 앉았다.

존은 변함없이 허허 휘청거리면서 제이크 옆으로 다가갔다.

"제이크는 아름다운 금빛 머리카락을 가지고 있구나. 제이크는 맑은 여름 하늘처럼 푸른 눈을 하고 있구나."

평소의 제이크라면 "헛소리 지껄이지 마, 찔러버릴 거야"라고 흥분했겠지만 이번엔 어째서인지 조용히 존의 품에 안겼다.

"너는 절름발이에 눈이 찌그러졌어."

"응, 그래서 나는 아름다운 머리카락과 눈을 가진 제이크가 부러워."

"내 머리카락과 눈 같은 거 특별히 아름다운 게 아냐."

"아니야, 그렇지 않아. 제이크는 아름다운 아이야. 아기 때부터 쭉 아름다웠어."

"너는 역시 미치광이야."

"제이크는 아주 아름다운 아이야. 겉모습도, 마음도."

이가 흔들릴 만큼 토 나올 것 같은 '대사'지만 존의 입에서 흘러나오면 어쩐지 진지하게 들린다. 무언가를 바라지도 않고 나쁜 생각이 있는 것도 아닌, 솔직하고 진지한 감정을 전달하는 것으로 들린다.

"나는 그런 제이크가 정말 좋아."

그 말들이 정말 바보 같을 만큼 솔직한 말이라서 그럴 것이다.

저변 탁아소 시절

"엄청나지?"

내 뒤에서 애니가 말했다.

"저 아이는 옛날부터 존을 따랐어."

존에게 안겨 진정이 된 '흉포한 제이크'는 다시 주위 아이들 같은 어린아이의 얼굴이 되었다.

다시 노란 고무장갑을 끼며 절뚝절뚝 본관으로 돌아가는 존의 뒷모습은 후 불면 날아갈 것처럼 작았다. 다리를 질질 끌며 옮기는 양동이에서 물이 출렁이며 바닥으로 떨어졌다.

"어이 아저씨, 물 다 쏟겠어요."

21세기 펑크 보이 풍의 청년이 존에게 알려준다. 오들오들 떨며 쪼그리고 앉아 바닥을 닦던 존의 모습이 내 눈에 박혔다. 양동이에서 흘러넘치던 것이 은총임을 그들은 모르고 있었다.

저변 탁아소에는 남성 자원봉사자도 몇 명쯤 있는데 보육사가 되기 위해 실습하러 오는 사람이 있는가 하면, 아동심리학이나 사회복지학을 공부하는 사람도 있다. 내가 일하는 요일에 오는 자원봉사자 중에는 폴이라는 사람이 있다. 폴은 굽이굽이 물결치는 황갈색 머리에 존 레넌 안경을 썼는데, 마치 1970년대 일본 소녀 만화에 나오는 소년이 그대로 아저씨가 된 듯한 외모에 키가 크고 상냥한 남자였다.

보육의 세계에서 남성은 영국에서도 아직 흔치 않기 때문에, 어쩔 수 없이 압도적 다수를 차지하는 여성 자원봉사자들 사이에서 '점심시간의 가십거리'가 되는 경우가 많다.

"엄청난 집안의 도련님인 것 같아. 글쎄 기숙학교를 다녔대."

"책도 몇 권이나 출판한 모양이야. 맨부커상까지는 아니더라도 무슨 상 후보까지는 올라갔었대."

"아버지가 BBC 카메라맨에 어머니가 유명한 저널리스트래."

"그런데 그런 사람이 왜 여기에 와?"

"제이미도 그랬으니까."

내 물음에 한 여성 자원봉사자가 답했다. 제이미는 무직자와 저소득자를 위한 지원센터의 명물 중 한 사람으로, 최근 정부의 투자를 받았다고 보도된 한 유명 은행 그룹 총수의 아들이다. 모히칸 스타일의 머리를 한 제이미는 매일같이 기타를 메고 와서는 식당 한가운데서 갑자기 태극권을 시작한다. 지원센터에는 이런 부류의 사람들, 즉 부유층에서 떨어져 나온 이들이 얼마간 있다. 후줄근한 옷차림에 누가 봐도 아나키한 스타일로 하고 다녀도 정체가 금방 밝혀지고 마는데, 그들이 사용하는 영어의 발음이 묘하게 아름답기 때문이다.

그러고 보니 우리 저변 탁아소의 애니도 몹시 아름다운 영어로 이야기하는 상위 중산층 출신이다. 애초에 애니가 교육에 흥미를 가진 이유도 어린 시절 기숙학교에서 느낀 쓸쓸함 때문이었다고 한다.

그런 애니가 지금은 탁아소의 자금난 등으로 바빠서, 요즘엔 문득 정신을 차리고 보면 영국의 지적 부유층 출신 폴과 일본의 노동자 계급 출신 나 이렇게 둘이서만 탁아소를 지키는 경우도 있다. 현실적으로 살자는 신조를 가진 나에 비해 폴은 상냥하고 아직 꿈이 있었다. 그래서 그와 함께 일하는 동안은 내가 꼬맹이들과 축구공을 쫓아가고, 폴은 모래밭에서 여자아이들과 소꿉놀이를 하는 상황이 된다. 둘 다 "끼야" 혹은 "와" 하면서 시끄럽게 굴거나 "자, 그럼 모두 가자!"라며 리더십을 발휘하는 타입이 아니라 자원봉사자들 가운데서는 같이 일하기 수월한 사람 중 한 명이다. 얼마 전 우연히 선술집에서 만났을 때 함께 이런 이야기를 나누기도 했다.

"미카코는 사악한 아이들과 함께 있어도 위화감이 없죠?"

조금 취한 느낌의 폴이 물었다.

"내가 사악했으니까, 랄까? 아마 지금도 여전히 그럴걸."

"가난하고 약점을 지닌 아이들을 미카코는 평범하게 대할 수가 있더라고요."

"뭐, 내가 가난했고 그게 약점이 되었으니까 그렇지, 랄까? 아마 지금도 여전히 그럴걸."

"전 가끔 그게 안 돼요."

"그럼 안 돼."

"아니……. 모르겠어요."

분명 이 사람에게는 고통스러운 일이리라. 좋은 환경에서 잘 자라 마음결이 고우니 불우한 환경에서 지내다 성격이 비뚤어진 아이들을 대하는 일이 힘들게 느껴질 것이다.

"머리로 이해하려 하면 안 된다는 건 아는데, 그렇게 되어버려요. 그들과 같은 곳까지 내려가는 게 힘들어요."

"내려갈 필요 없지 않아?"

"그럴까요?"

"끌어 올려주면 되는 거 아니야? 이해할 때까지 말이야."

내가 그렇게 말하자 폴은 뭔가를 생각하는 듯 침묵하더니 그저 이쪽을 바라보기만 했다.

그다음 주였다. 퍽Fuck(아직 f 발음이 어려워서 정확하게는 '억')을 연발하는 한 살짜리 데이지에게 폴이 그답지 않게 설교를 시작했다.

"그런 말은 쓰지 말자. 그 말을 들으면 아주 기분이 나빠지는 사람이 있고, 그런 말을 하면 데이지를 오해하는 사람도 있을지 몰라."

"억 유."

나무 블록을 쌓고 있던 데이지는 내리깐 눈으로 비스듬히 폴을 올려다보면서 대답했다,

데이지의 부모는 양쪽 모두 열여덟 살로 '애가 생겼으니 일단 낳고 생활보호를 받으면 되겠다'고 마음먹은 흔한 빈민가 10대다. 데이지가 태어나 채 한 달이 되기도 전에 둘의 관계는 끝이 났지만, 지금도 데이지의 양육 문제(특히 유아 양육 보조금 가운데 아버지 몫을 챙겨달라는) 등으로 서로 오가고 있는데 두 사람의 대화는 절반 정도는 '퍽' 아니면 '퍼킹'으로 이루어져 있다.

"너 (F) 기다리다 보면 (F) 시간이 (F) 아무리 있어도 (F) 부족해."

"너만 (F) 보조금 (F) 빼돌리고 (F) 상황 안 좋으면 (F) 갓난쟁이를 (F) 맡기러 오냐."

이런 부모다 보니 데이지가 처음으로 한 말이 '퍽'인 것도 지극히 당연하다.

"데이지, 나무 블록으로 탑을 만들어보자. 얼마나 높이 올릴 수 있을까?"

"억."

"데이지, 억은 이제 그만하자."

"어킹 타워, 어킹 유."

"어킹도 억도 슬픈 말이니까 사용하면 안 돼."

"억! 억! 억!"

"봐봐, 이 블록에 동물 그림이 있네? 이건 뭘까?"

"볼록스."

뒤에서 듣고 있다가 터져 나오는 웃음을 참느라 죽을 뻔했다.

"예이! 볼록스!"

데이지의 말을 듣고 로라가 말했다.

"볼록스는 이거야. 이거 이거."

스탠리가 제 고환을 쥐고 원숭이처럼 뛰어올랐다. 참았던 웃음이 결국 터져 나왔다. 그러자 심각한 얼굴을 하고 있던 폴까지 웃어버렸다. 이렇게 웃으면서 하면 되는 거다. 괴로움과 웃음은 의외로 같은 곳에서 터져 나오니까.

여러 사정이 있어 펜을 내려놓고 지난 몇 년간 글을 쓰지 않았다는 폴은 최근에 동화를 쓰기 시작했다고 한다. 아마도 그가 쓰던 난해한 소설보다 몇 갑절 훌륭한 것이리라. 읽지는 않았지만 나는 그렇게 생각한다.

비속어를 '슬픈 말'이라 생각하는 그는 '억'을 문학으로 만들 수 있는 사람이다.

　　이번 달이면 내가 다니던 보육사 과정도 끝이다. 마지막 과제로 SEN(Special Educational Needs, 장애가 있거나 특별한 지원 없이는 다른 아이들과 같은 교육을 받는 것이 곤란한 아이들)에 관한 에세이만 쓰면 된다.

　　가난해서 살 집이 없다거나 복잡한 집안 사정 때문에 성격이 비뚤어졌다거나 하는 이유로 '특별한 요구special needs'를 가진 아동에 대해서라면 저번 탁아소에서 이미 충분히 경험했지만, 장애(신체적, 정신적)라는 측면에서 그런 요구를 가진 아동은 경험해보지 못했다. 우리 탁아소에는 가난하기는 해도 아주 건강한 아이들만 있으니 해당 아동이 없는데 어떻게 하면 좋겠느냐고 애니에게 하소연을 하니, 애니가 근처 어린이집의 SEN-CO(Special Education Needs Co-ordinator, 보육 시설 내 장애아 보육 코디네

이터, 특수교육지원교사)를 소개해주어 그녀가 일하는 곳을 견학하게 되었다.

우리 저변 탁아소가 있는 지역은 전국적인 수준에서 '가난한' 곳으로 인정된 지구다. 통상적으로 영국에서는 3세 아동부터 정부 보육 보조금을 지원받을 수 있는데, 이곳은 예외적으로 2세 아동부터 보조금이 나오는 지역 중 하나다. 지역의 장애아가 많이 다닌다는 그 어린이집에서 나를 기다리고 있던 SENCO는 40대(그러니까 나와 같은 세대)의 검은 머리 여성이었다. 그녀는 캐주얼하고 수수한 옷차림에 화장기 없는 맨얼굴로 일하고 있었지만, 옛날에는 분명히 스트로베리 스위치블레이드나 수지 수(둘 다 눈에 띄게 화려한 화장을 하는 영국 가수다-옮긴이)였음을 짐작해볼 수 있었다. 그만큼 머리 모양이나 신발 취향이 고딕 풍이었다.

"뭐 이러쿵저러쿵 이야기하는 것보다는 직접 보는 게 낫죠."

그녀는 나를 어린이집 안으로 안내했다. 곳곳에 장애 아동의 모습이 눈에 띄었다. 다운증후군이 있는 아이, 한쪽 팔이 없는 아이, 앞이 보이지 않는 갓난아기. 영국에서는 1990년대에 장애 아동을 그들만 다니는 특수교육 시설에 고립시키지 말고 건강한 아이들과 같은 곳에서 교육해야 한다는 법률이 제정되었다. 그러나 이는 현실적으로는 아직 실현되기 어려운 문제다. 특히 이렇게 가난한 지역에는 장애 아동을 받을 수 있는 어린이집이 별로 없다.

"이 아이들 모두 이 지역 아이들이에요?"

"응."

가난한 것만으로도 힘든데 어쩌자고 이렇게 장애 아동까지 많은 걸까. 그러고 보니 빈민가에는 (관청을 속여 장애인 수당을 받는 사람이 아닌 진짜) 장애인이 많다. 알코올 의존증이나 약물 남용 등 건강에 전혀 신경 쓰지 않는 생활 탓에 장애를 가진 아이를 낳는 비율이 높은 것일까? 평소 생각해보지 않은 이런 문제들을 생각하느라 이리저리 머리를 쓰다가 교실 구석에서 인형을 만지작거리는 금발의 귀여운 여자아이가 눈에 들어왔다.

"있잖아, 여기 배를 누르면 소리가 난다."

하고 가벼운 기분으로 말을 걸었는데

"아으으으으으, 아와아아아아아아, 와아아아아아아아."

땅속까지 울리는 듯한 신음소리가 되돌아왔다.

"으으으으아아아아, 와아아아아아, 아아아아아아와아아아아아아아아아."

아이는 벽에 등을 기대고 나를 응시하며 계속해서 신음소리를 냈다. 고딕 취향의 SENCO가 가까이 다가와 여자아이에게 말을 걸었다.

"안 무섭지? 이 선생님은 그냥 너한테 인사한 것뿐이야."

SENCO는 그렇게 말하고는 아이를 안아 올렸다.

"중증 발달장애야."

"으아아아아아아아아아, 으오아아아아아."

아이의 소리는 무언가와 닮아 있었다. 그렇다. 출산 병동에 입원을 했을 때 위층 분만실에서 들리던 소리, 진통할 때의 신음소리와 닮았다. '정상'이라는 갑옷을 무너뜨리는 듯한 너무나도 근원적이며 안타깝고 처량한 소리. 이런 생각을 하는 동안에도 다운증후군이 있는 아이가 걸어와 SENCO에게 크레용을 건넸다.

"떨어져 있었어? 고마워."

여기까지 보고 나는 그녀가 보육사들이 자주 하는 "무서운 사람 아니야, 이리와, 아장아장, 꼬옥"이라든가 "크레용 주워 왔어? 다 컸네, 잘했다" 같은 말을 하지 않는다는 것을 알게 되었다. 뭐라고 하면 좋을까? 전체적으로 쿨했다. 그녀가 돌보는 아이들은 추켜세운다고 해서 달라질 수 있는 상대가 아니기 때문이리라.

눈이 안 보이는 갓난아기를 품에 안고 있던 보조교사가 화장실에 가고 싶었는지 SENCO에게 아기를 맡기러 왔다. 이제 곧 9개월이 된다는 이 영아는 두려움에 끊임없이 몸을 부르르 떨며 두 주먹으로 제 눈을 비벼댔다.

"이 아이는 계속 자기 눈을 비벼대. 어째서인지는 모르겠지만."

SENCO가 말했다. 아기는 본능적으로 자신의 그 부분이 다른 사람들과 다르다는 걸 알고 있는 것일까. 태어날 때부터 눈이 보이지 않았으니 다른 사람의 눈이 어떤 기능을 가졌는지 알 수 없을 터인데.

활짝 열어놓은 뒷문을 통해 밖으로 나가보니 10명 정도 되는 아이들이 좁은 뜰에서 놀고 있었다. 한쪽 팔이 없는 여자아이가 미끄럼틀 옆에 넘어졌다. 꺄악 하고 우는 소리가 났다. 나에게 러시아어로 알 수 없는 말을 하며 공을 던지는 아이. 뜰 구석에 세워둔 세발자전거 그림자에 몸을 숨기고 밀랍인형처럼 가만히 콧물을 흘리는 아이.

꾸물꾸물 움직이지 않는 겨울비 전선이 어느 때보다 정체가 심해져 영국의 하늘이 한층 더 무거워진 탓일까. 문밖으로 나왔지만 바깥의 밝은 느낌이 전혀 없었다. 빛은 있지만 그 빛은 묘하게 어둡고 습했다. 막막하고 우울한 기분으로 서서 공을 던져주고 있으니 한쪽 팔이 없는 여자아이가 내 옆으로 다가왔다.

"린보, 린보."

아이는 하나뿐인 팔을 들어 한 방향을 가리켰다. 희미한 무지개가 하늘에 걸려 있었다.

"이에쁘드아."

한쪽 팔이 없는 여자아이는 기쁜 듯 미소를 지으며 내 다리에 제 머리를 기댔다. 나는 어둑어둑한 하늘에 걸린, 지금이라도 사라져버릴 것처럼 동강난 무지개를 올려다보았다.

그러는 동안에도 러시아인 아이는 나에게 집요하게 공을 던졌고, 밀랍인형 같은 남자아이는 눈을 치켜뜨고 나를 노려보았으며, 앞을 못 보는 갓난아기는 쉼 없이 두 손으로 제 눈을 비벼댔다. 무지개 건너편 게이 거리에는 진짜 무지개보다 몇 배는 더 화려하고 선명한 무지개 색 깃발이 펄럭펄럭 바람에 나부끼고 있었다.

아, 정말 끝까지 와버렸구나. 돌이켜 보면 멀리도 왔다. 한순간 감상에 사로잡혀 나카하라 주야(일본 쇼와 시대의 시인-옮긴이)라도 된 듯한 기분인 내 옆에서 한쪽 팔이 없는 여자아이가 "이에쁘드아"를 만 번 정도 되뇌고 있었다. 나는 아이의 머리를 쓰다듬으며 말했다.

"정말 믿을 수 없을 정도로 예쁘구나."

이제 곧 세 살이 되는 이 아이의 이름은 앤절라라고 했다. 어두운 빈민가로 내려온 천사의 찢어진 타이즈와 얼룩덜룩한 낡은 스웨터 사이사이로 하얀 피부가 보였고, 스웨터 목둘레선 위로는 쇄골이 거칠게 솟아 있었다.

엄마라는 이름의 맹수,
그렇게 사라져가는 아이들

_ 2009. 5. 11

"도대체 얘를 누가 본 거야!!! 무슨 짓을 한 거냐고!
아아앙, 머리에 이렇게 큰 혹이 생겼잖아. 당신들 정말 어떡할
거야!!!!!!"

탁아소가 끝나는 시간에 딸을 데리러 온 '못된 리아나'의 어
머니가 반미치광이처럼 소리를 질렀다. 꼬맹이들이 서로 부딪
치고 넘어뜨리고 때리는 정도의 폭력으로는 그다지 큰 소동이
일어나지 않는 저변 탁아소지만, 밖에서 놀다가 넘어지거나 미
끄럼틀이나 정글짐에서 떨어지는 등의 사고로 아이들이 다치면
부모들은 핏대를 세우고 난동을 부린다.

유아들이 서로 밀거나 때릴 때보다는 전속력으로 달리다 넘
어지거나 그네에서 떨어질 때 심각한 상처를 입을 확률이 훨씬
더 높고, 부모들이 걱정하는 것도 당연하다. 그러나 저변 탁아소

에는 또 다른 사정이 있다. 이곳에는 사회복지사가 들락거리는 집 아이들이 많다는 사실이다.

이 '못된 리아나'의 집도 그러한데 아버지는 가정 폭력으로 복역 중이고, 어머니는 예전에 약물 중독자였기 때문에 '요주의 가정'으로 사회복지사에게 찍힌 상태였다. 리아나의 아버지에게 칼로 협박받을 때 생긴 상처가 아직도 뺨에 남아 있어 딱한 리아나의 어머니는 그럼에도 밑바닥 생활에서 기적적으로 유턴했다.

"좋은 엄마가 되고 싶어요. 제가 지금 바라는 건 그것뿐이에요. 제발 도와주세요."

이렇게 말하며 애니에게 의지해왔다는 것이다.

"진정하세요. 아이가 시설에서 놀다 보면 상처 하나쯤은 생기기 마련이에요."

제정신을 잃고 날뛰는 리아나의 어머니에게 애니가 말했다.

"애를 또 응급실에 데려가야 한다고!! 이렇게 커다란 혹이 생기다니."

"아이들한테 혹 하나 정도 생기는 건 흔한 일이에요. 그렇게까지 걱정되면 제가 함께 응급실에 갈게요."

"그 사람들은 매주 응급실에 오는 아이들 이름을 체크한다고. 또 문제 삼을 게 분명하단 말이야!"

"그 사람들이 이걸 가지고 뭐라 하면 제가 전화해서 사정을 이야기할게요."

"더 이상 그 사람들한테 약점 잡히기 싫단 말이야. 왜 이렇게 하는 거냐고!"

굳이 말할 필요도 없지만 여기서 그 사람들은 사회복지사를 말한다. 내가 이 일을 시작한 뒤로 지금까지 저변 탁아소에 오는 아이들 중에서 사회복지사에게 끌려간 아이는 한 명도 없다. 그러나 과거에는 여러 명 있었던 모양인지 고참 자원봉사자는 이렇게 말했다.

"한 사람, 또 한 사람 없어지는 거야. 어느 날 갑자기 발걸음이 뚝 끊기는 거지. 그리고 애니한테 전화가 와. 그 엄마한테서. 울면서 말이야."

빈곤. 아이들을 초라하게(추운 날 얇은 옷을 입힌다든가, 여자아이에게 남자아이 옷을 입힌다든가) 입힌다. 가정 폭력남과 헤어지지 못하고 아이들이 가정 폭력을 목격하게 한다. 동거 중인 남자 혹은 자기 자신이 알코올이나 약물에 의존한다. 혹은 의존증을 진단받은 과거가 있다. 우울증에 걸린다. 몇 번이고 응급실에 아이를 데려간다(혹은 전혀 데려가지 않는다). 아이에게 항상 상처가 있다. 초등학생이 혼자서 집을 지킨다(이는 아시아인 부모가 문제시되는 가장 큰 부분이기도 하다). 슈퍼마켓이나 쇼핑센터 등지에서 아이가 여러 번 길을 잃는다.

이는 전부 그들에게 '약점'으로 간주되는 사항이다. 이 나라에서 아동 보호 과정을 밟으며 알게 된 것인데, 위에 적은 것들은 모두 '위험한 징후'의 목록에 들어간다. 부모가 아이들을 학대한다는 사실이나 증거 없이도 복수의 해당 사항이 있다면 지방자치단체는 정신적 학대 등을 이유로 부모에게서 아이를 빼앗아 갈 수 있다.

"애 몸에 상처가 생기지 않게 좀 잘 보라고! 줄줄줄 (F) 사람만 많아가지고 (F) 하나 쓸모도 없는 (F) 것들이면 도대체 어쩌자는 거냐고!!"

리아나의 어머니는 온몸의 털을 곤두세우고 으르렁거리는 맹수처럼 욕을 퍼부었다.

"마미, 마미, 나는 괜찮아."

리아나는 제 몸을 끌어안은 엄마의 얼굴을 보며 말했다.

"이제 안 아파, 마미. 부딪쳤을 땐 울었는데 이제는 하나도 안 아파."

한 성깔 하는 그 리아나가 엄마를 달래고 있다. 맹수로 변한 엄마의 평정심을 되찾아주려고 이제 막 세 살이 된 아이가 노력하고 있는 것이다. 아직 할 말이 더 남은 듯했지만 리아나의 어머니는 입술을 깨물며 딸을 안고 탁아소를 나갔다.

"사정이 사정이다 보니 이런 일이 생기면 과하게 신경질적이 되는 거야. 하지만 리아나 엄마는 정말 열심히 노력해서 좋은 엄마가 되려고 하는 거니까…… 너무 열심이다 보니 헛바퀴 도는 일도 있지만, 우리는 그 마음을 잊지 말도록 해요."

"(F) 쓸모없는 것들"이라 불린 우리에게 애니가 말했다. 리아나 어머니의 헛고생은 리아나의 옷차림에도 나타난다.

리아나는 언제나 새 옷을 입고 구두를 신고 있었는데, 그 번쩍번쩍한 느낌이 저변 탁아소에서는 묘하게 튀었다. 물감이나 모래 같은 걸로 더럽혀지기 마련인 탁아소에 그런 치렁치렁한 옷을 입고 오면 어쩌겠다는 건가 싶어서 처음에는 그 어머니를 이해할 수 없었다. 하지만 사정을 알고 나자 자신은 1년 365일 똑같은 운동복을 상하로 입고 다니고, 20대인데도 이상하게 늙어 보이는 인상의 리아나 엄마가 애처로울 정도로 애쓰는 모습이 내 눈에도 보였다.

그녀는 엄마라는 이름의 맹수가 되어 온몸과 마음을 다해 싸우고 있는 것이다. 잠든 사이에 아이를 도둑맞지 않기 위해서. 혼자 멍하니 있는 사이에 누군가 아이를 데려갈지도 모르니 그렇게 되지 않도록. 평소와 달리 허둥지둥 퇴근 준비를 하는 애니는 분명 이제 응급실에 가려는 것이리라.

"굿 이브닝."

인사를 하자 애니는 말없이 웃으며 탁아소를 나갔다.

"아이들을 지원한다는 것은 그 아이들의 부모를 지원한다는 것입니다."

그녀의 말버릇이 문득 생각났다. 그 말은 듣기 좋은 이상론이 아닐뿐더러 정치가의 수사도 아니다. 현장에서 엄마라는 맹수의 등을 쓸어주던 사람만이 토해낼 수 있는 리얼한 아동 보호론이다.

최근 일본에서도 아동 학대 문제가 밖으로 드러나는 모양이다. 아동 학대 관련 뉴스가 늘어나고 있다는데, 요즘 들어 갑자기 부모와 사회의 수준이 낮아져서가 아니라 그저 서구 문화의 유입으로 사람들 머릿속에 '학대'라는 인식이 생겼기 때문이 아닌가 싶다.

1970년대에서 80년대에 걸친 '1억 총중류 시대'는 정부와 언론이 만들어낸 어리석은 슬로건이었다(하지만 가장 (F) 어리석은 것은 그걸 진심으로 믿은 일반 시민이었다. 부모가 교통비를 주지 않아 방과 후에 아르바이트를 한다는 10대 소녀에게 "노는 데 쓰려고 돈 버는 주제에 거짓말하지 마. 지금 일본에 그렇게 가난한 집이 어디 있어"라고 단언한 후쿠오카의 모 현립고등학교 교사는 가장 잘 들어맞는 예시라 하겠다. 그 소녀는 바보와 멍청이는 용서해도 어리석은 자는 용서하지 않는 성격이었던 지라 그다음 날 머리를 금발로 염색하고 뾰족뾰족하게 세운 채 학교에 갔다. 담임의 학생 관리 능력이 얼마나 형편없는지를 보여주기 위해서). "자기들 시절에는 일본에 도덕이 살아 있었고 사람들이 지금보다 인간적으로 훌륭했기 때문에 아동 학대 같은 건 없었다"는 식으로 이야기하는 아저씨들의 말은 어처구니가 없다.

지난 세기 말까지 일본이 아동 학대로 인한 사망 사건으로 떠들썩하지 않았던 이유는 아이들의 사망 원인을 제대로 파악하지 않고 처리했기 때문이다. '아동 학대'라는 개념이 널리 알려지지 않았던 시절에는 아이들의 죽음을 조사하는 사람들이 그런 관점에서 사건을 보거나 의심하지 않았을 뿐 아니라, 보도하는 사람들도 사건을 특별하게 취급하지 않았다.

하지만 최근에는 그런 나의 조국 일본에서도 돌봄 시설 직원에 의한 아동 학대가 문제가 되어 아동돌봄제도를 재검토하고 있다고 한다. 그런데 여기서 너무너무 신경이 쓰이는 부분은 "영국의 돌봄 시스템을 참고하여 일본도 위탁가정제도를 충실하게 시행하자"라고 주장하는 지식인들이 있다는 점이다. 영국 정부가 일부 출자하는 채널 4가 제작, 방영한 다큐멘터리 〈돌봄에서 길을 잃다Lost in Care〉에 의하면 영국은 이미 다음 단계로 들어섰기 때문이다.

영국 정부는 현재 위탁가정foster family(수양가족)의 한계를 확인하고, 독일형 소규모 가정 돌봄 시설에 주목하고 있으며 새로운 형태의 실험적인 돌봄 시설을 에식스 주를 중심으로 설립하기 시작했다.

영국 정부와 사람들이 인식하고 있는 위탁가정의 한계란 다음과 같다.

① 아무리 필요한 훈련을 받고 지방자치단체에서 인정되었다 하더라도 위탁가정의 수양부모는 아동 돌봄과 아동심리학에 대해서는 문외한이며, 돌봄 시설에서 일하는 전문가와 같은 지식을 가지고 있지 않다. 따라서 수양부모, 즉 '문외한인 아버지와 어머니'는 집에서 자상 행위(자살 미수를 포함한)나 문제 행위(파괴 행위, 동물 학대, 이상 조숙에 의한 성행위 등)가 빈번하게 일어나는 문제 가정 출신 아이들에게 부적절한 대응을 하는 경우가 많다.

② 양육 현장이 일반 가정과 마찬가지로 닫힌, 즉 다른 사람이 없는 공간이므로 돌보는 아이를 학대하거나 양육을 포기하는 수양부모가 생기며, 영국에서는 그런 사건이 친부모에 의한 학대와 비슷한 수준으로 문제가 되고 있다.

③ 훌륭하고 마음씨 좋은 수양부모(신체적, 정신적 장애를 가진 아이를 맡겠다고 하는 수양부모)에게 다루기 어려운 아이를 보내려다 보니 아이들을 이리저리 돌리는 현상이 일어나는데, 이 과정에서 아이들의 발달장애와 정신질환이 더 악화되기도 한다.

④ 위탁가정제도는 수양부모에게 보수를 지급하는 '가상 가정' 제도이므로 지방자치단체로부터 수당을 못 받는 나이에 가까워

지면 아이에게 '얼른 집에서 나가라'는 듯한 태도를 취하는 수양부모가 많다. 또한 다른 가족들과 같은 세탁기를 사용하지 못하게 하는 등 미묘한 지점에서 외부인 취급을 해서 아이들에게 상처를 입히는 경우도 많다. 반항기에 들어선 아이들이 폭력적인 소동이라도 일으키면 깔끔하게 아이를 포기하고, 지방자치단체로 돌려보내는 수양부모도 적지 않다. 그들은 수양부모가 아니라 '고용된 부모'로서 마음에 안 드는 아이를 돌려보내고 다른 아이를 요구할 수도 있다.

이 다큐멘터리에 출연한 돌봄 시스템 출신 젊은이들의 이야기를 들어보면 평균 10번 정도 수양부모가 바뀌었다는데, 만약 한 아이가 여섯 살부터 열여섯 살까지 10년 동안 영국 돌봄 시스템의 보호를 받았다면 그 아이는 매년 한 번씩 수양부모가 바뀐 셈이다.

돌봄 시스템의 도움을 받는 아이들 대부분이 '정신적 학대' 때문에 친부모와 떨어져 살게 되었다는데, 그렇다면 매년 부모가 바뀌는 이 말도 안 되게 불안정한 상황으로 아이들을 몰아넣는 것은 '학대'가 아니고 뭐란 말인가.

'아이들은 가정에서 자라는 것이 제일 좋다'라는 생각에서 추진된 위탁가정제도이지만, 가정에서 상처받은 아이들이 '가상 가정'에서 더 상처받는 것보다는 아예 '부모가 있고 아이가 있는 정상 가정'이라는 형식에 구애받지 않고, 같은 상황에 처한 아이들 몇 명과 전문적인 돌봄 인력이 함께하는 환경에서 '동료와 지내는 대안적인 가정'을 만드는 편이 낫지 않나 하는 것이 독일식 소규모 돌봄 시설의 근본적인 아이디어다.

이 또한 나름의 문제가 있겠지만 적어도 매년 아이들의 거주지가 바뀐다든지, 수양부모의 학대로 늑골이 너덜너덜해져 아기가 죽는다든지 하는 문제는 피할 수 있지 않을까? 친부모와 강제로 떨어져 살게 된 아이들에게 이제부터는 자기 힘으로 살아가는 수밖에 없다는 현실을 일깨운다는 의미에서도 위탁가정 제도로 가혹한 현실을 은근히 눈치 채게 하느니 차라리 처음부터 부모가 없다는 걸 인식시키는 편이 낫지 않을까? 기대하고 배신당하기를 반복하는 상황보다는 이쪽이 아이들에게 친절한 게 아닐까?

실제로 저변 탁아소에 오는 아이들 가운데 몇몇은 친부모와 같이 살지 않는 편이 행복할 것 같다고 느낀 적이 있다. 하지만 '그럼에도 불구하고 가능하면 지금의 가정에서 어떻게든'이라고 생각하게 되는 것은 영국의 돌봄 시스템을 신뢰하지 못하기 때문이다. 그렇게 위탁가정에 보내진 아이들이 엄청난 일을 당하게 될 가능성이 높기 때문이다. 위탁가정이라고 하면 이국적인 외모의 이민자 아동이 부유한 사모님에게로 가서 사랑받는 미담을 떠올리기 쉽지만, 성질 고약해 보이는 하층 계급 영국 꼬맹이들에게는 절대로 그런 행운이 오지 않는다.

이렇게 외국인 보육사의 눈에도 말도 안 되는 것처럼 보이는 영국의 돌봄 시스템을 나의 조국은 베껴 가서 뭘 어쩌자는 건지. 일본인은 예절을 중시하는 진지한 국민이기 때문이라는 환상을 전제로 하는 건 이상하지 않은가. 아동보호에 필요한 것은 환상에 기댄 희망론이 아니라 땅바닥을 굴러다니는 어두운 진실을 직시하는 각성론이다.

저변 탁아소 시절

앨리스는 첫인상부터 대단히 강렬했다. 서양 사람들의 모발 중에는 '플래티넘 블론드'라는 머리색이 있다. 두 살짜리 앨리스는 플래티넘 블론드라 하기에도 색소가 너무 희박해 거의 백발에 가깝다고 하겠다. 들쭉날쭉 짧게 자른 백발 머리 아래에는 이상할 정도로 커다란 눈이 있다. 그 큰 눈에는 눈썹과 속눈썹이 없다. 아니, 없는 게 아니라 하얀 털이 하얀 피부와 하나가 되어 눈에 잘 띄지 않는다.

눈썹이 없는 얼굴이란 어딘가 동물적인 느낌을 주는 법인데 앨리스의 얼굴 또한 그렇다. 얼핏 보면 앨리스는 사람으로 보이지 않는다. 그렇다고 쉽게 동물로 비유할 수 있을까. 해달이라 하기에는 눈매가 너무 날카롭고, 뱀이나 도마뱀 같은 파충류라 하기에는 앨리스보다 파충류가 더 사람을 잘 따를 것 같은 얼굴이다.

이것만으로도 특이한 인상인데 이 두 살짜리 아이는 전혀 웃지 않는다. 꼭 순수한 웃음이 아니더라도, 나쁜 꾀를 생각해낼 때 히죽히죽 웃음을 머금는 아이들은 꽤 있다. 하지만 앨리스는 그렇지도 않다. 기본적으로 항상 똑같은 표정을 하고 있다. 그 커다란 눈을 부릅뜨고 무언가를 응시하고 있다. 앨리스의 표정은 마치 끊임없이 놀라는 중인 것으로도 보이고, 눈을 뜬 채 자는 것처럼도 보인다.

어느 날이었다.

무직자와 저소득자를 위한 지원센터 식당에서 두 살짜리 우리 아이에게 밥을 먹이고 있었는데 앨리스와 오빠 찰리가 어머니와 함께 와서 맞은편 탁자에 앉았다. 앨리스의 어머니는 남매 앞에 작은 그릇들을 늘어놓더니 자기 접시에서 먹을 것을 덜어주고는 작은 포크를 하나씩 찔러 주었다. 그리고 먹으라는 듯 턱짓을 한 후 아무 말 없이 식사를 시작했다.

남매는 음식에는 전혀 손을 대지 않고 계속 우리 쪽을 바라보며 서 있었다.

"얼른 먹어, 시간 없어."

"흘린다, 손으로 잘 잡고 먹어."

이렇게 아이를 챙기는 나와 그런 내게 불평하며 밥을 입에 넣고 있는 아들. 그런 일상적인 부모 자식 간의 모습을 두 살짜리와 다섯 살짜리가 옴짝달싹하지 않고 바라보고 있는 것이다. 이 끈적끈적한 응시는 10분이나 지속되었기 때문에 나는 뭐라 말할 수 없이 우울한 마음이 되었다.

남매는 둘 다 탁아소의 문제아였지만 실은 앨리스가 오빠보다 더 문제였다. 야만적이고 예측이 불가능했기 때문이다. 앨리스는 다른 아이들의 얼굴이나 귀를 꼬집어 비틀고, 팔이나 다리를 물거나 목을 조르면서 머리를 세차게 흔들었다. '때린다', '찬다', '때려눕힌다' 같은 통상적인 세련된 폭력이라면 몸의 움직임이나 진행 방향을 보고 어느 정도 예측이 가능하다. 하지만 앨리스의 공격 방식은 너무나 동물적이었고, 얼굴 표정도 없었기 때문에 '열 받는 순간'을 읽어낼 수가 없었다. 그래서 예측도, 예방도 불가능했다.

또 다른 날이었다.

식당에서 찰리와 앨리스가 제 엄마를 찾고 있었다. 베란다에서 담배를 피우는 어머니에게 둘을 데려갔더니 "잠깐 둘이서 좀 놀라고 했지! 적당히 좀 (F) 따라다니니라고. 도대체 몇 번을 (F) 말해야 알아듣겠어? (F) 너희 바보야?"라며 불처럼 화를 냈다. 서슬 퍼런 얼굴로 아이들의 어깨를 차례로 강하게 밀었다.

오빠는 몸에 불이라도 붙은 것처럼 울어대기 시작했지만 앨리스는 울지도 당혹스러워 하지도 않았다. 변함없이 그 커다란 눈을 부릅뜨고 엄마를 쳐다보았다. 그 모습이 아무리 해도 머리에서 지워지지 않아 애니에게 목격한 내용을 이야기했더니 "내일 앨리스의 어머니와 이야기해볼게요"라고 했다.

그 뒤 애니가 무슨 이야기를 했는지는 모르겠지만 앨리스의 어머니는 변함이 없었다. 앨리스의 소변이 묻은 팬티와 바지를 앨리스 이름이 적힌 선반에 넣어두었다고 말한 지 몇 주가 지나도록 젖은 옷을 가져가지 않았다. 자기 아이들이 아침에 입고 나간 옷과 다른 옷을 입고 돌아와도 눈치 채지 못하는 것이리라.

딸인 앨리스 또한 아무런 변화도 없었다. 변함없이 짐승처럼 아이들을 물어뜯고 아기 목을 졸랐다. 제 입에 칼을 넣은 채 돌려서 탁아소를 아비규환 상태로 만들었다.

그런데 최근 이 야수에게서 의외의 모습을 발견했다. 앨리스가 탁아소 바닥에 떨어진 리본을 주워 제 머리에 묶어보려고 부단히 애를 쓰는 게 아닌가. 앨리스의 짧은 머리에 리본을 묶기란 애초에 불가능한 일이라 머리핀에 리본을 묶어 머리에 꽂아주었더니 "거울, 거울"이라고 외치며 거울 쪽으로 달려갔다. 그러고는 거울 앞에 서서 넋을 잃고 제 모습을 바라보는 것이다. "예뻐"라고 했더니 그 얼어붙은 얼굴이 한순간 뭉클할 만큼 풀어졌다. 웃는지 찡그리는지는 잘 모르겠지만 어떻든 말로 표현하기 어려운 표정 변화를 보였다.

어떤 아이든 변화의 '돌파구'는 반드시 있다. 리아나의 경우에는 미술이었고, 무스타파는 축구였다. 아무래도 이 야수 앨리스의 키워드는 '소녀 감성'인 듯하다. 거울 앞에서 머리를 빗겨

주고 액세서리를 달아주는 동안 앨리스는 마치 다른 아이처럼 얌전해졌다.

그러던 어느 날, 빨래 바구니를 안고 탁아소를 나와 지원센터 지하에 있는 세탁실에 갔더니 바닥 구석에 대낮부터 남녀가 끈적끈적하게 엉겨 붙어 있는 것이 보였다. 내가 세탁실 문을 여는 소리에 하나가 되어 있던 육체는 잠시 움직임을 멈췄지만, 곧 다시 엉겨 붙어 바스락바스락 하던 일을 이어갔다.

성행위를 다른 사람에게 들켰을 때 거기서 그만두는지, 뻔뻔하게 계속하는지가 기존 계급과 언더 클래스 간의 차이라는 상당히 차별적인 이야기를 들은 적이 있는데, 그런 의미에서 어두운 세탁실 바닥에서 펼쳐진 것은 진정한 언더 클래스 남녀의 결합이라 하겠다.

그런데 그 알전구 아래에서 헐떡이던 여자는 다름 아닌 앨리스의 어머니였다. 급히 방향을 돌려 문을 닫고 계단을 오르던 내 머릿속에서 "여기서 꺼져"라는 말이 튀어나왔다. 이제 때가 되었나 싶었다. 이런 곳에 오래 머물러서는 안 되겠다. 이런 고인 물 같은 곳에 언제까지고 출입해서는 안 되겠다.

빨래를 안은 채 탁아소로 돌아오니 앨리스가 거울 앞에 서 있었다. 분홍 레이스가 달린 머리띠를 하고는 거울 앞에서 넋을 잃은 채 서 있었다.

"봐, 예쁘지."

앨리스에게 '소녀 감성'은 어울리지 않는다. 오히려 그런 것 때문에 제 외모의 기발함이 더욱 두드러질 뿐이다.

"나 예뻐?"

앨리스는 다가와 내 손을 잡았다. 야수의 손은 움찔할 정도로 차가웠다. 동시에 그 차가운 손은 그 위에 손을 포개어 다시 쥐어주지 않으면 안 될 정도로 조그맣다.

"응, 아주 예뻐."

나는 웃으며 말했다. 앨리스는 결코 예쁘다고 할 수 없는 이상한 얼굴을 찌그러뜨리며 열심히 웃으려 애를 썼다.

재능을 돈으로 바꿀 수 없는 사람들

_ 2009. 6. 5

무직자와 저소득자를 위한 지원센터의 식당 일은 전부 자원봉사로 운영된다. 따라서 그날 식사의 질은 누가 주방에 들어갔느냐에 따라 '어마어마하게' 달라진다.

일본인 자원봉사자가 주방을 지휘하는 요일에는 지라시즈시 같은 일본 음식이 나오기도 하는데, 그 덕에 무직자나 저소득자라도 트렌디한 일본 요리를 맛볼 수 있다. 무직자나 저소득자들은 지금 유행하는 비싼 일본 음식과는 별 인연이 없다 보니 "이게 뭐야", "소시지랑 감자칩을 달란 말이야" 같은 반응도 있지만, 자신의 '슈퍼 리버럴한' 이상 때문에 스스로 밑바닥으로 내려온 지적인(그리고 따지기 좋아하는) 빈자들 사이에서는 엄청난 호평을 받는단다.

뿐만 아니다. 보통 맛없다고 평가되는 영국 음식마저도 제대로 만들면 이렇게 맛있어질 수 있구나 싶은 날이 있는데, 바로 루시라는 여성이 취사장에 들어가는 날이다. 뚱뚱하고 털이 많은(그녀는 브루넷, 그러니까 흑갈색 모발을 가졌는데 전혀 털 관리를 하지 않는다. 심지어 여름에도) 이 여성의 손이 닿으면 셰퍼드 파이(으깬 감자를 올려 구운 고기 파이-옮긴이)나 핫 포트(소고기나 양고기를 감자와 함께 냄비에 넣고 찐 요리-옮긴이)는 물론 소시지나 으깬 감자까지도 맛있다. 이미 13년이나 영국에 산 내가 '이렇게 맛있는 음식이 있었으면 좀 일찍 알려줬어야지'라고 으르렁거리고 싶을 정도였다.

예전에 런던의 일본계 기업에서 일할 때, 일본에서 누군가 출장을 오면 고급 레스토랑으로 데려가 접대를 하곤 했다. 그때 먹었던 유명 레스토랑의 식사와 비교해도 루시가 만든 음식이 맛에서는 뒤지지 않는다. 이렇게 요리를 잘하는 사람이 왜 자원봉사를 하는지, 이러고 있을 게 아니라 레스토랑에 취직해서 주방장으로 일하면 좋지 않은가 싶겠지만, 루시에게는 학습 장애가 있었다. 스트레스를 참아내는 능력이 다른 이들에 비해 극단적으로 낮아서 착란 상태에 빠지기 쉬웠다. 일반 식당의 주방 같은 긴박한 장소라면, 마음의 병을 가진 루시는 아예 근무 자체가 불가능한 것이다.

장애를 가진 사람들 가운데는 특정 분야에서 극단적으로 우수한 능력을 보이는 사람들이 있다고 하는데, 루시도 그런 경우였다.

"당신은 요리 천재인 것 같아요."

어느 날 나는 일본인 자원봉사자 S씨와 함께 베란다에 서 있는 루시에게 말을 걸었다. 그러자 루시는 갑자기 얼굴을 붉히며 "아아아아, 아아아아, 으으으으" 하고 우물쭈물 부끄러워하더니 S씨 뒤에 숨었다. 잠시 후 루시는 꺄아아악 하고 소녀처럼 비명을 지르며 부엌 쪽으로 도망쳤다.

"모르는 사람이 말을 걸면 무섭대. 칭찬 받으면 더 그렇고."

S씨의 말을 듣고는 그런가 보다 했는데, 도망갔던 루시가 갑자기 베란다로 달려왔다.

"너, 실은 내 요리가 싫은 거지? 그러면 그렇다고 분명하게 말하라고. 이 (F) 위선자! (F) 거짓말쟁이! (F) 꺼져!"

표정이 완전히 돌변해서 돌아온 그녀는 이렇게 말하고는 탁자 위에 있던 유리잔을 내게 던지려 했다. S씨가 곧바로 루시의 손을 잡은 덕분에 위기는 모면했지만 루시는 제자리에 선 채 부들부들 떨면서 이글거리는 눈빛으로 나를 노려보았다.

'칭찬하는데 왜 저렇게까지 화를 내는 거지?'

이런 생각이 들었지만, 이 센터를 드나드는 이들 중에는 상식이 전혀 통하지 않는 사람도 많기 때문에 일단 사과를 하면 기분이 좋아지려나 싶어 정말 일본 사람 같은 자세로 "제가 기분 나쁘게 했다면, 미안합니다"라고 말했다. 그랬더니 루시는 "흥, 이 썩을 년"이라는 말을 토해내고는 취사장으로 돌아갔다.

무직자와 저소득자를 위한 지원센터에는 이런 여성들이 꽤 있다. 분명히 어떤 재능을 가지고 있다. 하지만 장애나 정신건강 문제로 세상에 나가 그 재능을 돈으로 바꿀 수 없는 '아줌마들'이다. 이들은 모두 독신으로, 혼자 살거나 나이 든 부모와 동거하는데 외모에도 그다지 신경 쓰지 않기 때문에 자기 나이보다 더 들어 보이는 경우가 많아서 '45세 처녀'라든가 '수염 난 할머니' 같은 별명을 가지고 있다. 술과 약물, 섹스에 빠져 아이를 줄줄이 낳아 정부 보조금으로 사는 여성들과는 또 다른 종류의 하층 계급 여성이라 하겠다.

그러나 이 센터 같은 자선단체는 이런 여성들의 능력 덕분에 운영할 수 있는 측면도 있다. 어떤 사람은 요리에 대단한 수완을 발휘하고, 또 어떤 사람은 '영국인 주제에' 뛰어난 계산 능력을 가졌으며, 전문 사진작가 뺨치게 사진을 잘 찍는 '아줌마'도 있고, 말도 안 되게 그림을 잘 그리는 사람도 있다.

"힘을 가진 사람을 세상은 그냥 내버려두지 않는다."

이는 이전 직장 상사가 입버릇처럼 하던 말이다. 하지만 여기서는 엄청난 능력을 가진 사람들이 세상의 한구석에서 먼지를 뒤집어쓴 채 잊혀가고 있다. 그런데 어쩌면 그 '힘'이라는 것에 실무 능력은 별로 포함되지 않는 것인지도 모르겠다. 분명 자기 자신을 내세우고, 서로를 이어주는 수완 같은 '작업 환금력'이 80~90퍼센트 정도를 차지하리라. 그렇다면 앞에서 이야기한 아줌마들은 전혀 '힘'이 없다. 그저 신기할 정도로 뛰어난 '작업 능력'이 있을 뿐이다.

저변 탁아소 시절

루시는 올해 쉰 살이 된다고 한다. 한 번도 결혼한 적이 없고, 지금은 교외의 작은 집에서 70대 어머니와 함께 살고 있다. 루시는 15년 전 이 센터가 설립되었을 때부터 취사장에서 자원봉사를 하고 있다. 언젠가 "오늘의 식사는 별로였어"라는, 사려 깊지 않은 누군가의 말에 격노하여 취사장에서 식기와 유리창을 부수며 날뛰는 바람에 센터에 얼굴을 내밀지 못한 기간이 2년 정도 된다고 한다.

'트럭에 치여 눌린 얼굴', '고약한 겨드랑이', '취사장의 미친 여자'라고 아이들에게 놀림을 받아도 전혀 신경 쓰지 않는 루시였지만 자기가 만든 요리에 관해서는 혹평이든 칭찬이든 과잉 반응을 보이고 착란 상태에 빠진다. 분명 그 때문에 루시는 한 푼도 벌지 못하는 일에 온몸과 마음을 다 바치는, 슬프고도 한심한 인생을 살아가는 것이리라.

그럼에도 루시가 만든 점심식사가 너무나 훌륭해 "더 줘요! 더!"라는 환호와 함께 사람들이 포크로 탁자를 두들기는 소리가 차오르면, 루시는 카운터에 서서 수건을 머리에 쓴 채 쑥스러운 표정으로 식당을 내려다본다. 바라보고 있던 나조차도 금방 웃음 짓게 할 정도로 기쁨에 찬 얼굴이다.

나 또한 슬프고 한심한 인간이므로 궁극의 행복이란 어쩌면 이런 것이 아닐까 싶기도 하다. 수전 보일(스코틀랜드 출신 가수로 〈브리튼스 갓 탤런트〉라는 오디션 프로그램을 통해 널리 알려졌다. 출연 당시 외모 때문에 비웃음을 사기도 했으나 뛰어난 가창력으로 청중을 압도했다. 이후 아스퍼거증후군이 있음이 알려졌다-옮긴이)은 돌연변이도 진기명기도 아니다. 영국 사회의 밑바닥에는 무수한 수전들이 살고 있다.

저변 탁아소 시절

"세계 3대 미녀 생산국 3C. 3C란 쿠바, 코스타리카, 콜롬비아를 말한다."

고故 나카지마 라모(일본의 소설가 겸 음악가-옮긴이)는 이렇게 썼다. 그런데 정말 콜롬비아라는 나라의 피에는 뭔가 있는 게 분명하다. 저변 탁아소에도 콜롬비아인 어머니와 영국인 아버지 사이에서 태어난 로자리라는 20세 자원봉사자 여성이 있는데, 로자리는 배우 페넬로페 크루즈를 닮은 엄청난 미모의 소유자다.

무직자와 저소득자를 위한 지원센터를 드나들며 알게 된 것은 영국 사회의 밑바닥을 기어 다니는 여성들 중에는 '여성'뿐만 아니라 '인간'이기를 포기한 듯 보이는 사람도 많지만, 이상하게도 보통 '예쁘다'라고 이야기하는 기준을 훨씬 웃도는 여성도 많다는 사실이었다.

보통 미녀라고 하면 축복받은 외모를 이용해 거들먹거리거나 유복한 남자를 잡아서 위로 올라가려는 야망을 가진 인생을 떠올리지 않나. 그런데 밑바닥 인생에서 벗어나지 못하는 그녀들을 보고는 진짜 미인은 그런 '나쁜 년'이 될 수 없는 것 아닐까 생각하게 되었다. 그들의 공통점은 아름다운 얼굴과 그 밖의 부분이 묘하게 짝이 맞지 않는달까? 미인이라는 유리한 조건을 통제하지 못할뿐더러 충분히 활용하지도 못하는 듯 보인다.

로자리도 그렇다. 일부러 그러는 건가 싶을 정도로 패션이나 몸동작을 포함해 전체적으로 눈에 잘 띄지 않는다. 젊은 아가씨 치고는 반짝반짝한 느낌이 없다고 할까? 색이 바래서 희끗희끗해진 회색 혹은 나이 든 여성들이 주로 입는 셔츠의 베이지색 같은 느낌이라 로자리는 쉽게 벽이나 가구에 묻히고 만다.

로자리는 조용하고 담백한 성격이라 존재감은 별로 없지만 저변 탁아소에서 애니의 신뢰를 가장 많이 받는, 실은 가장 능력 있는 보육사다. 아이들과 신나게 뛰어노는 편은 아니라 그다지 인기가 없어 보이지만 실제로는 아이들이 가장 잘 따르는 보육사이기도 하다. 아이들은 누구에게 맞았거나 넘어졌거나 울음이 터져 나오거나 할 때면 가장 먼저 로자리에게 달려가 안아달라고 한다.

그런 로자리는 브라이턴대학에서 초등학교 유치부(영국은 취학 연령, 기간 등이 지역에 따라 다르고, 공립/사립 등 학교에 따라 운영 방식도 다양하다. 저자는 일본 독자들이 이해하기 쉽도록 간단히 '유치부'라고 표현한 듯하다. 한국의 초등학교 병설 유치원과도 비슷한 개념이라 할 수 있다-옮긴이) 교사가 되기 위해 공부하고 있다. 로자리의 성적이 너무 우수해서 교육 실습처인 우리 저변 탁아소에 지방자치 단체 장려금이 나오기도 했다. 최근에 알았지만 그 덕분에 우리 직원들이 탁아소에서 부담하는 비용으로 아동 돌봄 코스에 다닐 수 있게 되었다고 한다. 그런 장려금이 나오면 보통은 대상 학생이 장학금 명목으로 일부를 받는다고 하는데 로자리는 그것을 거절하고 카페나 민간 어린이집에서 일하며 대학을 다니는, 요즘도 이런 학생이 있나 싶을 정도로 지독한 고학생이기도 하다.

"민간 어린이집에서 일하면 여기서 이렇게 돈도 못 받고 일하지 않아도 되잖아."

상스러운 아줌마답게 내가 이런 천박한 질문을 하자 로자리가 답했다.

"여기서 일하는 것이 내겐 큰 의미가 있어요."

"뭐?"

"저도, 여기 출신이니까요."

"여기를 다녔다고?"

"어릴 적에 저도 여기를 다녔어요."

"뭐라고?"

말을 잇지 못하는 나에게 로자리는 미소를 지어 보였다. 슬럼가 고아원에서 일하는 수녀 같은 이미지의 성스럽고 올바른 로자리와 저변 탁아소의 이 더럽고 막돼먹은 꼬맹이들의 간극이 너무나 컸다.

"저도 애니를 엄청 힘들게 했대요."

"그래?"

"리아나 앨리스를 보면 아, 나도 저랬겠구나 싶어요."

설립 당시부터 이 센터에 출입한 세탁실 아주머니의 말에 따르면, 로자리의 어머니는 헤로인 중독자이고 아버지는 교도소에 드나드는 가정 폭력범이라 사실상 로자리를 키운 건 나이 든 할머니인데, 이 할머니가 탁아소에 어린 손녀를 맡기러 왔다는 것이다.

"하지만 그 할머니가 또 장물을 팔아 돈을 버는 스트리트 갱의 배후 두목이라 맨날 경찰이 집을 드나드는 거야. 그래서 사회복지사가 로자리를 데려가려고 왔지. 로자리는 울면서 탁아소로 도망쳤대. 자기는 아무 데도 가고 싶지 않다고 말이야. 그래서 로자리 엄마가 약물 중독에서 완전히 벗어나 퇴원하기 전까지는 애니가 로자리를 돌보기로 했어. 옛날에는 말이야, 이런 것도 눈감아주는 정이 있는 사회복지사도 있었단 말이지."

아주머니는 세탁실에서 역한 싸구려 냄새가 나는 궐련을 태우며 말했다. 아, 그래서 내 나이의 반도 안 되는 아가씨치고는 그렇게 안정감이 있었던 거구나. 말 안 듣는 꼬맹이들의 폭력이나 소음에도 아무렇지 않았던 거구나. 부드러워 보이면서도 묘하게 강단 있는 태도로 꼬맹이들을 가르치는 모습이 애니와 닮

아 보였는데 로자리에게 그런 과거가 있었다니……. 이제 이해
가 되네.

"예쁘게 생겼으니까 말이야, 일찍부터 문제를 일으켰지. 그
아이도 누가 손을 댈 수 있는 아이가 아니었어. 그런데 보통은
말이야, 그렇게 되면 결국 애를 낳고는 상급학교 진학을 포기하
고, 생활보호수당을 받으며 여기 탁아소에 아이를 맡기러 오게
되거든. 그게 이 동네 여자들의 상식이야. 근데 이 아이는 전혀
다른 형태로 돌아온 거야. 개천에서 용이 난 거지."

술과 담배로 푹 삭아버린 아저씨 같은 걸걸한 목소리로 세탁
실 아주머니가 이야기한다.

"애니와 세라, 조, 저변 탁아소에서 일하던 어른들 모두가 그
아이와 어머니를 도우며 살았어. 지금 세상에는 없어진 공동체
정신이 살아 있던 거야, 여기에는 말이야."

어느 날, 저변 탁아소에서 다른 아이의 목을 물어뜯던 야수
앨리스에게 로자리가 달려가는 것을 보았다.

"앨리스, 그만두세요."

이렇게 말하면서 물어뜯긴 아이를 안아주려고 로자리가 손을
뻗자, 앨리스는 깜짝 놀라 몸을 움츠렸다. 저변 탁아소에서 흔히
볼 수 있는 학대받는 아이들의 특징이다. 일상적으로 어른에게
맞는 아이들의 몸은 어른의 손이 가까이 오면 반사적으로 위축
된다.

"앨리스, 그렇게 무서워하는 것도 그만두세요."

로자리는 울고 있는 아이를 끌어안으며 앨리스에게 가차 없이 말했다.

"그렇게 깜짝깜짝 놀라면 그게 마음에 안 들어서 너를 더 때리고 싶어 하는 사람들이 있거든. 맞고 싶지 않으면 당당해야 해. 몹시 어려운 일이지만 계속 그렇게 생각하고 그렇게 되도록 노력하다 보면 그렇게 되어 있을 거야."

로자리. 로자리라는 말은 로사리오, 즉 묵주라는 뜻이다. 똑같은 기도문을 몇 번이고 몇 번이고 반복해서 기도하는 로사리오. 똑같은 썩은 현실이 몇 번이고 몇 번이고 반복되는 밑바닥 사회. 하지만 썩어빠진 하층 계급의 일상이 반복되는 가운데도 기도는 있다. 몹시 어려운 일이지만 계속해서 그렇게 생각하고 그렇게 되도록 노력하다 보면 문득 그렇게 되어 있다. 로자리는 그 기도를 완성하기 위해 이리로 돌아왔음이 분명하다.

저변 탁아소 시절

매일매일 작열하는 태양이 머리 위에서 삼바 춤을 추었기 때문일까. 제 분수도 모르고 신이 나서 나는 '저변 탁아소 소풍'을 기안하고 말았다. 친구며 아는 사람들의 연줄이란 연줄은 다 동원하고, 받을 수 있는 도움은 전부 다 받아 빨간색 이층 버스(심지어 2층은 지붕이 없는 관광용 이층버스로!)를 무료로 빌려서 다 같이 여름 목장에 소풍을 가자는 아주 사랑스러운 계획을 세운 것부터가 문제였다.

그래도 아침에는 옅은 구름이 낀 하늘에서 보슬비가 내리는 정도였기 때문에 "영국에서 이 정도 날씨면 무시하고 외출하는 게 맞지, 안 그럼 아무 데도 못 간다고"라며 다들 웃는 얼굴로 우산, 비옷, 고무장화를 챙겨 신나게 출발했다. 거기까지는 좋았다. 그런데 15분 뒤에 폭우가 내렸다. 쏟아지는 비 때문에 지붕이 없는 2층에는 앉을 수 없게 되었고, 그로부터 30분 뒤에는 벼락과 강풍의 '조인트 라이브 콘서트'가 열렸다.

"저…… 오늘은 그냥 돌아가야 하지 않을까요?"

"하지만 1시간 뒤에는 갤지도 모르니……."

내 걱정스러운 물음에도 탁아소 간부들은 강행하겠다는 의지를 굽히지 않았다.

'하루에 사계절을 겪는다'는 말보다 '하루에 세계여행을 한다'는 말이 어울릴 만큼 날씨 변화가 극심한 나라의 여름이니, 탁아소 간부들의 말처럼 낮에는 태양이 쨍쨍하게 내리쬘 가능성도 다분하다. 하지만 꼬맹이들은 여전히 불쌍하다.

여기가 저변 탁아소다 보니 "목장? 촌스럽긴", "운동화에 말똥 묻으면 냄새 나잖아"처럼 냉랭한 말을 내뱉는 꼬맹이들도 많았지만, 말은 그렇게 해도 아이들이 은근히 나들이를 즐기고 있다는 걸 알 수 있었다. 아이들은 점심 도시락 가방을 무릎에 반듯하게 올려놓고, 버스 2층 자리에서 일어나 길 가는 사람들에게 손을 흔들거나 가운뎃손가락을 세워 "재수 없는 새끼!!!"라며 명랑하게 인사를 했다.

평소 부모가 여기저기 데리고 다녀주지 않는 빈곤 지역 아이들이니 좋은 추억을 남길 수 있도록 날씨가 좀 적당히 도와주면 좋으련만, 어째서인지 저변 탁아소에서 외출을 하려고 하면 마치 정해놓은 것처럼 큰 비가 오거나 폭풍이나 비바람이 부는 끔찍한 날씨가 되곤 한다. 이렇게 되면 아이들이 자연과 동물을 접할 시간이 없다. 즐겁게 식사를 할 수도 없다. 축축해진 옷을 입은 채 버스에 앉아 원망스러운 눈초리로 너무나도 맛없는 점심을 먹는다. 이런 정해진 패턴으로 흘러가게 되면 결국 누군가가 주먹다짐을 시작하고, 버스 안에는 대소변을 흘리고 다니는 아이, 토하는 아이가 생기고, 분노의 고함과 엉엉 우는 소리의 소용돌이 속에서 탁아소로 돌아가는 것이다.

생각해보면 이들은 노숙자가 되거나 부모가 교도소에 가는 등 심상치 않은 일이 평범하게 일어나는 가정에서 태어난 불운한 아이들이다. 이런 아이들이 한데 모여 있으면 마이너스와 마이너스가 만나 플러스로 변하는 것처럼 상황이 반전되어 행운이 찾아올 법도 한데, 역시 인생은 그렇게 쉬운 게 아니었다. 부정적인 기운의 집결은 큰 비와 폭풍과 비바람을 부를 뿐이었다.

겨우 네 살인 주제에 괴로운 표정을 지으며 샌드위치를 입 안 가득 물고 있는 모건은 최근 그 불운의 정도가 한층 높아졌다. 음주 문제를 안고 있던 모건의 어머니가 한동안 금주에 성공했다가 최근 다시 마시기 시작한 것이다.

이 나라는(남의 이야기가 아니지만) 약물 남용보다 알코올 문제를 안고 있는 여성이 많은 편이다. 술을 많이 마시는 어머니가 있다고 해서 그 아이들을 하나하나 다 기관에 데려온다면 눈 깜짝할 사이에 영국 재정은 파탄이 날 것이다. 그런데 문제는 술주정뱅이 엄마가 폭력을 휘두르는 경우다.

펍에서 만취한 상태로 싸우거나 기물을 파괴한다. 시뻘겋게

달아오른 얼굴로 길에서 욕설을 내뱉거나 옷을 벗고 춤을 추다가 경찰에 잡혀간다. 친구 집에서 바비큐를 하다가 술을 너무 많이 마시는 바람에, 돌아오는 길에 껄껄 웃으며 길모퉁이 재활용 쓰레기통 안으로 들어가 잠들어버린 부모 때문에 아이가 울면서 경찰서에 도움을 청하러 달려간다. 이런 에피소드는 애주가들 사이에서는 무용담이자 웃어넘길 수 있는 수준이지만, 아직 어린 유아를 키우는 어머니가 이런 짓을 한다면 세상은 용서하지 않는다. 게다가 생활보호수당을 받는 싱글맘이라면 더더욱 그렇다. 이건 더 이상 어떻게 구제할 수 없는 '어머니 실격'인 것이다. 오늘은 모건이 소풍을 나와 있는 동안 사회복지사와 모건의 어머니가 면접을 했다. 애니도 그 자리에 동석했다.

"모건의 샌드위치에는 소시지와 달걀 샐러드가 들어 있네? 내가 제일 좋아하는 조합이야."

밝게 말을 걸어보았지만, 모건은 잔뜩 내리깐 눈으로 나를 살짝 보더니 다시 괴로움 가득한 얼굴이 되어 식사를 이어간다.

"I'm SAD TODAY(나 오늘 슬퍼요)"라는 말이 모건의 입에서 불쑥 흘러나왔다. 사회복지사와 관련된 일은 모를 테니 나는 이 말이 악천후로 인해 엉망이 된 소풍에 관한 거라고 생각했다.

"비가 와서 아쉽다, 그렇지?"

"비만이 아니야. 바람도 씽씽 불어."

옆에서 스탠리가 말했다.

"천둥소리도 들려. 엄청 가까이에서."

메이도 끼어들었다.

"탁아소에서 나가면 항상 이래."

"아침에는 맑았는데 버스에 타면 (F) 비가 엄청 내려서 계속 (F) 버스에서 못 내리다가 탁아소로 돌아가면 갑자기 (F) 날씨가 좋아지지."

"그래서 그럼 한번 더 나가볼까, 하고 버스를 타면 다시 하늘이 어두워지는 거야."

"Why does it always rain on me?"

문득 예전에 유행하던 노래의 가사가 떠올랐다.

"왜 나에게만 비가 내리는 걸까? 맑은 날조차도 내 머리 위에는 번개가 쳤어."

이런 가사였던 것 같다. 이 노래가 청년의 섬세한 마음속 풍경을 나타낸다면 저변 탁아소 꼬맹이들에게는 물리적으로, 정말로 호우가 내리기 때문에 '다 기분 탓이야' 같은 말이 아무 소용이 없다.

무뚝뚝한 얼굴로 샌드위치를 다 먹은 모건이 "쉬"라고 하기에 목장 주차장 옆 가건물에 있는 조그만 화장실로 데려갔다. 볼일을 보고 어린이용 세면대에 손을 씻는 모건에게 종이타월을 건네자 모건의 눈에서 눈물이 뚝뚝 흘러내렸다.

"왜 그래?"

모건이 대답했다.

"……I'm SAD(나 슬퍼요). I'm VERY VERY SAD(나 너무너무 슬

펴요). I need MY MUMMY HERE, NOW(난 지금, 여기서 엄마가 필요해요)."

모건이 무엇을 어디까지 알고 있는지 나는 모른다. 모르기 때문에 나는 아무것도 말할 수가 없다. 이 녀석의 현실에서는 '기분 탓이야'라는 말이 통하지 않는다.

마치 약속한 듯이 퍼붓는 빗발을 피해 모건과 나는 화장실 문 앞에 서 있었다. 비를 맞고 있는 데루테루보즈(일본에서 화창한 날을 기원하며 추녀 끝에 매다는 종이 인형-옮긴이) 군단처럼 볼품없는 꼬맹이들이 흐려진 이층버스 창을 닦으며 어서 이리 돌아오라고 손을 흔들었다.

"기다린다고 뾰족한 수도 없으니 그만 갈까?"

모건은 젖은 눈으로 나를 올려다보았다.

"빨리 가서 엄마랑 만나자."

모건은 고개를 끄덕였다. 그러고는 비옷 모자를 쓰며 내 손을 꽉 쥐었다.

썩어 문드러진 세계의 사랑

_ 2009. 7.29

야수 앨리스가 탁아소에 오지 않는다. 탁아소 내부에 앨리스 어머니의 육아 방식에 관해 이러쿵저러쿵 이야기하는 사람이 많기 때문에 '이러다 결국 사회복지사의 귀에 들어가 아차 하는 순간 아이를 뺏기는 건 아닌가' 하고 불안해진 어머니가 아이를 탁아소에 데려오지 않게 되었다는 사람이 있는가 하면, 앨리스가 아직 소변을 가리지 못해 거의 매일 탁아소에서 실례를 하고 옷을 갈아입는데 어머니가 젖은 옷을 절대 집에 가져가지 않아서 어느 날 애니가 "앨리스, 그 (탁아소 소유의) 치마 예쁘다. 아침에 입고 온 것보다 훨씬 좋은데"라며 신경을 거슬리는 말을 했더니 화가 나서 안 오게 되었다는 설도 있다.

한편 음주 문제가 있는 어머니 때문에 사회복지사가 모건의 가정에 본격적으로 간섭을 하기 시작했다. 모건의 어머니는 '자기 재생을 향한 금주 계획'이라는 것을 작성하고 그 일환으로 알코올 중독자 자조 모임인 AA(Alcoholics Anonymous)에 다니게 되었다.

술이 들어가면 배꼽 잡는 개그를 하는 유쾌한 여성이 술을 끊으면 묘하게 부루퉁한 얼굴의 어두운 사람이 된다. 술로 감수성을 마비시키지 않으면 신경이 예민해져 쓸데없는 것까지 생각하고 마는 종류의 사람일 것이다. 술은 마시지만 밝고 재미있는 엄마가 좋은지, 술은 마시지 않지만 어둡고 뾰족뾰족하게 구는 엄마가 나은지……. 요즘 침울한 모건의 얼굴을 보고 있노라면 선악을 포함하여 모든 것에는 일장일단이 있구나 싶은 생각이 든다.

저변 탁아소에는 싱글맘 가정이 압도적으로 많다. 그래서 여기 오는 꼬맹이들에게는 남자 냄새는 나지만 아버지의 냄새가 나지 않는다. 어머니의 연애 상대인 남자는 있으나 아버지는 없는 것이다. 다시 말해서 아직 학교에 다니지 않고, 우정이나 연애 감정 같은 타자와의 관계를 키워가기 이전인 유아들의 모든 생활이 어머니 한 사람에게 달려 있다. 이는 확실히 힘든 상황이다. 특히 일하러 나가지 않고 하루 종일 아이와 함께 있어야 하는 싱글맘에게는 심각한 고통이다. 그렇게 나를 쳐다보지 마, 말시키지 마, 해달라고 하지 마. 이렇게 화를 내기도 할 것이다.

이 지나치게 밀도 높고 도망갈 곳 없는 인간관계를 술이나 약물 혹은 섹스로 잊어버리려 한다 해도 이상한 일이 아니다. 윤리적인 관점에서 '맞다, 틀리다'를 말하는 것이 아니라 인간의 현실이라는 관점에서 생각한다면 이상하지 않다는 말이다. 저변 탁아소에서는 학기 말에 아이들 각각의 성장을 기록한 서류를 보호자에게 나눠준다. 이번 학기 말에는 나도 이 서류 정리를 거들었는데, 덕분에 아이들 어머니가 쓴 글을 처음으로 접했다.

"난독증 때문에 읽고 쓰기가 안 되는데 온 힘을 다해 떨리는 손으로 1시간이나 걸려 이 한 줄을 썼습니다"라는 글도 있었다. 노력은 가상하지만 나 같은 외국인도 알아볼 정도로 문법과 맞춤법에 맞지 않는 단어들이 속출하는 글이 있는가 하면, 아동 돌봄 과정을 밟고 있는 학생의 보고서보다 훨씬 뛰어난 유아 교육에 대한 통찰이 엿보이면서도 빈틈없는 문장으로 참신한 논지를 전개하는 글도 있었다. 도대체 이런 글을 쓸 수 있는 사람이 왜 생활보호수당을 받는지, 이 정도 능력이면 기업에서 일하고 싶을 것 같은데 무직이네 등등 한 번씩 재확인을 해보게 되는 '인텔리-히피 계열 저변 어머니'의 소논문도 있었다.

어떤 수준이든 모든 어머니는 자신의 작문 능력 범위 안에서 온 힘을 다해 글을 썼다. 이 서류에 쓰는 부모의 글은 '상부'에서 학대를 의심하는 경우 가장 먼저 그 증거물로 사용되는데, 아마 모두 그 점을 의식하고 있기 때문이리라. 보통의 유치원이나 어린이집이었다면 이런 글은 적당히 쓰고 마는 부모가 대부분일 터이다. 이 서류에는 아이들이 탁아소에서 그린 그림이나 콜라주 같은 작품도 포함되어 있는데, 아이들의 작품을 정리하다 보니 작품의 주제가 엄마인 경우가 이상할 정도로 많았다.

엄마의 얼굴, 엄마의 기분, 엄마가 하는 일, 엄마가 좋아하는 것. 모건에게는 도화지를 황금색으로 꽉 채운 '오줌 혹은 엄마의 맥주'라는 제목의 작품이 있다. 앨리스에게도 빨강과 검정 물감 붓으로 도화지를 두드려 칠한 다음, 가위 끝으로 구멍을 잔뜩 뚫어놓은 '화난 엄마'라는 압도적인 작품이 있다. 아이들의 이런 파워풀한 미술 작품과 어머니들의 글을 비교해보면 서로가 미묘하게 균형을 이루며 호흡하고 있다는 걸 알 수 있다.

"앨리스는 하면 안 되는 일도 많이 하지만 근처 반려동물 가게에 토끼를 보러 가면 얼마나 귀엽게 웃는지, 엄마는 알아."

앨리스의 어머니는 이렇게 적었다. '당신들에게는 내가 아이를 학대하는 것처럼 보일지 몰라도 우리에게도 보통의 부모 자식 같은 시간이 있단 말이지'라며 애니가 했던 말에 반격을 하는 것처럼 읽히기도 한다.

탁아소에서는 잘 웃지 않는 앨리스가 '화난 엄마' 앞에서는 귀여운 웃음을 보인다는 건 틀림없는 사실이리라. 어머니와 자식 간의 사랑이란 남녀의 사랑과도 닮았기 때문이다. 아무리 별볼 일 없는 상대라 해도, 자기에게 도움이 되기는커녕 해만 끼치는 상대라 해도 이미 좋아져버린 사람을 향한 사랑은 멈출 수가 없다. 거기서 멈출 수 있는 사랑이라면 애초에 그건 사랑이 아니었던 것이다.

오줌 색깔의 맥주와 불처럼 폭력적인 어머니의 화, 소지품을 넣은 검은 비닐봉지를 들고 길거리를 헤매는 모자의 모습. 저변 탁아소의 꼬맹이들이 그린 사랑의 모티프에는 꿈도, 미래도 없다. 하지만 사랑이란 언제나 아름다운 하늘, 작은 새의 지저귐과 함께 오는 게 아니다. 썩어 문드러진 관계에서 사랑이 흘러넘치기도 한다.

"이 탁아소에 오게, 돼어 정말 말을 마니 하게 돼었고 진짜 감, 사합니다. 모건은 아주 착한, 나의, 아이입니다."

번역하면 이런 느낌일까. 제대로 학교를 다니지 않은 모건 어머니의 문장은 전치사와 문장 부호가 이상했고 틀린 철자투성이었다. 이 글이 들어간 페이지 옆에 나는 모건의 '오줌 혹은 엄마의 맥주' 그림을 넣었다. 도화지 뒷면에는 그날 미술 시간을 담당했던 직원의 해설이 쓰여 있었다.

"'예쁜 금색 도화지가 되었구나'라고 말을 걸자 모건이 대답했습니다. '이건 엄마가 쏟아버린 맥주의 색깔이야. 마개를 열어서 전부 버렸거든. 쉬야처럼 가득 흘러내렸어.'"

썩어 문드러진 세계에는 썩었지만 나름의 아름다움이 있다.

영업사원에게 다루기 힘든 고객이 있는 것처럼 보육
사에게도 피하고 싶은 꼬맹이가 있다. 나의 경우 이 범주에 속하
는 아이는 '흉포한 제이크'였다. 제이크는 일단 얼굴부터가 평범
하지 않다. 어두운 눈빛, 아니 어쩌면 제정신이 아닌 듯 보이는
강렬한 눈빛이다. 이런 눈을 한 유아를 나는 달리 알지 못한다.

그런 엄청난 눈빛을 한 꼬맹이가 때리고, 차고, 몰아붙이고,
파괴하는 행동을 끊임없이 하는데, 그에 대해 잔소리라도 할라
치면 반드시 폭력적인 반격이 돌아온다. 또 제이크가 입에 올리
는 말 가운데는 상당히 '언더 클래스 훌리건스러운' 인종차별적
발언이 많기 때문에 '성인 외국인'이라면 인내력을 시험하는 도
마에 오른 느낌이 들 것이다.

거기에다 머리는 또 묘하게 좋아서 어디를 찌르면 어른에게

상처를 줄 수 있는지 정확하게 알고 있으니 정말 감당이 안 된다. 내가 애초에 제이크가 감당이 안 된다는 생각을 하게 된 직접적인 원인은 "너 같은 외국인은 탁아소에서 일하지 마. 내 영어까지 망쳐놓잖아"라는 그 아이의 말이었다.

영어권 나라에서 막 생활하기 시작한 외국인은 말하고 싶은 것이 있어도 제대로 전달을 못 하거나 상대가 잘 알아듣지 못하는 등의 어려움을 연달아 겪기 때문에 결국에는 '난 영어를 잘 못하니까'라며 체념과 겸허한 마음을 품고 살아가기 마련이다. 그러다가 해외 생활이 길어지고, 이런 어려움이 없어지면 마치 자기가 원어민이라도 된 듯한 착각에 빠지는 시기가 온다. 바로 그런 때 네 살짜리 꼬맹이에게 현실이라는 칼로 푹 찔린 셈이니 (심지어 아주 제대로인 정론이기 때문에 더욱) 나는 나잇값도 못하고 상처를 받고 말았다. 그래서 가능한 한 '흉포한 제이크'에게는 다가가지 않으려 조심조심 소심한 노력을 했다. 그러던 중에 제이크가 초등학교 입학 준비반에 다니기 시작하면서 탁아소에는 학교가 쉬는 날에만 오게 되어 내심 '살았다' 싶었다.

그동안 우리 센터에는 제이크의 가족에 대한 여러 가지 소문이 돌았다. 임신한 제이크의 어머니가 검은 피부의 아기를 낳았다. 그 아기의 아버지가 제이크의 집에서 함께 살게 되었다. 그러자 제이크의 아버지가 '깜둥이'와 내 아들을 함께 두지 말라면서 제이크의 집에 처들어와 소동을 벌이는 바람에 경찰까지 개입하게 되었다 등등.

이전에 성 조지 깃발이 그려진 티셔츠를 입고 챙 있는 모자를 쓴 제이크와 아버지가 걸어가는 모습을 보고는 '하하하, 바보 아니야? 어떻게 저렇게까지 하나?'라고 생각한 적이 있는데, 실제로 소위 언더 클래스 우익이라 불리는 젊은이들 대다수가 '외국인에게 일자리를 빼앗겼다', '여자를 빼앗겼다' 같은 사적인 이유로 외국인 배척을 부르짖는다. 제이크와 그 아버지에게도 성 조지의 화신이 되어 거리를 걸어야 했던 이유가 있었으리라.

학교가 여름방학에 들어가면서 제이크가 저변 탁아소로 돌아왔다. 제이크는 몇 달 못 본 사이에 훌쩍 커서 제법 어른스러워졌다. 말수가 확 줄어들었고, 다른 사람이 불러도 그다지 반응하거나 화를 내지 않았다. 변함없이 폭력적이었고 아기를 보면 건드리고 싶어 해 눈을 뗄 수는 없었지만, 아무 데서나 분노를 터뜨리던 일은 예전에 비하면 많이 줄어들었다.

아무도 없는 낮잠 자는 방에 홀로 앉아 묵묵히 레고를 가지고 노는 제이크의 모습을 보고 있자니 '아니, 이 녀석 어디 아픈 거 아니야' 싶어서 결국 다가가 옆에 앉고 말았다.

"뭔가 복잡한 걸 만들고 있네? 로봇? 아니면 몬스터?"

제이크는 시선을 내리깐 채 나를 힐끗 보았다.

"아니야, 에일리언이라고."

"에일리언이구나. 여러 색깔의 에일리언이 있네."

보통 유아들이 레고놀이를 할 때면 여러 색깔 블록을 섞어서 사용하기 마련인데, 이상하게도 제이크의 에일리언은 각각 한

가지 색으로만 만들어져 있었다. 빨간 에일리언, 하얀 에일리언, 파란 에일리언, 노란 에일리언. 노란색과 초록색을 함께 사용한다든가, 흰색과 파란색, 빨간색 등 여러 가지 색을 골고루 사용해 만든 에일리언은 하나도 없었다.

"파란 에일리언은 키가 크네. 노란 에일리언은 작으니까 엄마와 아기인가?"

"색이 다른 에일리언은 부모와 아이가 아니야. 이 녀석은 빨간 별에서 왔고 이 녀석은 하얀 별, 이 녀석은 파란 별에서 왔어. 그러니까 이 녀석들은 가족이 될 수 없어."

"왜? 상관없잖아. 지금은 모두 이렇게 지구에 있는걸."

"이 녀석들이 가족이 될 수 없는 이유는 각각의 색에 우열이 있기 때문이야. 가장 높은 에일리언은 하양. 그다음이 파랑, 그다음이 빨강, 그다음이 노랑. 가장 낮은 게 검정."

다양성과 평등을 추구하는 영국의 보육사 입장에서 아무 말도 하지 않고 들어 넘길 수는 없는 말이었다. 하지만 에일리언 이야기를 하던 '흉포한 제이크'가 어느새 내 팔에 머리를 기대고는 아기처럼 내 머리카락을 만지기 시작했다. 놀랍기도 하고 살짝 당혹스럽기도 했던 나는 어떻게 반응을 하면 좋을지 몰랐다.

"검은 에일리언들은 우주전쟁에서 졌어. 그건 녀석들이 가장 바보고 약하고 열등하기 때문이야. 검은 녀석들은 저주를 받았지. 하느님은 검은 생물을 싫어하신다고."

내 팔에 기댄 제이크의 머리는 한숨이 나올 정도로 너무나 작왔다.

"빌어먹을 무식한 깜둥이들Fucking stupid niggers."

문제 발언을 연발하는 제이크는 자신이 완벽하게 안심하고 몸을 맡긴 존재가 바로 '재수 없는 칭Fucking ching'이라는 걸 알고 있을까.

창밖에는 하염없이 비가 내리고 있었다. 잔소리를 할까? 안아줄까? 무엇이 효과적일까? 이런 생각을 하며 가만히 입을 다물고 있었다. 뭐랄까 두 가지 다 완벽한 정답은 아닌 것 같았다. 그러자 태어난 순간부터 학대받아온 밤비 같은 눈망울을 하고 제이크가 말했다.

"제기랄, 난 상관없어."

낮잠 자는 방에는 빗소리만 들렸다. 그 차가운 적막 가운데 작은 인종차별주의자와 동양인 아줌마가 서로 몸의 일부를 살짝 기댄 채 각각 앉아 있었다.

저변 탁아소 시절

일본의 한 문화인이 요즘 부모들이 자녀 이름을 만화 주인공처럼 짓는다며 개탄하는 글을 읽은 적이 있다. 그런데 영국에도 비슷한 경향이 있다.

"요즘 아이들 이름 중에는 특이하거나 나이 들어서 쓰기엔 좀 그런 이름이 많아서 말이야."

애니도 이런 말을 한 적이 있다. 그중에서도 최근에 철자를 몰라 애를 먹은 이름이 있었는데 바로 '미테키시'라는 이름이었다. 귀에 들리는 대로 일단 써보긴 했지만, 정말로 이런 이름이 있나 싶어서 애니에게 서류를 보여달라고 했더니 애니는 "그렇게 쓰는 거 맞아"라고 했다.

"특이한 이름이네요."

"인디언 여성의 이름이야."

미테키시는 순수 백인계 영국인으로 숱이 많은 금발머리에 파란 구슬 같은 눈동자를 가지고 있었다. 네 살 미테키시에게는 세 살짜리 남동생이 있는데, 남동생의 이름은 오스카라고 했다. 오스카는 특별한 이름이 아닌 듯 보이지만 아이 어머니 말에 따르면 "오스카 와일드의 이름에서 따온 거지"라고 한다. 오스카의 미들 네임은 '와일드'다. 역시 특이하다.

인디언 이름이나 오스카 와일드의 이름을 아이에게 붙이는 데서 예상할 수 있듯이 이 아이들의 어머니는 저변 탁아소의 '인텔리 히피 계열'에 속하며, 떠도는 소문이 사실이라면 옥스퍼드대학을 졸업했다.

왜 그런 사람이 하층 계급으로 떨어지고 말았느냐 하면, 이상한 남자에게 반했기 때문이다. 그 때문에 가던 길에서 벗어났고, 술과 약물에 의존하는 신세가 되었으며, 인생의 궤도를 수정하지 못한 채 두 아이를 낳았다. 이상한 남자에게 반한 시점에 중산층 부모에게서 의절을 당했다고 한다.

무직자와 저소득자를 위한 지원센터에는 이런 '바닥으로 떨어진 아가씨'가 몇 명 있었다. 일본이었다면 손주가 태어나는 시점에 의절이고 뭐고 전부 흐지부지되지 않았을까 싶지만, 영국의 '계급'에는 정에 휩쓸려 유야무야되지 않는 엄격한 무언가가 존재하는 것 같다. 그런 '아가씨'들 가운데 미테키시의 어머니는 유독 더 생활과 육아의 측면에서 초조해하는 듯 보였다. 세 살짜리와 네 살짜리를 키우는 싱글맘이라는 것만으로도 큰일인데,

미테키시는 다운증후군을 가지고 있다. 평소에는 장애아를 많이 받는 프리스쿨에 다니는데, 그곳은 학기 중에만 보육을 하기 때문에 여름방학 동안은 저변 탁아소에 오게 되었다는 것이다.

"미카코가 미테키시를 맡아줄래?"

어느 날 아침 애니가 출근하자마자 내게 한 말이다. 나는 무심코 입 밖으로 소리를 내고 말았다.

"네에에에에?"

나는 장애아 보육 경험이 없었다. 모범적인 일본 가톨릭(심지어 순교자와 탄압을 피해 숨어 지내는 그리스도교도의 자손이 널려 있던 고풍스러운 규슈에 살았다)이었던 시절, 일요일 미사 시간에 다운증후군 아이를 잠시 맡았던 적이 있지만 그때는 몇 시간 동안 계속해서 돌본 것은 아니었다.

하지만 이런 걱정을 할 겨를도 없이 영양실조에 걸린 젊은 시절의 제인 버킨(1960년대에 데뷔한 영국의 가수이자 배우-옮긴이) 같은 어머니의 손에 이끌려 미테키시가 탁아소로 들어왔다.

"안녕."

인사를 건네보았지만 미테키시는 아무 반응이 없었다. 심지어 내 얼굴조차 보지 않았다.

"안녕, 미테키시. 나는 미카코라고 해. 미카코가 어려우면 미키라고 하면 돼."

애써 밝은 웃음을 보이며 이렇게 말했지만 내가 하는 말은 전혀 들리지 않는 듯했다.

"그런 말보다는 아이를 좀 꽉 안아줘. 이렇게 무릎에 올려서 말이야."

야윈 제인 버킨은 이렇게 말하며 미테키시를 내 무릎에 올렸다. 네 살짜리치고는 이상할 정도로 몸집이 큰 미테키시의 무게 때문에 내 몸이 흔들렸다.

"흔들리면 안 돼. 안아주는 사람이 흔들리면 아이가 불안해한다고."

미테키시는 "규와아, 구와아아아아 구루루루루루루"라는 기묘한 소리를 내면서 안기는 것을 거부했다.

"미테키시, 부탁이야. 미키랑 같이 있어줘. 엄마는 휴식 시간이 필요해. 너를 마음속으로부터 사랑하기 위해서 너랑 떨어져 있는 시간이 필요한 거란다."

제인 버킨은 제 할 말만 하고 도망치듯이 자리를 떴다.

"우오오오오오. 구루우우우우워오오오. 우우와후아아아아아아아아."

미테키시는 제트기 엔진 소리 같은 신음 소리를 내며 엄마 뒤를 쫓았다.

"일단, 그네 타러 가볼까?" 하고 미테키시의 손을 잡았지만 온몸에 힘을 주고 그 자리에 우뚝 선 채 움직이지 않는 아이는 돌처럼 딱딱하고 무거웠다. 여간해서는 움직이려 하지 않는 미테키시.

'음······' 하며 곤란해 하는 나를 구하러 온 사람은 바로 베키였다. 베키는 학습 장애를 가진 여성으로 주 1회 저변 탁아소에 자원봉사를 하러 온다. 성격 장애도 진단받은 모양으로 감정의 진폭이 너무 커서 화가 나면 말도 안 되는 일을 저지르곤 한다. 나만 해도 베키가 던진 커다란 나무 화분을 얼굴에 맞을 뻔했으니까. 그런데도 나는 왠지 모르게 시간이 지날수록 베키에게 미묘한 친근감을 느꼈고, 베키도 요즘은 여러모로 나를 도와주려 했다(그 때문에 필요 이상으로 사태가 꼬이는 경우도 많지만).

"그네 타러 가자!"

베키는 엄마를 찾는 야수처럼 소리치는 미테키시의 손을 꽉 쥐고 성큼성큼 걷기 시작했다. 베키의 우격다짐에 압도된 것일까? 미테키시는 신음 소리를 멈추고 21호 사이즈의 완력에 질질 끌려가고 있었다.

장애인이 장애아의 손을 끌고 가는 상황을 그냥 내버려두었다가는 애니한테 분명 꾸중을 들을 텐데. 이렇게 생각한 나는 불안한 마음으로 둘의 뒤를 쫓았다.

"그네! 그네! 예이, 그네 탄다!"

그런 내 마음도 모르고 베키는 소리 높여 외쳤다. 등줄기가 딱딱하게 굳을 정도로 나쁜 예감이 들었다. 베키와 그네는 최악의 조합이기 때문이다(왜 최악인지는 앞의 「저 그네를 미는 사람은 당신」을 참조하기를). 그런데 베키가 미테키시를 그네 아래까지 데려가서는 갑자기 멈춰 서더니 내 얼굴을 바라보았다.

"나는 아이를 안으면 안 된다고 하니까, 네가 해."

애니가 베키에게 유아를 안아 올리지 못하도록 주의를 주었던 것이다.

"왜 내가 아이를 안으면 안 되냐고!"

덤벼드는 베키에게 애니가 '쿨하게' 대답한 적이 있다.

"그건 당신에게 장애가 있기 때문입니다."

정말 면도날처럼 날카로운 말이다 싶어 나 역시 깜짝 놀랐다. 베키도 몹시 기분이 상한 모양이었다. 그 말을 듣고는 의자와 탁자를 발로 차 주변을 엉망으로 만들어놓은 뒤 탁아소를 나가버렸으니 말이다.

그랬던 베키가 오늘은 자기 입으로 "나는 아이를 안아서는 안 돼"라고 한다. 나는 베키의 말대로 미테키시를 그네에 앉히고 천천히 밀기 시작했다.

"구루루루루루루루루, 규우우우우우우우, 구우우아아오오오오 오우우우우우우."

보통의 사람들이 이 소리를 듣는다면 도대체 무슨 일인가 싶을 것이다. 불쾌하고 안타깝고 무섭고 슬퍼서 초조해지는 불안한 감정. 그런 마이너스의 감정이 하나로 합쳐져 똬리를 틀고 앉은 듯한 목소리.

"이 아이를 즐겁게 해주란 말이야!"

갑자기 베키가 말했다.

"뭐라고?"

"즐거운 기분이 들게 말이야. 웃게 해줘."

저변 탁아소 시절

이런 음울하기 짝이 없는 소리를 내는 아이를 나더러 어떻게 웃기라는 거냐고.

"있잖아, 네가 맨날 하는 거. '무릎을 잡자'라고 하면서 아이들 무릎을 간지럽히는 거. 그거 해줘봐."

"근데 그건 애한테는 안 먹힐 것 같은데."

"왜?"

"……."

"해줘봐. 다른 애들한테는 되는 게 왜 애한테 안 되냐고."

나는 '될 대로 돼라' 하는 마음으로 그네 앞에 서서 "발가락을 잡자", "무릎을 잡자" 하면서 그네가 앞으로 올 때마다 미테키시의 발을 간지럽혔다.

"봐, 전혀 재미있어 하지 않잖아."

"계속 반복해서 해봐. 지금 그만두면 안 돼. 몇 번이고 계속해야 한다고."

베키의 말대로 반복해서 미테키시를 간지럽혔다. 그렇게 안 하면 베키의 기분까지 망쳐서 한층 더 곤란해질 것이 뻔했기 때문이다.

"무릎을 잡자, 간질간질."

"발가락을 잡자, 간질간질."

아무 반응도 보이지 않는 장애 아동을 상대로 똑같은 행동을 계속할 때의 기분이란 뭐랄까, 참 까슬까슬하다고 할까? 여하튼 좀 허무하다.

"구루루루루루, 규우우우우우우우루우루우우우우우."

그러자 무언가가 훅 하고 배 언저리에 닿았다. 너무 그네 가까이에 있어서 미테키시의 발이 우연히 내 배에 닿은 건가 싶어 몸을 뒤로 좀 뺐다. 그런데 다음번에 그네가 앞으로 왔을 때도 미테키시는 발을 내 배 쪽으로 뻗었다.

"너를 차고 있는 거야, 하하하하. 이 아이가 발로 너를 차고 있는 거라고."

베키가 말했다.

"찼어? 미테키시가 날 찼어? 아이고 아야, 아야야야……."

내가 엄청 아픈 척을 하자 미테키시는 꺄아꺄아 큰 소리를 내며 웃기 시작했다.

"왜 웃는 거지? 너 좀 심한 거 아냐?"

내 말에 미테키시의 웃음소리가 한층 더 커졌다. 나는 미테키시가 발을 뻗을 때마다 빙글빙글 돌고 뒤로 물러서면서 "그만해. 그만, 그만하라고" 하며 수선을 떨었다. 이런 내 모습을 제3자가 보면 그냥 바보 같아 보였으리라. 하지만 그렇게 바보로 있을 때 나는 이상하게도 기분이 상쾌했다. 내가 던진 공을 누군가 바로 집어서 내게 던져준 정도의 일일 뿐인데, 사람이 이렇게 명랑한 기분이 되는구나 싶었다.

"히야아아아아아, 갸아아아아아."

빙글빙글 돌고 있는 내 머리를 베키가 툭툭 치며 말했다.

"너 혹시 정말 바보 아니야?"

저변 탁아소 시절

2년 전의 내가 타임머신을 타고 와서 이 광경을 본다면 깜짝 놀라 비명을 지를 것이다. 그리고 쿨한 UK를 동경하던 20년 전의 내가 타임머신을 타고 왔다면 내 미래에 절망한 나머지 여권을 잘라 불태우고, 영국행이라는 어리석은 결정은 절대 하지 않았으리라.

이제 탁아소에 있는 게 슬슬 지겨워진 걸까? 베키는 "배고파, 지금 뭔가 먹지 않으면 죽을 것 같아"라고 중얼거리며 식당 쪽으로 걸어가기 시작했다. 성큼성큼 걸어가는 베키의 엉덩이 주머니에서 화려한 색상의 막대 모양의 무언가가 툭 떨어졌다.

생각해보니 올해 불황 때문에 관광객이 대폭 줄어들자 재고로 남은 '브라이턴 록(어디를 깨물어도 '브라이턴 록'이라고 쓰여 있는 막대사탕-옮긴이)'을 상자째 들고 탁아소에 기부하러 온 기념품 가게 주인이 있었다. 그때 베키는 아이들과 함께 사탕 쟁탈전을 벌였다. 상자 속에 손을 집어넣어 영국판 긴타로아메(단면에 똑같은 얼굴 모양이 나오는 긴 엿가락을 잘라 만든 사탕-옮긴이)를 한 움큼 꺼내 자기 주머니에 쑤셔 넣었다.

말라가는 잔디 위에 떨어진 브라이턴 록. 말하자면 이 광경은 기누가와 상점가 노포 앞에 떨어진 온센만주(온천 지역에서 파는 팥소가 들어간 작은 찐빵, 지역마다 명물 온센만주가 있다-옮긴이) 같은 그림이다. 진짜 브라이턴 록은 '록rock'과도 상관없고, 그레이엄 그린(소설 『브라이턴 록』의 작가-옮긴이)과도 아무 상관이 없다.

"베키, 사탕 떨어졌어."

내가 소리치자 베키가 뒤로 돌아 사탕이 떨어진 쪽으로 뛰어
갔다. 그러더니 "이건 내 거라고, 만지지 마, 꼬맹이들아"라며
옆에 있는 아이들을 위협하며 사탕을 주웠다.

"고마워!"

베키가 나에게 큰 소리로 답을 하기에 나도 소리쳤다.

"나야말로 고맙지. 오늘 도와줘서 고마워!"

"걱정하지 마, 미키. 미테키시는 너를 좋아해. 나는 알아."

옆에서 시종일관 지켜보고 있던 구 작가, 현 생활보호수급자
폴이 "너는 은혜 받은 존재야"라며 또 묘하게 시적인 말을 했다.
터져 나오는 웃음을 참으며 올려다본 여름 하늘은 푸르고 아름
다웠다.

나의 영국은 록이나 그레이엄 그린이 아니다. 거리에 떨어진
온센만주다. 폐경기가 가까워진 나이가 된 내게도 겨우 길이 보
이는 것 같다.

저변 탁아소 시절

나는 데비 해리(데보라 해리, 영국의 록밴드 블론디의 리드 보컬-옮긴이)라는 여자 가수를 좋아한다. 그래서 그녀와 어딘지 모르게 닮은 얼굴의 '데비'라 불리는 여성이 저변 탁아소에 나타났을 때 적잖이 동요한 게 사실이다.

하지만 그 데비와 이 데비는 두 가지 면에서 달랐다. 첫째로 탁아소의 데비는 금발이 아니라 갈색머리에 검은 테 안경을 썼고, 둘째로 그녀의 딸은 자폐증이 있다. 지난달에 세 살이 된 딸의 이름은 재스민이었다. 본명도 데비 해리와 같은 '데보라'인 재스민의 어머니는 머리를 금발로 물들이고 블론디의 트리뷰트 밴드에서 보컬로 활동하거나 마돈나 흉내를 내는 등 연예계에 종사했다고 한다. 나이트클럽이나 펍의 무대에 서던 시절에 알게 된 무명 밴드의 멤버와 짧게 사귀는 동안 아이를 얻었다고 한다. 꾸밈없고 솔직한 성격의 데비는 육아 때문에 "미칠 뻔한 적도 있다"고 말했다.

"무슨 말을 해도, 뭘 가르쳐도 이 아이는 내 눈을 보지 않는 거야. 처음에는 그저 아주 반항적인 꼬맹이라고 생각했어. 나도 어릴 적에 그랬고 이 애 아버지의 성격도 그러니까. 부모 말을 조용히 듣는 아이가 태어날 리 없잖아. …… 그런데 그러다가 진짜 좀 이상하다는 생각이 들었을 때 애니 이야기를 듣고 이 탁아소를 찾아온 거야. 처음으로 재스민의 장애를 알아본 건 애니였어."

재스민은 어려운 아이다. 정신없이 탁아소 안을 돌아다니며 다른 아이들이 놀고 있는 것을 닥치는 대로 휩쓸고 다니니 재스민이 있는 동안은 여기저기서 비명 소리가 들려온다. 상대방이 장애아든 누구든 당한 대로 갚아주는 꼬맹이들이 많은 저변 탁아소이기 때문에 여기저기서 폭력 사태가 발생한다. 재스민은 세 살이지만 다섯 살 정도의 몸집인 데다가 힘도 엄청 세서 자기가 한 대 맞으면 상대를 때려눕히고, 발에 차이면 그 큰 머리로 박치기를 하는 등 몹시 흉포한 모습을 보인다. 그뿐이 아니다. 재스민에게는 상대의 반응(큰 소리로 울거나 피를 흘리는 등)이 전혀 보이지 않기 때문에 그 흉포함은 끝을 모른다.

자폐증이라는 말은 '은둔형 외톨이'라는 용어가 없던 시대에 일본에서 음울한 젊은이들을 묘사하기 위해 사용되었다. 하지만 의학적으로 볼 때 자폐증은 전혀 그런 뜻이 아니라고 한다. 혼자만의 세상에 틀어박히는 것이 아니라, 타자의 존재를 세상 사람들과 같은 방식으로 인식하지 못하는 것이 자폐증이다.

타자에게 공격적으로 반응하는 자폐증 아이를 홀로 키우는 데비는 서른여섯 살이지만 쉰 살은 되어 보였다. 항상 지쳐 있었고, 모헤어(앙고라산양의 털-옮긴이) 스웨터에 검은 레깅스 차림이었으며, 빗질을 했는지 안 했는지 알 수 없는 푸석푸석한 긴 머리에는 하얀 것들이 더덕더덕 붙어 있었다.

"이제는 내 입으로 이야기하지 않으면 옛날에 블론디 트리뷰트 밴드에서 노래를 하고 가짜 마돈나로 연예 활동을 한 걸 아무도 모를 정도가 되었어."

이렇게 말하며 데비는 웃었다.

"술을 마시고 약을 하고 섹스를 하고, 자고 일어나서 다시 술을 마시고 약을 하고 섹스를 했더랬지."

이런 생활을 하던 순회공연의 펑크 퀸이 장애아의 어머니가 된 이야기는 마치 한 편의 영화 같지만 현실의 데비에겐 더 이상 여배우다운 아름다움도, 눈부신 화려함도 없었다.

진짜 데비 해리는 난치병에 걸린 연인을 간병하기 위해 잠적한 동안, 자기 이미지를 그대로 베껴서 데뷔한 마돈나라는 젊은 신인에게 왕좌를 빼앗기고 말았다. 쇼 비즈니스 업계에서 이 계보는 그웬 스테파니나 레이디 가가로 이어진다.

젊은 여성은 '역할 모델'을 필요로 하는 생물이라는데 "그렇게까지 가버린 삶의 방식을 모델로 삼기는 좀 싫을지도"라고들 하는, 감당하기 어려운 지점에까지 가버린 데비 해리는 블론디를 해산하고 솔로로 전향했지만 인기는 예전만 못했다.

운명이라고 말하면 너무 과한 감이 있으니 '운'이랄까, 그런 무작위로 돌아가는 어떤 것이 있다면 반드시 그것에 정면으로 부딪치고 마는 사람들이 세상에는 존재한다. 데비 해리의 연인은 당시엔 치료법이 알려지지 않은 난치병에 걸렸다. 하지만 마돈나의 남자는 무슨 일이 있어도 그런 골치 아픈 병에는 걸리지 않을 것이다. 마돈나가 개발도상국 출신 아이를 입양하는 일은 있어도 결코 장애아를 입양하지는 않을 것이다.

'정말로 무거운 느낌'은 여성들의 지지를 받지 못하기 때문이다. 쿨하지도 멋지지도 않을뿐더러 일단 행복해 보이지 않기 때문이다.

며칠 전 버스를 타고 가는데 데비와 재스민이 런던 로드라는 초라한 상점가를 걸어가는 것이 보였다. 넘어질 듯 몸을 기울이고 성큼성큼 앞으로 돌진하는 재스민의 손에 이끌려 걷고 있는 데비는 맹견을 산책시키는 노파 같았다.

'뭐가 어떻든 이젠 상관없어'라는 듯 그 풍경 속을 뚜벅뚜벅 걸어가는 데비의 긴 머리가 강한 바람에 휘날려 부스스 말려 올라갔다. 거칠고 피폐해진 데비였지만 어딘가 엄숙한 느낌이 드는 부드러운 미소를 짓고 있었다. 그 미소는 보이기 위한 것이 아니었다. 특별히 기분 좋은 일이 있어서가 아니라 내면에 가득

차 있는 무언가가 그만 흘러넘친 듯한 미소. 그런 얼굴이었다.

그냥 보고만 있자니 어쩐지 민망한 마음이 되어 문득 유리창 이쪽 편에서 나도 미소를 지었다. 그런 미소는 전염되는 법이다. 분명 데비는 이걸로 된 것이다. 자기가 그렇게 여기는 것을 다른 사람이 알아줄 필요가 없을 정도로 이걸로 충분한 것이다.

창밖 저편에 보이던 모녀의 모습이 점점 작아져 더 이상 보이지 않게 되었다. 버스 2층에서 내려다보는 거리의 아침은 언제나처럼 춥고 어두웠으며 더러웠다.

미테키시와 베키, 나 이렇게 셋이서 꺄아꺄아 소리를 지르며 저변 탁아소 뜰을 뛰어다닌 덕분인지, 언젠가부터 자폐증이 있는 재스민까지 내가 담당하게 되었다.

나는 워낙에 사회성이 0에 가까울 정도로 없기도 하고, 이렇다 할 특기도 없이 멍청하게 44년이나 살아온 쓸모없는 인간이다. 영국에서 '장애인'이라는 말은 이제 더 이상 쓰이지 않는다. 대신 '특별한 요구special needs'를 가진 사람이라는 말을 많이 쓰는데, 그런 의미에서 나 또한 '특별한 요구'를 가진 사람임에 틀림없다.

그런 자기 인식과도 관계가 있는 걸까? 미테키시도 그렇고, 재스민도 그렇고 이상하게도 그 아이들은 나와는 손을 잡는다. 어느 날 애니가 "그 아이는 당신을 좋아해요"라고 말한 뒤 정신을 차려보니 마치 내가 '특별한 요구'를 가진 아이들 담당이 된 듯한 상황에 처했다.

영국의 보호자와 교육자가 무엇보다 우선시해야 한다고 배우는 항목 가운데는 소위 통합교육inclusion이라는 것이 있다. 이것이 무엇인지 간단히 말하자면 인종, 성별, 가정환경, 종교, 신념, 장애의 유무와 관계없이 모든 아이(와 그 부모)를 평등하게 대하고 존중하라는 원칙dogma이 있고, 이 원칙에 따라 장애 아동도 특수학교에 가두지 말고 비장애 아동이 다니는 학교에 통합해서include 함께 교육해야 한다는 것이다. 메리 워녹이라는 사람이 1970년대에 영국 정부의 의뢰로 장애인 교육에 관해 조사하고 통합교육의 필요성을 처음으로 제창했는데, 그랬던 사람이 몇 년 전에 "교육 현장에서의 통합교육은 이제 더 이상 기능하지 않는다"라는 성명을 발표해 커다란 논쟁이 벌어졌다.

메리 워녹에 따르면 통합교육이 제 기능을 못하는 이유 중 하나는 학교 현장에서 벌어지는 '괴롭힘(영국의 일반 학교를 다니는 장애아의 70퍼센트가 신체적 괴롭힘을 당하고 있다고 한다)' 때문이다. '장애아가 일반 학교에 다니면 괴롭힘을 당한다는 신화가 있지만 이는 거짓말이다'라는 말을 자주 듣는다. 하지만 워녹은 그 신화가 거짓이라는 통설이야말로 안일한 환상에 지나지 않는다고 말한다. 또 대부분의 학교에는 장애아 교육 전문가가 없기 때문에 '특별한 요구'를 가진 아이들의 능력을 키울 수가 없다는 것이다.

"마땅한 환경을 갖추지 못한 상황에서 이루어지는 통합교육은 치명적인 결과를 부른다"라는 워녹의 경고는 땅 위를 굴러다니는 리얼리티에 입각한 것이다. '피부색이 다르다', '뚱뚱하다'는 등의 이유로 집단 폭력의 표적이 되는 영국 학교 현장에서 장애아만 괴롭힘을 모면할 수 있다니⋯⋯. 문외한이 봐도 말이 안 된다는 걸 알 수 있다. 남들과 다른 사람이 표적이 된다는 건 시대와 지역을 넘어선 보편적인 인간의 현실이기 때문이다.

저변 탁아소의 아이들은 미테키시와 재스민을 두고 뭐라 하지 않는다. 질이 나쁜 꼬맹이들이다 보니 자기들에게 피해가 미치면 상대방이 누구건 용서치 않고 복수하지만 그 애들이 자기들과 신체적, 정신적으로 다른 부분에는 아무런 관심이 없다. 신기하게도 질문하는 아이조차 없다. 장애아를 의식하기에는 너무 어려서일까라는 생각도 해보았지만, 험난한 인생 경험 덕분에 조숙한 아이들이 많은 곳이 또한 저변 탁아소다. '분명 이 아이들도 의식하고 있을 텐데'라고 생각하던 어느 날이었다.

아이들의 되바라짐이라고 봐줄 정도의 경계는 이미 넘어선, 너무나도 어른스러운 다섯 살의 뉴에이지주의자(현대 사회의 가치를 거부하고 이동 주택에 살면서 여기저기 옮겨 다니는 사람들-옮긴이) 메이가 다운증후군이 있는 미테키시 옆에 앉아 스낵을 먹고 있었다. 미테키시가 옆에서 '구루루루루우우우' 하는 소리를 내면서 침을 흘려도 아무렇지도 않게 사과를 입 안 가득 넣고 주스를 마신다.

탁자에 머리를 올린 채 침을 흘리는 장애아 옆에 앉아 서늘한 얼굴로 간식을 먹고 있는 금발 드레드록 스타일의 다섯 살짜리 아이. 이런 풍경은 여기 말고는 어디서도 보기 힘들 것이다. 그때 미테키시의 어머니가 딸을 데리러 왔다. 영양실조 상태의 제인 버킨 같은 외모의, 온몸의 땀구멍이 피로를 발산하는 듯한 미테키시의 어머니는 메이 뒤에 있던 미테키시가 보이지 않았는지 빽 소리를 질렀다.

"미테키시는 어디 있니?"

"내 옆에! 에이미는 내 옆에 있어."

언제나처럼 씩씩하게 대답한 메이는 '아차' 하고 제 입을 막았다.

"미안해요."

이름을 잘못 불러 사과하는 줄 알았는데 메이는 고개를 숙이며 말을 이어갔다.

"미안해요. 저는 에이미와 미테키시가 닮았다고는 생각하지 않아요."

에이미는 탁아소에 오는 11개월짜리 아기인데 그날도 언제나처럼 바닥에 앉아 침을 흘리며 '다아다아', '바아바아' 같은 소리를 내고 있었다.

미테키시의 어머니는 좀 유치할 정도로 굳은 표정이 되어 어딘가 한 점을 응시할 뿐 메이의 말에 아무 대답도 하지 않았다.

자기가 왜 이름을 잘못 불렀는지 그 이유까지 깨닫는다는 것이 메이가 흔한 다섯 살짜리와 다른 부분이다. 하지만 그냥 이름을 잘못 불렀다고 하고 그대로 흘러가게 놔두면 좋았을 것을 굳이 문제를 끄집어내 상대방에게 상처를 입히는 모습은 역시나 어린아이였다.

침묵. 쥐 죽은 듯 고요한 이 상황을 그냥 내버려두기엔 입이 근질근질하면서도 어딘가 아프게 느껴지기도 하는 그 거북함에 나는 급히 창밖을 내다보며 말했다.

"아직 비가 오고 있어. 정말 이제 좀 그만 내리지 말이야. 다 같이 노래 불러볼까? 비야, 비야, 그쳐라……."

내가 생각해도 일부러 그러는 티가 너무 난다 싶었지만 '이거 말고 다른 무슨 방법이 있겠어' 하는 심정으로 노래를 불렀다. 주위에 있던 아이들도 노래를 시작했다. 메이만이 입을 굳게 다물고 있었다.

11개월의 에이미는 바닥에 앉은 채 폴짝폴짝 뛰면서 '다다다' 하고 소리를 내며 노래에 반응을 보였다. 네 살짜리 미테키시도 의자에서 미끄러져 내려와서는 바닥에 앉아 '으으으' 소리를 내며 손을 아래위로 흔들며 노래에 반응했다. 그런데 그 모습이 에이미가 반응하는 모습과 너무나 유사했기 때문에 분위기는 한층 더 싸늘해지고 말았다.

미테키시의 어머니가 총총히 딸 옆으로 걸어와 딸의 몸을 안아 일으켰다. 강제로 딸의 손을 잡아끌며 탁아소 입구로 향했다.

"미안해요."

가만히 있으면 될 것을 메이가 굳이 한 번 더 사과한다. 아니, 역시 아이라서 어쩔 수가 없다. 자기 딴에는 그게 옳다고 생각했을 테니 어떻게든 반응해주기를 바라는 것이다.

"괜찮아. 미테키시는 나의 아기니까."

미테키시의 어머니는 마치 오려붙인 듯한 웃음을 지으며 탁아소 밖으로 나갔다. 진심일까, 비아냥거림일까, 배려일까, 거절일까……. 나로선 알 수가 없었다.

메이는 안도한 듯, 하지만 더욱 슬퍼진 듯 긴장이 풀린 얼굴로 나를 바라보았다.

진심일까, 비아냥거림일까, 배려일까, 거절일까. 통합교육은 인간관계의 헤아릴 수 없는 찝찝한 무엇인가를 한층 더 커지게 한다. 장애도, 인종도 그런 면에서는 완전히 같다.

　　오늘은 오랜만에 무직자와 저소득자를 위한 지원센터에 갔다. 항상 보이는 얼굴들이 여느 때처럼 모여앉아 언제나 그렇듯이 이야기를 나누며 느긋하게 오후를 보내고 있었다.

　　아무 생각 없이 센터 내부 사람들을 대상으로 발행하는 잡지를 넘겨보다가, 이 빠진 입으로 칠칠치 못하게 허허허 웃고 있는 아저씨를 발견했다. 그는 마치 전쟁에서 패해 상투가 잘린 사무라이처럼 긴 머리를 풀어헤치고 있었다. 개성적이라고 해야 할까, 한 번 보면 절대 잊을 수 없다고 해야 할까. 아무튼 아기가 보면 깜짝 놀라 올 게 틀림없는 엄청난 얼굴의 아저씨가 책 속에서 나를 바라보고 있었다.

　　아, 진짜 이런 사진은 제발 추도 기사에 사용하지 말란 말이야. 그의 죽음을 비로소 알게 되었다는 충격도 잊은 채 나는 무

저변 탁아소 시절

심코 웃고 말았다. 좋은 사진이었다. 너무나도. 이 센터 이용자들이 골랐을 법한 사진이었다.

올 가을부터는 보수를 받는 일을 우선시했기 때문에 지원센터에 많이 오지 못했다. 게다가 여름에는 쭉 일본에 있었기 때문에 그가 여름이 끝날 무렵 세상을 떠났다는 사실을 10월 후반이 될 때까지도 몰랐다. 마지막으로 그를 만났을 때, 그는 사람 힘 빠지게 하는 목소리로 이렇게 말했다.

"뭐랄까, 너 요즘 풀이 죽어 보이는데 그냥 내 기분 탓인가?"

그 말에 나는 어쩐지 짜증이 나서 대꾸했다.

"가족이 아파."

"무슨 병?"

"암."

그러자 그는 자신이 훨씬 더 불쌍해 보일 정도로 곤혹스러운 얼굴이 되어 '아우아우아우아우'라며 거의 패닉 상태가 되었다.

'아, 이런 사람에게는 심각한 이야기를 하는 게 아니었는데, 이 사람은 이런 일을 소화할 능력이 없는데.'

나는 "괜찮아, 괜찮아. 흥분하지 마, 진정해"라고 말하며 그의 등을 쓸어주었다. 그러는 와중에도 그의 눈에는 점점 눈물이 차올랐다.

"생활도 잘하고, 밥도 먹고, 일도 하는 너는 훌륭해, 정말 훌륭해."

그가 눈물을 뚝뚝 흘리며 내 팔을 꽉 쥐기에 '도대체 이 사람은 뭘까?' 싶었다.

　그런 그가 암으로 죽었다고 한다. 세상을 떠나기 6주 전에야 대장에 암이 있다는 걸 알게 되었단다. 몸 전체가 '장애의 백화점'이라 할 만큼 항상 컨디션이 좋지 않았던 그였기에 암 증상이 있어도 특별히 이상하게 생각하지 않았을지도 모르겠다. 항상 비쩍 말라비틀어진 조그만 아저씨였으니 어쩌면 체중도 더이상 줄지 않았을지도 모르겠다. 주위에서도 눈치 채기 힘들었을 것이다.

　그때 그렇게까지 그를 울린 나의 배우자는 암 치료를 마치고 지금도 살아 있다. 그렇게 울던 그는 슬쩍 먼저 떠나가 버렸다. 이렇게 기막히게 떠나다니 정말 인간다운 구석이 없는 사람이다. 절룩거리는 다리를 질질 끌면서 양동이를 들고 화장실 앞을 왔다 갔다 하던 모습. 활짝 웃는 입에서는 입 냄새가 났다. 어른인 주제에 도대체 왜 그러는지, 탁아소 아이에게 머릿니가 생기면 가장 먼저 옮아서 난리법석을 피우며 머리를 긁어대던 그다.

　항상 그가 있던 곳으로 눈길을 돌려보지만 센터 어디에서도 그의 부재를 느낄 수 없었다. 지원센터의 명물이었던 사람인데, 그가 없어져도 누구 하나 곤란해 하지 않고 그가 없다는 게 조금도 눈에 띄지 않다니. 그런 탓에 '죽음'이라는 극적인 상황에서도 몇 달간이나 내가 눈치를 못 채고 있었던 것이다.

　눈치를 못 챈 사람이 나뿐만은 아니었으리라.

　그런 그였다.

저변 탁아소 시절

'고무장갑을 낀 요한'의 모델이었던 남성이 소천召天하셨다. '소천하셨다'라는 말이 이렇게까지 잘 어울리는 망자를 나는 본 적이 없다.

1부는 탁아소가 폐쇄되면서 끝나고, 2부는 등장인물 한 사람이 죽으면서 끝난다. 뭐 이렇게 어두운 책인가 싶지만 이어서 읽어보면 사람이 죽으면서 막을 내린 2부가 훨씬 밝다. 왜 그럴까. 나는 한참을 생각했다.

너무나도 분명하게 상황이 점점 나빠졌으니까? 간단하게 말하자면 그렇다. 보수당 정권의 긴축 재정의 영향이 사회 밑바닥에 본격적으로 나타난 시기에는 '고무장갑을 낀 요한' 같은 사람은 그냥 살아 있기만 하는 것도 힘들었으리라. 그때가 오기 전에 세상을 떠난 그는 어떤 의미로는 행운아였다 하겠다.

내가 정치에 대해 생각하게 된 것은 사실상 보육사가 되었기 때문이다. 아니, 좀 더 정확하게 말하면 저변 탁아소에서 일을 했기 때문이다. 돌이켜 보면 저변 탁아소에서는 매일같이 믿을 수 없는 일이 눈앞에서 벌어졌고, 놀라움과 분노, 복받쳐 오르는 혐오감의 연속이었다. 물론 아주 잠시 동안이지만 여태껏 경험한 적 없는 아름다움을 느끼는 순간도 있었다.

이 사람들은 어디에서 왔을까? 이런 사람들이 존재하는 사회란 도대체 어떤 곳일까? 이런 사람들이 만들어낸 나라의 정치는 어떤 식으로 변해왔을까?

정치에 대한 내 관심은 모두 탁아소에서 비롯했다. 사회 밑바닥의 진창에 두 발을 디딘 채 신문을 읽고 뉴스를 보고 책을 읽기 시작하자 내 눈에는 지금까지와 전혀 다른 것들이 보였다.

정치란 토론하는 것도 사고하는 것도 아니다. 살아가는 것이며 생활하는 것이다. 그렇다. 이는 내가 탁아소에서 몸소 경험하고 느낀 것이다. 탁아소에서 만난 다양한 사람들은 말 그대로 정치 때문에 살기도 하고, 고통을 겪기도 하고, 도움을 받거나 배를 굶기도 했다.

생각해보면, 일본에서 나고 자란 나는 복지 사회라는 개념이 전혀 없었다. 사람은 자기 능력에 맞게 살아가는 (혹은 죽어가는) 것이 당연하다고 생각했다. 이 능력에는 자금 조달 능력, 근면함, 의식 수준, 강한 정신력, 좋은 인간성, 의욕의 유무 등 여러 가지가 포함되는데, 이런 것들을 갖지 못한 사람은 뒤처지고 비참한 삶을 살게 되더라도 어쩔 수 없다고 생각했다. 내가 제대로 못하는 건 내 잘못이고, 세상은 전혀 공정하지 않기 때문이다. 나는 그렇게 믿고 있었다.

하지만 저변 탁아소에서 만난 사람들은 아이건 어른이건, 그런 능력이 있건 없건 별 상관없이 살아갔으며, 그래도 괜찮다며 당당하게 살 수 있었다. 내가 가장 충격을 받은 것은 바로 이 점이었다. 과연 옳은 것일까, 옳지 않은 것일까. 처음에는 이런 것을 생각했다. 하지만 그러다가 아무래도 상관없지 않나 싶어졌다. 옳거나 옳지 않은 것 말고 다른 것에 신경이 쓰이기 시작했다.

2부를 쓰던 시기에 배우자가 암 진단을 받고 치료에 들어갔다. 우리 집 경제 사정상 치료에만 전념할 수 있는 상황이 아니었다. 그도 보통 때처럼 생활하고 싶어 했다. 그래서 그는 치료를 받는 한편 덤프트럭을 운전하며 매일같이 일했다.

몸은 야위고 머리카락은 빠졌으며 갑자기 20년 정도는 늙어버린 것 같은 그가 일하러 나가는 모습을 보면서, 나는 탁아소가 있는 무직자와 저소득자를 위한 지원센터에 일하러 나갔다. 그곳에는 건강하고 활기찬 생활보호수급자들이 대낮부터 모여 즐겁게 수다를 떨거나 이상한 냄새를 풍기는 종이 담배를 말아 피우고 있었고, 심지어 발칙하게도 환한 대낮에 당당하게 지하 세탁실에서 성행위를 하고 있기도 했다.

'당신들 그러면 안 돼. 당신들은 쓰레기고 구제 불능이야'라고 말하는 것, 그 앞에 있는 것. 이에 관해 언젠가 나는 한참을 생각했다. 생각해보면 내가 계속해서 말하고 싶었던 것은 바로 이것이 아니었을까.

그건 사랑일까. 그렇게 생각한 적도 있다. 하지만 그건 아니다.

마치며

분명히 사랑 같은 것도 있었지만 사랑 그 자체는 아니었다. 거기에 분명히 있던 것, 그것은 무엇이었을까. 나는 알 수 없었다.

시간이 흘러 저변 탁아소로 복귀한 나는 1부에서 이야기한, 긴축 탁아소가 폐쇄되고 그 공간이 푸드 뱅크로 변한 모습을 보았을 때, 무기질의 철제 선반이 늘어서고 비닐봉지에 든 식재료와 통조림이 가지런히 놓여 있는 모습을 마주했을 때, 거기서 없어진 것이 무엇인지 분명히 알게 되었다. 없어진 것, 그것이야말로 그곳에 있었던 것이다.

그것은 아나키즘이라 불린 '존엄성'이었다. 아나키즘이야말로 존엄성이었다. 서양에서는 존엄성을 장미꽃에 자주 비유하는데, 아나키즘이라는 존엄성은 천국에 피는 아름다운 꽃도, 온실에서 꺼내면 말라비틀어지는 연약한 꽃도 아니다. 그것은 땅바닥의 진창에서 수분을 흡수하고, 햇빛을 받지 못하는 가장 열악한 토양에서도 당돌하게 통통한 꽃을 피워내는 장미다.

지금 세상은 커다란 전환기를 맞고 있다고들 한다. "하나의 시대가 끝나기 시작했다"라고 말하는 사람도 있다. 그런 변화의 징후를 가장 먼저 볼 수 있는 곳은 언제나 가장 낮은 곳이다. 그래서 우리 탁아소도 홀연히 사라져버린 것이다.

하지만 상황은 때가 되면 변한다. 또다시 검붉은 장미가 넉살좋게 피어날 것이다. 그때는 애니의 예언처럼 탁아소가 부활할지도 모른다. 이번에는 다른 장소일지도 모르고, 다른 방식일지도 모른다. 형태가 완전히 달라질 수도 있고, 어쩌면 더 이상 탁아소일 필요가 없을지도 모른다.

저변 탁아소와 긴축 탁아소는 땅바닥과 정치학을 이어주는 장소였다. 그런 장소가 특정한 곳에만 있는 것이 아니라, 온 천지에 발에 채일 정도로 많이 굴러다니고 있다는 걸 지금의 나는 알고 있다.

땅바닥에는 정치가 굴러다니고 있다.

2017년 2월

브래디 미카코

마치며

이 책은 다음 지면에 실린 글을 엮은 것이다.

들어가며

웹 매거진 『ele-king』(www.ele-king.net)에 연재한 칼럼 '아나키즘 인 더 UK' 가운데 「보육사와 정치학」(제27회, 2015년 2월 23일)을 고쳐 씀.

1부 - 긴축 탁아소 시절

잡지 『미스즈』(2015년 5월 호~2016년 12월 호)에 '아이들의 계급투쟁'(총 15회)이라는 제목으로 연재.

* 아이들을 둘러싼 세계(칼럼)

웹 매거진 『ele-king』에 연재한 '아나키즘 인 더 UK' 가운데
- 「빈곤 포르노」(제16회, 2014년 2월 26일)
- 「출세, 분노, 봉기」(제11회, 2013년 7월 19일)
- 「축구와 연대」(제22회, 2014년 8월 26일)

2부 - 저변 탁아소 시절

저자의 개인 블로그 THE BRADY BLOG(blog.livedoor.jp/mikako 0607jp)에 연재했던 글을 고쳐 씀.

『아이들의 계급투쟁』은 영국 브라이턴에 사는 일본인 보육사가 쓴 책이다. 그렇다 보니 비슷한 듯하면서도 사뭇 다른 세 나라(영국, 일본, 한국)의 사정을 비교해보게 되었다. 영국의 사정에 관해서는 지은이가 본문에서 잘 설명해주었으니, 나는 지금 내가 살고 있는 일본의 사정을 몇 가지만 소개하려 한다.

먼저 어린이집에 관해서. 이 책에서는 일본의 '保育園(보육원)'을 어린이집으로 옮겼다. 완벽하게 같은 것은 아니다. 일하는 부모를 대신하여 아이를 맡아주는 기관이 보육원인데 보육사는 여기에서 일한다. 보육사는 교사가 아니며 교육에 관여하지 않는다. '託児所(탁아소)' 또한 아이를 맡아주는 곳이다. 지역을 기반으로 상시적으로 아이의 보육과 그 가정의 생활에 은근히, 하지만 제법 적극적으로 개입하는 보육원과 달리 탁아소는 관청이나 회사, 단체 등에 부설되어 방문자의 편의를 위해 아이를 잠깐 맡아주는 곳이라 가정형편을 들을 일도, 가족의 생활에 개입할 일도 없다. 지은이가 자신이 일하는 곳을 '저변/긴축 탁아소'라 부르는 이유는 무직자와 저소득자를 위한 지원센터 부설이기 때문이리라.

보육원과 탁아소는 부모가 일하는 동안 아이가 놀 수 있도록 지켜봐주며 잘 먹이고 잘 재우는 것이 중요하다. 이런 의미에서 저변/긴축 탁아소는 일본의 일반적인 탁아소나 보육원과는 많이 다르다. 그곳의 교육이 내게는 마치 '자유 보육' 이념에 입각한 일본의 사립 명문 유치원처럼 보였다. 물론 나중에 순서가 바뀌었음을 알게 되었지만.

일본 유치원의 보육 형태는 그 이념에 따라 크게 일제—齊 보육과 자유 보육으로 나뉜다. 일제 보육은 1~3년을 단위로 정해진 일정에 맞춰 원아와 교사들이 함께 활동하면서 단체 생활을 익히는 보육 방식인 데 반해, 자유 보육은 아이 하나하나의 성향과 개성을 고민하여 필요한 쪽으로 이끌어주는 보육이다. 자유 보육이 아이들을 그냥 내버려두는 '자유방임주의'와 구별되는 점은, 교사가 관찰자로서 아이의 행동 하나하나를 살피고 매일 방과 후 실시되는 교사 회의에서 아이들의 현재 상황을 보고하고 토론하여 앞으로의 보육 방향을 결정한다는 것이다. 대략은 정해져 있지만 상황에 따라 올해의 유치원 활동은 지난해의 유치원 활동과 전혀 달라질 가능성도 있다. 그런데 이 자유 보육의 약점은 이런 방식의 교육이 일본의 공립소학교(초등학교)의 이념과 상당히 다르기 때문에 학교 진학과 동시에 적응하지 못하는 아이들을 만들어낼 수 있다는 점이다. 그래서 보통 자유 보육은 내부 진학이 가능한 명문 사립재단에서 설립한 유치원에서 이루어진다. 일본에서 태어나 교육받은 저자에게 이런 교육 방식으로 운영하는 저변/긴축 탁아소는 신선한 충격이었으리라.

최근 일본에서도 보육원에서 교육을 해달라는 요구, 또 맞벌이 부모를 위해 유치원에서 장시간 보육을 해달라는 목소리가 높아졌다. 요즘 많이 생겨나는 고도모엔こども園은 보육원과 유치원의 기능을 접목한 보육 시설이다.

일본의 소학교는 우리의 초등학교와 같다. 소학교 유치부는 초등학교 병설 유치원을 떠올리면 적당하지만, 문제는 사립학교의 유치부다. 영국에는 퍼블릭 스쿨 혹은 인디펜던트 스쿨이라 불리는 명문 사립학교들이 있다. 이 학교들은 학령부터 학년, 내부 진학 요건 등이 천차만별이다. 이 책에는 사립학교와 유치원 관해 이상하리만치 설명이 없는데 이 제각각인 사정이 일본 독자에게는 특별할 것 없는 일반적인 상황이라서가 아닐까 생각한다.

지은이의 글을 따라 영국 사회를 들여다보면, 정치적으로 올바르며 '힙한' 맞벌이 부부가 많은 중산층 전용 어린이집에서 아무렇지도 않게 '차브 배척 운동'이 일어난다. 좀 사는 동네, 혹

은 아이의 학업에 열의가 있는 부모들이 보내는 공립학교에서
는 눈에 띄는 인종차별은 없지만 아이들이 계급을 통해 은근히
갈라진다. 일본도 마찬가지다. 우리나라도 비슷하지 않을까?

상류층 사정은 어떨까? 영국 사회도 비슷하겠지만 일본의 경
우 명문 사립 유치원에 들어가면 보통 내부 진학으로 대학까지
올라간다. 그러니까 일단 유치원 입학 사정을 통과하면 특별한
사정이 없는 한 명문 대학 입학이 보장되는 것이다. 명문 대학
입학은 물론 특권층으로 진입하는 입장권이나 다름없다. 따라
서 이 비싼 코스를 감당할 여력이 되는 집에서는 어떻게든 아이
를 이 코스에 들여보내려고 만 2세부터 특수한 입시학원을 다니
며 인사법 같은 예절을 몸에 익히게 한다. 하지만 만 2~3세 아
이가 잘하면 얼마나 잘하겠으며, 얼마나 대단한 차이가 있겠는
가. 유치원의 입학 사정은 당연하게도 아이의 재능보다는 집안
과 부모 및 조부모의 학벌, 재정 상황을 중점적으로 보게 된다.
아이를 위해서 얼마나 지원을 해줄 수 있는가를 보는 것이다. 그
러니 일본 사회에서 계급은 유치원에 입학하는 순간, 그러니까
세 살 무렵 이미 확인되고 결정된다 해도 과언이 아니다. 나 같
은 외국인의 입장에서 보면, 상류층은 이미 완벽하게 분리된 귀
족층이라는 느낌마저 든다.

얼마 전 초대형 태풍이 일본열도를 훑고 지나갔다. 바람도 셌
지만 비가 무척 많이 내렸다. 태풍은 한밤중에 열도를 덮쳤는데,

아직 태풍이 근접하지도 않은 초저녁부터 피난 준비를 하라는 긴급 문자가 스마트폰으로 쏟아져 들어왔다. 그러다 갑자기 '자기 생명은 자기가 알아서 지키라'는 무시무시한 내용의 문자가 오더니, 더 이상은 긴급 문자가 오지 않았다. 바람이 거세게 몰아치고 비가 더 세차게 내렸다. 이 거대한 자연의 힘 앞에서 사람은 정말로 무력한 존재였다. 무서웠다. "아니, 그런데 그냥 알아서 자력으로 어떻게든 하라는 말씀이십니까?"라고 답장을 하고 싶을 정도였다. 어떤 일이 생길지 예측할 수 없는 끔찍한 밤이 지나가고 날이 밝았다. 사방이 콘크리트로 마감된 우리 집 주변은 모두가 무사했다. 밤사이 바람에 날아온 페트병 하나가 베란다에 덩그러니 놓여 있을 뿐이었다. 우리 집처럼, 도쿄를 비롯한 수도권의 도회지는 피해가 거의 없었다. 하지만 도회지 밖으로 한 발짝만 나서도 피해는 이루 말할 수 없을 정도로 극심했다. 연락과 교통이 두절되어 피해 상황이 집계되지 않는 곳도 많았다.

긴급 탁아소의 불행한, 운 없는 아이들의 소풍은 언제나 억수같이 쏟아지는 비로 얼룩졌다. 젖은 마음을 말릴 여유도 없이 또 다른 폭우를 맞을 수밖에 없던 아이들. 탁아소의 아이들은 운이 없어서 언더 클래스로 태어난 것일까? 아쉽지만 이번 생은 포기하고 살 수밖에 없는 것일까? 지은이는 담담하게 '운 없는 아이들'이라고 한다. 하지만 이 책을 통해 그가 우리에게 보여주고 싶었던 것은 가난한 사람들을 곤경의 구렁텅이로 밀어 넣고 다시는 올라오지 못하도록 잔인하게 짓밟는 사회 구조일 것이다.

약자라는 이름의 이웃을 향한, 마른 들판에 번지는 들불처럼 거센 혐오의 불길은 이제 더 이상 남의 나라 이야기가 아니다. 우리 또한 뭐든지 제 힘으로 해내야 하는 팍팍한 경쟁 사회의 희생자일 것이다. 하지만 우리는 알고 있다. 자세히 들여다보면 아름다운 존재들, 외국에서 이주해온 노동자 계급의 아이나 본래 그곳에 살았던 언더 클래스의 아이나 모두가 함께 웃는 세상을 말이다.

이 책의 제목 '아이들의 계급투쟁'의 뜻을 돌이켜 생각해본다. 그들의 투쟁이 단지 계급 상승을 위한 공정한 사다리를 쟁취하기 위해서가 아님은 분명해 보인다.

아이들의 계급투쟁

2019년 11월 5일 1판 1쇄
2023년 12월 31일 1판 5쇄

지은이 브래디 미카코 **옮긴이** 노수경

기획위원 노만수
편집 이진·강변구·이창연 **디자인** 김민해
제작 박흥기 **마케팅** 이병규·양현범·이장열
홍보 조민희·강효원

인쇄 천일문화사 **제책** J&D바인텍

펴낸이 강맑실 **펴낸곳** (주)사계절출판사
등록 제406-2003-034호 **주소** (우)10881 경기도 파주시 회동길 252
전화 031)955-8588, 8558 **전송** 마케팅부 031)955-8595 편집부 031)955-8596
홈페이지 www.sakyejul.net **전자우편** skj@sakyejul.com
블로그 skjmail.blog.me **페이스북** facebook.com/sakyejul
트위터 twitter.com/sakyejul

값은 뒤표지에 적혀 있습니다. 잘못 만든 책은 서점에서 바꾸어 드립니다.

사계절출판사는 성장의 의미를 생각합니다.
사계절출판사는 독자 여러분의 의견에 늘 귀기울이고 있습니다.

이 책은 저작권법에 따라 보호받는 저작물이므로 무단전재와 무단복제를 금합니다.

ISBN 979-11-6094-517-1 03300